한국수학교육학회 대한수학교육학회 2022년 연보
The Korean Society of Mathematical Education &
The Korea Society of Educational Studies in Mathematics Yearbook 2022

예비 수학교사교육

교사교육 프로그램과 과제

Preservice Mathematics Teacher Education

권나영 · 신보미 편집
강현영 · 김상룡 · 김 연
김진호 · 김희정 · 방정숙
여승현 · 이봉주 · 조호윤

KM 경문사

서 문

최근 우리 사회는 4차 산업혁명과 코로나 팬데믹, 학령인구 감소 등의 급격한 변화를 맞이하고 있고 이에 따라 교육 환경은 혁신적인 변화가 요구되고 있다. 이와 더불어 교원의 역할을 재정립하고 교원양성체제의 발전을 위한 다양한 사회적 목소리가 등장하고 있다. 특히 2021년 12월에 발표된 교육부의 교원양성체제 발전방안에 따르면 2026학년도 양성과정 입학생부터 실습학기제가 전면 도입될 예정이다. 실습학기제는 기존 4주간의 학교 현장실습을 한 학기에 걸친 실습으로 바꾸는 것으로, 예비 교사교육 과정에서 현장 역량을 지닌 실무형 교육 전문가를 양성하도록 교육 내용과 방법을 변화하는 것이다. 이러한 변화는 수학교육 연구자 및 교육자에게 예비 수학교사 교육의 미래 비전과 방향, 다양한 쟁점 및 과제를 탐색하여 적절한 실행 방안을 연구하고 제안할 것을 요구한다. 이에 2022년 연보는 예비 수학교사교육에 관해 살펴보고 앞으로의 비전에 대해 논하기 위한 시작점을 제공하는데 초점을 두었다.

이 책에서 다루는 주제는 크게 세 부분으로 1장은 수학 교사교육 연구 동향을 살펴보고 예비 수학교사교육에서 생각해 볼 이슈를 중심으로 다룬다. 2장부터 9장까지는 예비 수학교사교육의 여러 연구 및 실습 사례들을 소개한다. 수업 실행과 관련된 실제적인 지식의 개발에 주목하여 예비 수학교사교육에서 실제로 활용할 수 있는 다양한 교수법의 사례를 제안하였으며, 국·내외 초·중등 예비 수학교사 교육실습 사례를 소개하여 실무형 교원양성체제로의 전환에 시사점을 주고자 하였다. 마지막으로 10장에서는 예비 수학교사교육의 방향을 논하기 위해 실습 학기의 시범 운영 사례를 소개하고 앞으로 남은 과제들을 살펴본다.

이 연보를 통해 예비 수학교사교육을 실제로 담당하는 교사교육자뿐만 아니라, 예비 수학교사교육의 새로운 방향을 모색하는 연구자, 교원양성체제의 개선을 도모하는 정책 입안자들이 의미 있는 영감을 얻기를 바란다. 나아가 이 책이 수학교사교육을 보다 내실 있게 설계하고 실행하는 데 작은 발판이 되기를 기대한다. 마지막으로 이 책의 출판을 위해 애써 주신 경문사 여러분께 깊은 감사의 마음을 전한다.

2022년 12월

권나영, 신보미

차 례

제 1 장

수학교사교육 연구의 동향 및 예비 수학교사교육의 이슈

방정숙(한국교원대학교)

Ⅰ. 서론

학생들에게 의미 있는 수학교육이 강조되면 될수록 그런 수학교육을 촉진하는데 있어서 핵심적인 역할을 하는 교사의 질은 지속적인 이슈가 되어왔다. 왜냐하면, 어떤 교사에게 어떻게 수학을 배우느냐는 학생들의 수학 학습 기회의 질과 직결되기 때문이다. 이에 그동안 수학교사교육과 관련하여 다양한 접근 방법 및 연구가 진행되어왔다. 예를 들어 가장 최근의 국제 수학교사교육 핸드북에 따르면, 수학 교수(teaching) 및 교수 발달 측면에서의 지식·신념·정체성(Potari & Chapman, 2020), 수학교사교육에 활용되는 다양한 도구와 과정(Llinares & Chapman, 2020), 수학교사교육에 관여되는 다양한 관계자와 이들 간의 복잡한 참여 양상(Lloyd & Chapman, 2020), 발전하는 전문가로서의 수학교사교육자(Beswick & Chapman, 2020)라는 주제로 다양한 측면에서 연구가 이루어졌다.

교사교육과 관련하여 그동안 교사의 충분하지 못한 교과 내용 및 교수학적 지식, 교직의 잦은 이직률 및 그로 인한 수급 불균형, 효율적이지 못한 교사교육 프로그램 등은 빈번한 이슈가 되어왔던 반면에(Akiba et al., 2007; Fennell, 2018), 우리나라에서는 사회적으로 교직에 대한 높은 선호도, 직업 안정성 등을 토대로 일단 우수한 고등학생들이 교육대학교나 사범대학에 진학하게 되므로, 다른 나라와 견주어 수학교사의 기본적인 질에 대한 이슈는 상대적으로 적다. 또한, 국공립 교사가 되기 위해서는 각 대학의 교사교육 프로그램을 이수하는 것 이외에 국가 수준의 임용 고사에 합격해야하기 때문에, 초임교사의 전반적인 질은 높다고 볼 수 있다. 이와 더불어, 우리나라에서 교사의 이직률은 높지 않기 때문에, 교사 수급 역시 사회적인 이슈가 되지 않는다(Kang & Hong, 2008). 다만 교사의 교직 경력을 고려한다면 장기간에 걸쳐 교사의 수업 전문성을 지속적으로 개발할 수 있는 기회를 제공하는 것이 필요하다. 그러나 이러한 전문성 신장의 기회는 대부분 교사의 자발적인 참여를 바탕으로 하고 있고 특히 수학 교수·학습과 직접적으로 관련된 교사교육 프로그램이 부족하기 때문에 전반적인 전문성 신장의 기회는 부족하다(이환철, 장미숙, 2012).

이런 측면에서 교사교육의 출발점인 예비 수학교사교육은 더욱 중요하다. 하지만 예비 수학교사교육에서 어떤 내용을 중심으로 어떻게 가르쳐야 할지, 즉 교사교육 프로그램 전반을 다루는 종합적이거나 체계적인 연구는 많지 않다. 예외적으로 2002년에 연구 재단의 지원 아래 초·중등 교사양성 대학교의 수학교육과 교육과정 특성화에 관한 연구가 진행되었고 그 연구 결과물이 2003년 11월에 한국수학교육학회의 '수학교육' 저널에 발표되었다. 9편의 논문 중 6편이 교사양성 대학교에서의 대수, 기하, 미적분학, 해석학, 확률과 통계, 이산수학 지도를 위한 교육과정 개발에 치중되어 있었지만, 수학교육을 위한 교육과정 및 교수·학습 방법의 개발에 관한 연구도 있었다. 그중 신현용(2003)은 교사양성 대학 교육의 문제점으로 자연대학 수학과와 유사한 교육과정 운영, 수학 교과 본질에 관한 이해 및 성향 부족, 교과내용학 및 교과교육학의 불균형, 초·중등 현장 교육과의 연계성 부족, 교수·학습 방법의 획일화를 제시했고, 교사양성 대학 교육의 질적 향상을 도모하기 위해 교육과정 및 교수·학습 방법을 개발할 필요가 있다고 주장했다. 약 20년 전에 제기된 이러한 교사양성 대학 교육의 문제점이 현재 얼마나 개선되었는지 의문이다.

실제 수학교사교육 연구에서 최근 20년 동안 예비 수학교사교육을 다룬 연구 비중은 감소되는 추세이다(Pang & Hwang, 2022). 다만 예비 수학교사교육 프로그램에서 활용되는 다양한 교수 방법, 예를 들어 마이크로티칭, 포트폴리오, 수업 지도안 분석, 멘토링, 사례기반 교수법, 교육 실습 등에 대한 연구가 산발적이나마 이루어지고 있는 것은 고무적이다. 이번 연보에서 그러한 구체적인 사례를 포함하여 각 교수법을 자세하게 살펴볼 수 있는 것은 매우 의미 있는 일이라고 생각된다. 또한, 국내 사례뿐만 아니라 미국의 초·중등 예비 수학교사 실습 교육 사례까지 포함하고 있어서 실습 교육과 관련한 교사교육자의 시야를 넓힐 수 있을 것으로 기대된다. 결과적으로 이번 연보를 통해 각 예비 수학교사교육 강좌에서 개별적으로 이루어졌던 교수 방법이나 교육 실습과 관련된 여러 가지 사례를 다각적인 측면에서 이해하고, 이후 다른 교사교육 강좌나 프로그램에서 적용 및 확장할 수 있는 계기가 되기를 기대한다.

이 장은 이러한 구체적인 사례를 살펴보기에 앞서 마중물의 역할을 하는 글로써, 수학교사교육 연구의 전반적인 흐름을 이해하고 예비 수학교사교육에 대해서 생각할 거리를 제기하는 목적을 가지고 다음과 같이 크게 두 부분으로 구성되었다. 첫 번째 부분은 수학교사교육 연구의 전반적인 동향을 살펴본다. 그동안의 국내 수학교육 연구에서 교사교육 연구가 어느 정도의 비중을 차지하고 있는지, 주로 어떤 주제로, 어떤 연구방법을 사용하여, 어떤 연구대상을 바탕으로 연구했는지 등에 대해 전반적인 동향을 살펴본다. 또한 국내외 수학교육 연구에서 교사교육 관련 연구의 동향을 알아보면서 국내 연구와 국외 연구에서 교사교육 관련 연구가 어떤 유사점과 차이점을 가지는지 살펴본다. 다음으로 국내 수학교사교육 연구만을 분석 초점으로 하여 하위 주제 및 동향을 분석한 연구를 요약하면서, 특히 이 장과 관련된 예비 수학교사교육에 관련된 내용을 살펴본다. 사실 수학교사교육 연구의 동향을 살펴볼 수 있는 논문이 여럿 있지만, 이 장에서는 해당 동향을 보다 종합적으로 분석한 가장 최근의 논문을 중심으로 교사교육과 관련된 내용만을 정리하는 데 초점을 두었다.

이 장의 두 번째 부분은 예비 수학교사교육에서 생각해 봐야 할 이슈를 정리해보았다. 구체적으로 예비 수학교사의 정체성과 수학 및 수학 교수·학습과 관련된 가치를 인식하는 것이 왜 중요한지, 예비 수학교사에게 필요한 지식 및 역량은 무엇인지, 예비 수학교사교육에서 이론과 실제 간의 연결을 어떻게 강화할 수 있는지, 예비 수학교사교육과 관련된 평가와 성찰은 어떠해야 하는지 등에 대해 각각 생각할 거리를 제공한다. 예비 수학교사교육 자체의 본질적인 내적 요인뿐만 아니라 교사교육 과정과 다양하게 상호작용하는 외적 요인이 있다는 것을 고려하면(Ponte & Chapman, 2016), 훨씬 더 다양하고 포괄적인 차원에서 관련 쟁점을 제기할 수 있겠으나 여기서 제시하는 몇 가지 이슈만으로도 예비 수학교사교육 프로그램에서 무엇을 어떻게 가르치고 성찰해야 하는지에 대한 담론을 확장하고, 보다 의미 있는 예비 수학교사교육 프로그램의 구성과 교수·학습 방법을 개발하는데 작은 초석이 되기를 기대한다.

Ⅱ. 수학교사교육 연구의 동향

1. 수학교육 연구에서 교사교육 연구의 동향

(1) 국내 수학교육 연구에서 교사교육 연구의 비중 및 동향

그동안 국내 수학교육 연구의 전반적인 동향을 분석하는 논문이 발표되어왔는데, 이 중 교사교육 연구가 차지하는 비중이나 일부 동향을 파악할 수 있는 논문도 있다. 예를 들어 방정숙 외(2019)는 우리나라 수학교육 학술지가 처음 발간된 1963년부터 2019년 6월까지 국내 수학교육 전문 학술지에 게재된 4,559편의 논문을 중심으로 수학교육 연구의 전반적인 동향을 연구시기, 연구주제, 연구방법, 연구대상 측면에서 종합적으로 분석하였는데, 이 중 교사교육 연구를 중심으로 그 비중 및 연구 동향을 간단히 요약하면 다음과 같다.

첫째, 교사교육 연구는 전체 수학교육 연구 중 약 12%(4,559편 중 552편)를 차지했다. 연구 시기를 나눠서 살펴보면 1990년대까지는 많이 다루어지지 않다가(1970년대에 2편, 1980년대에 1편, 1990년대에 29.5편이 교사교육 연구로 분류됨), 2000년대에는 169편, 2010년대에는 350.5편으로 최근에 수학교사교육 연구에 대한 비중이 눈에 띄게 높아지고 있음을 알 수 있다.

둘째, 교사교육 연구로 분류된 552편 논문의 하위 주제별로 분석한 결과, 예비 수학교사 양성 및 현직 교사의 교육에 대한 연구가 164.5편, 교사의 수학 개념 이해 및 지식에 초점을 둔 연구가 159.5편, 교사의 신념 및 가치 등에 초점을 둔 연구가 107.5편, 교사의 수업 실행 및 분석·비평에 대한 연구가 102.5편, 교사교육에 대한 일반 연구가 18편으로 드러났다. 이를 통해 교사교육에 대한 일반 연구를 제외하고는 교사교육 연구의 하위 주제별로 비교적 고르게 연구되는 경향이 있음을 알 수 있다.

셋째, 교사교육 연구는 주로 사례연구나 조사연구를 활용하는 경우가 많았다. 구체적으로 552편의 논문 중 사례연구를 활용한 논문이 172.5편, 조사연구를 활용한 논문이 114편으로 드러났다. 사례연구는 특정한 수학 개념이나 역량과 관련된 교사의 지식, 이해, 수업 실행 등을 깊이 있게 분석하는 연구에서 활용되는 경향이 있었고, 조사연구는 설문지를 통해 교사의 지식, 인식, 신념 등을 조사하는 연구에서 주로 사용되는 경향이 있었다.

넷째, 교사교육 연구를 연구대상별로 분류해 보면, 중등 예비 수학교사를 대상으로 한 연구가 259편, 중등 현직 교사를 대상으로 한 연구가 140편, 초등 현직 교사를 대상으로 한 연구가 129편, 초등 예비 수학교사를 대상으로 한 연구가 96편 순으로 드러났다. 이를 통해 초등 교사보다는 중등 교사를 대상으로 한 연구가 많고, 현직 교사보다는 예비 수학교사를 대상으로 한 연구가 많음을 알 수 있다. 또한 중등 예비 수학교사와 현직 교사를 대상으로 하거나 초등과 중등의 현직 교사를 대상으로 한 연구도 일부 있었으나 그 비중이 높지는 않았다.

(2) 국내외 수학교육 연구에서 교사교육 관련 연구의 동향

국내외 수학교육 연구의 전반적인 동향을 비교 분석한 논문 중 교사교육 관련 연구의 동향을 파악할 수 있는 논문도 있다. 예를 들어 신동조(2020)는 2000년부터 2019년까지 7종의 KCI 국내 수학교육 학술지에 게재된 3,114편의 논문과 5종의 국외 SSCI 수학교육 학술지에 게재된 1,636편의 논문을 대상으로 토픽모델링을 활용하여 연구 동향을 분석하였는데, 이 중 교사교육과 관련된 연구의 동향을 살펴보면 다음과 같다.

첫째, '예비 수학교사'와 관련된 주제는 국내외 수학교육 연구에서 유사한 주제로 분류되었을 뿐만 아니라 연도별 변화에서도 국내외 연구에서 모두 증가하는 경향을 드러냈다. 특히 토픽모델링을 통해 도출된 23개의 연구 주제 중 국내외에서 공통적으로 가장 높은 비율로 나타나 예비 수학교사와 관련된 연구 비중이 높음을 알 수 있다. 구체적인 내용을 살펴보면 다음과 같다.

> '예비 수학교사'에 대한 국내외 공통 단어 집합은 {teacher, preservice, knowledge, teaching, elementary, program, school, secondary, pedagogical}로 대부분의 단어가 일치했다. 이 주제에서는 주로 초·중등 예비 수학교사교육 프로그램과 예비 수학교사의 지식에 관련된 연구가 포함되었다(신동조, 2020, p.72).

둘째, 교사교육과 관련된 연구 주제 중 예비 수학교사 이외에 공통된 주제로는 '교수 활동'이 있었고, 대체적으로 국내외 연구에서 그 경향은 유사하게 나타났다. 관련 내용을 살펴보면 다음과 같다.

> '교수 활동'에 대한 국내외 공통 단어 집합은 {teacher, student, classroom, teaching, practice, class}로 수학 수업에서 나타나는 다양한 교수 활동에 관한 주제를 다루었다. 이 주제에는 주로 교사가 학생들의 수학적 사고에 주목하는 활동, 학생의 참여와 학습을 유

도하는 교수법, 교사와 학생이 만드는 교실 규범에 관한 연구가 포함되었다(신동조, 2020, p.72).

셋째, '교사의 전문성'은 국외 연구 주제로만 도출되었는데, 특히 국외 연구 주제에서 '예비 수학교사' 다음으로 두 번째 높은 비율로 나타났다. 또한 연도별 분석에서도 교사의 전문성 신장에 관련된 연구는 2010년 이후 관련 연구가 증가하는 경향으로 나타났다. 이러한 국외 연구 경향은 국내 연구에서 교사의 전문성 개발이 연구주제로도 도출되지 않은 것과는 큰 대조를 이룬다.

2. 수학교사교육 연구의 하위 주제

앞 절에서는 수학교육 연구의 전반적인 동향을 분석한 결과에서 수학교사교육 연구와 관련된 내용을 파악할 수 있었던 논문을 요약했던 반면에, 이 절에서는 수학교사교육 연구만을 초점으로 분석한 논문을 요약한다. Pang & Hwang(2022)은 1963년부터 2020년 12월까지 국내 수학교육 전문 학술지에 게재된 논문 중 교사교육과 관련된 논문(구체적으로, 교사를 주요 연구대상으로 한 논문이나 교사교육에 초점이 있는 논문) 632편 중에서 595편을 분석대상으로 하여 토픽모델링을 활용함으로써 연구주제를 분석하였다. 그 결과 10개의 연구주제를 도출하였고, 연구자들은 이를 교사 지식과 신념, 교사 역량, 교수 관행, 교사교육이라는 4개의 범주로 묶었다. 〈표 1〉은 분석 결과 중 각 주제명과 그 주제를 구성하고 있는 상위 10개의 대표 단어, 그 주제를 가장 잘 대표하는 논문 1편을 정리한 것이다.

첫째, 교사 지식과 신념에 관련된 주제를 살펴보면 다음과 같다. '교사 지식'의 경우는 대표 단어에서 반영되었듯이 수학 내용(content) 지식, 교수학적 내용 지식(PCK), 수학 교수(teaching)에 드러난 지식 등과 같이 교사가 수학을 가르칠 때 필요한, 다양한 종류의 교사 지식을 다루는 연구가 진행되었음을 유추할 수 있다. 또한 수학 내용과 관련해서는 특히 함수와 넓이를 다루는 연구가 많음을 알 수 있다. '교사 신념'의 경우는 주로 초등 예비교사를 대상으로 연구가 이루어졌으며 신념(belief)과 수학 교수 효능감(efficacy) 등을 다루고 있음을 알 수 있다. 또한, 대표 단어 및 논문에서 볼 수 있듯이 외국의 관련 검사지를 한국판으로 개발하는 연구가 진행되었음을 알 수 있다.

둘째, 교사 역량과 관련된 주제를 살펴보면 다음과 같다. '문제 해결'의 경우는 주로 초등 예비교사를 대상으로 문제 해결 전략이나 과정, 오류 유형, 표현 등에 대한

표 1 수학교사교육 연구의 주제 및 각 주제를 구성하고 있는 대표 단어와 논문

연구 주제	대표 단어(상위 10개)	대표 논문
교사 지식과 신념		
교사 지식	knowledge, concept, content, understanding, PCK, pedagogical, function, teaching, student, area	교사의 수학적 지식에 대한 연구: 함수 개념과 관련하여(김원경, 김용대, 2002)
교사 신념	teaching, elementary, belief, preservice, learning, model, Korea, factor, experience, efficacy	Development of the mathematics teaching efficacy beliefs instrument Korean version for elementary preservice teachers (Ryang, 2013)
교사 역량		
문제 해결	problem, preservice, solving, elementary, number, division, fraction, understanding, error, representation	초등 예비 수학교사의 비례추론 과제에 대한 전략 분석(최은아, 2016)
통계적 소양	preservice, school, statistical, item, high, secondary, survey, inservice, MKT, level	중등 수학교사와 일반인의 통계적 소양 분석: 여론 조사 결과의 이해수준을 중심으로(소재홍 외, 2020)
교수 관행		
교육과정과 교과서	task, curriculum, textbook, school, elementary, preservice, perceive, change, creative, material	수학교과서 문제에 대한 예비중등교사의 이해 및 변형 능력(이혜림, 김구연, 2013)
교수·학습	learning, lesson, elementary, teaching, practice, school, community, activity, development, professional	교사학습 및 초등수학 교수법 개발 과정에 관한 사례연구(방정숙, 2004)
학생 사고	student, question, class, thinking, classroom, discourse, instruction, role, characteristic, method	수학화 과정에서 교사와 학생 간의 상호작용 양상과 교사의 담론 구조(최상호, 2020)
평가	teaching, assessment, instruction, evaluate, development, competence, student, knowledge, method, learning	수학 수업의 교사 지식에 관한 평가 요소 탐색: 교수·학습 방법 및 평가를 중심으로(황혜정, 2011)
교사교육		
대학 교육	university, course, method, student, curriculum, school, teaching, training, subject, learning	교사 양성 대학 수학교육과 교육과정 및 교수-학습 방법 개발에 관한 연구(신현용, 2003)
전문성 개발	teaching, preservice, program, development, technology, professional, knowledge, effect, content, improve	내용교수지식(PCK)에 기초한 수업컨설팅에 관한 연구: 수학 초임교사의 사례를 중심으로(최승현, 황혜정, 2009)

연구가 진행되었고 연구대상의 특성 때문에 수, 나눗셈, 분수 등에 대한 주제가 빈번하게 다뤄지고 있음을 유추할 수 있다. '통계적 소양'의 경우는 예비 수학교사와 현직 교사를 대상으로 통계와 관련된 여러 가지 용어나 개념에 대한 이해 정도를 조사하는

연구가 진행되어 왔는데, 특히 중등학교의 통계 교육이나 중등교사를 대상으로 한 연구가 주를 이루었다.

셋째, 수업 계획부터 평가에 이르기까지 일련의 교수 관행과 관련된 주제를 살펴보면 다음과 같다. '교육과정과 교과서'의 경우는 가장 출현 빈도가 높았던 단어 '과제(task)'가 암시하듯이 주로 수학 교과서에 제시된 과제에 대해 예비 초등교사가 어떻게 인식하고 어떻게 변형할 수 있는지를 다룬 연구가 진행되었음을 유추할 수 있다. '교수·학습'의 경우는 대개 교사가 수업을 계획하고 실행해보며 성찰하는 기회를 가질 수 있는 전문적 공동체에서 교사가 무엇을 학습하는지를 다루는 경우가 있었다. '학생 사고'의 경우는 학생들의 수학적 사고나 참여를 증진하기 위한 여러 가지 교수 방법과 관련된 연구가 많았는데, 대표 단어 및 논문이 반영하듯이 질문 유형, 담론 구조, 수업 중 상호작용 양상 및 역할 등을 분석하는 경우가 있었다. '평가'의 경우는 주로 수학 교수 평가 규준을 다루는 연구가 있었는데, 이 주제의 대표 논문에서처럼 교수·학습 방법 및 평가에 관한 규준을 개발하는 것에 초점을 두거나 그러한 규준을 교사가 자신의 수학 수업에 대해 성찰하기 위해 어떻게 활용하는지, 또는 교육과정의 변화에 따라 새롭게 강조되는 수학 교과 역량을 반영하기 위해 규준을 수정하는 연구들이 있었다.

마지막으로 교사교육과 관련된 주제를 살펴보면 다음과 같다. '대학 교육'의 경우는 예비 수학교사를 위한 대학 프로그램이나 교육과정 개발과 관련된 연구가 진행되었음을 유추할 수 있다. '전문성 개발'의 경우는 교사들의 전문성 개발을 증진하기 위한 다양한 접근 방법과 관련된다. 교사교육에서 전문성 개발이라고 하면 대개 현직 교사를 위한 전문성 개발을 의미하는 경우가 많은데, 본 연구에서는 대표 단어에 '예비교사(preservice)'도 포함되었음에 유의할 필요가 있다. 이는 교사의 전문성을 개발하기 위해 연구 대상에 예비교사와 현직교사를 함께 포함하기도 하는 경향과 관련 있는 것으로 생각된다.

본 장에서 다루는 예비 수학교사교육과 관련지어 위의 연구 결과를 다시 생각해 보면, 예비 수학교사를 대상으로 많이 연구된 주제는 교사 신념, 문제 해결, 통계적 소양, 교육과정과 교과서, 전문성 개발이었다. 다시 말해 주로 교사의 신념이나 역량, 교과서 과제의 변형 등에 대한 이해 정도를 조사하는 연구가 많았음을 유추할 수 있고, 최근 들어 전문성 개발의 측면에서 예비 수학교사를 포함하는 경우가 있음을 알 수 있다.

한편 Pang & Hwang(2022)은 시계열 회귀 분석을 통해 위의 10개의 연구 주제에 대한 시기별 변화를 분석하였는데, 그 결과 '통계적 소양', '교육과정과 교과서' 주제는 ‘hot’ 주제로 분류되어 비교적 최근에 관련된 연구가 많이 이루어지고 있는 것으로 드러났다. 또한 예비 수학교사교육을 직접적으로 다루고 있는 ‘대학 교육’의 경우는 통계적 유의미성은 드러나지 않았지만, 2003년에 정점을 찍은 이후 전반적으로 연구 비중이 줄고 있는 것으로 드러났다. 교사의 전문성 개발 측면에서 예비 수학교사교육의 중요성을 고려할 때 대학의 교사교육 프로그램에 대한 다양한 분석 및 연구가 절실해 보인다.

Ⅲ. 예비 수학교사교육의 이슈와 방향

1. 예비 수학교사의 정체성 및 가치

(1) 예비 수학교사의 정체성 및 가치 인식의 필요성

예비 수학교사가 교사로서의 정체성(identity)을 쌓는 일은 매우 중요하다. ‘나는 어떠한 수학교사가 되고 싶은가?’라는 질문에 진지하게 고민하지 않는 교사가 수학을 잘 가르치기 위해서 부단히 본인의 수업 전문성을 향상하기 위해 노력할 것이라고 기대하기 어렵기 때문이다. 예를 들어 학생들과 소통을 잘하는 교사, 학생들의 수학 학습 경험 및 이해에 민감한 교사, 학생들의 수학적 호기심을 일깨우는 교사, 학생들의 수학적 사고 과정을 배우며 학생들과 함께 성장하고 싶은 교사 등과 같이 자신이 어떤 수학교사가 되고 싶은지를 정기적으로 생각해 볼 기회를 가진다면, 예비 수학교사교육 기간 동안 그러한 교사가 되기 위해 노력할 가능성이 높을 것이다.

교사교육과 관련하여 교사의 지식과 신념은 전통적으로 강조되었으나 정체성은 상대적으로 최근에 강조되었다. 예를 들어, 최근에 개정된 국제 수학교사교육 핸드북에서는 기존에 강조되어 왔던 교사 지식 및 신념과 대등한 수준에서 정체성을 책 제목에 포함하기도 했다(Potari & Chapman, 2020). 연구자에 따라서는 신념, 성향, 규범, 가치(values) 등을 모두 정체성으로 포괄하여 언급하기도 하므로(예: Ponte & Chapman, 2016), 가치는 교사의 정체성을 구성하는 요소들 중의 하나로 볼 수 있지만, 이 절에서는 특별히 예비 수학교사가 인식하고 있는 수학적 가치 및 수학교육적 가치의 중요성을 부각하기 위해 절 제목에 구분하여 제시하였음을 밝힌다.

수학과 교육과정에서는 수학의 실용적 가치, 도구적 가치, 심미적 가치, 문화적 가치뿐만 아니라 합리적 의사 결정 능력과 민주적 소통 능력 등을 함양할 수 있는 도야적 가치도 언급하며, 학생들이 수학의 유용성이나 가치를 인식하는 것을 학교 수학의 목표 중의 하나로 지속적으로 강조하여 왔다(교육부, 2015). 그러나 학생들의 수학에 대한 가치 인식은 그리 긍정적이지 않다. 예를 들어 초등학생들의 경우 주로 수학의 실용성, 미래 사회를 위한 준비에 도움이 되는 교과로 제한된 측면에서 수학의 가치를 인식하는 것으로 드러났다(김상화, 방정숙, 2007). 또한 TIMSS(Trends in International Mathematics and Science Study) 2003에서부터 TIMSS 2015까지 중학생들의 수학에 대한 가치 인식은 다른 나라에 비해 일관되게 낮은 것으로 드러났고, '원하는 대학에 들어가기 위해 수학을 잘 할 필요가 있다', '다른 과목을 배우는 데 수학이 필요하다', '원하는 직업을 갖기 위해 수학을 잘할 필요가 있다'와 같은 문항에서 긍정 응답 비율이 상승하는 추세로 나타나 중학생들이 대학 진학이나 미래 직업 및 다른 과목을 학습하기 위한 도구 교과로서 수학을 인식하는 경향이 강하다는 것을 알 수 있다(상경아 외, 2016). 이와 같은 측면에서 예비 수학교사가 합리적이고 논리적인 사고 발달과 같은 보다 고유한 수학 교과의 가치를 제대로 이해하는 것이 중요해 보인다.

일찍이 신현용(2003)은 초·중등 교사양성 대학교의 수학교육과 교육과정 특성화에 관한 연구의 전체 개발 방향을 설정하고 예비 수학교사교육을 위한 교육과정 및 교수·학습 방법을 개발하는 연구를 진행하였는데, 그 과정에서 기본 방향 9가지 중 예비 수학교사가 수학의 본질을 이해하고 수학 자체를 즐길 수 있게 하기, 수학의 유용성을 알고 수학을 활용할 수 있게 하기, 실생활에서 수학을 느끼고 수학을 활용하게 하기 등을 강조하였다. 예비 수학교사가 먼저 수학의 가치를 인식하고 수학의 즐거움과 유용성을 이해하게 하는 것이 구체적인 교수·학습 방법을 배우는 것보다 먼저 설정된 것은 우연의 일치는 아닐 것이다. 그러나 그 이후 예비 수학교사교육 프로그램에서 실제 예비 수학교사의 수학에 대한 가치 인식을 개선하기 위해 얼마나 노력해 왔는지, 또는 그런 인식 개선의 필요성이 교사교육자 사이에 충분히 공유되었는지는 진지하게 고민할 이슈이다.

(2) 예비 수학교사가 인식하는 수학적 가치와 수학교육적 가치

최근에 수학교육 연구에서 Bishop(1996)으로부터 비롯된 수학적 가치(mathematical values) 및 수학교육적 가치(mathematics educational values)에 대한 관심이 증가되고 있다(방정숙, 김승민, 2019; Clarkson et al., 2019). 가치는 개인적으로 내면화되어 일정한 체계를 형성하고 있다는 측면에서 주로 신념, 태도 등과 함께 정의적인 영역으로 설명되기도 하고, 무엇인가를 선택해야 하는 상황에서 작용하는 기제라는 측면에서 동기(motivation)와 연결되기도 한다(Hannula, 2012). 하지만, Seah(2019)는 가치를 인지적·정의적 영역과 구별되는 제3의 고유한 영역 즉, 어떠한 행동을 선택하고 유지하게 하는 의지(conation)적 영역과 연결함으로써 인지적·정의적 영역과 실제 행동 사이의 괴리를 설명해 주는 개념으로 설명한다. 이처럼 가치가 무엇인가에 대한 이론적 논의는 아직까지 다양하지만 중요한 것은 교사가 인식하고 있는 수학적 가치와 수학교육적 가치는 교수·학습 과정을 통해 학생의 수학에 대한 가치, 수학 학습에 대한 가치 인식에 영향을 끼치게 된다는 것이다(방정숙, 임민재, 2019).

수학의 가치는 우리나라 수학과 교육과정에서 거의 일관되게 유지되어 왔고, Bishop이 언급한 수학적 가치 역시 지난 20년 남짓 지속적인 연구 결과에서도 일관되게 유지된 반면에, 수학을 가르치고 배울 때 무엇을 정말 중요하고 의미 있게 생각하는지를 반영하는 수학교육적 가치는 연구가 진행되는 사회문화적 교육 맥락에 따라 다양하게 추출되어왔다. 왜냐하면 동일한 교수·학습 활동이라고 할지라도 그 활동이 왜 의미가 있고 중요한지, 즉 어떤 가치를 드러내는 것인지는 사회문화적 교육 맥락에 따라 달라질 수 있기 때문이다. 이와 같은 측면에서 최근 교사가 어떤 수학교육적 가치를 인식하고 있는지 조사하거나, 두 개 이상의 국가를 대상으로 교사가 인식하는 수학교육적 가치가 어떤 차이가 있는지 비교하는 연구가 이루어져 왔다(방정숙, 김승민, 2019; Clarkson et al., 2019). 그러나 교사가 인식하는 수학교육적 가치와 그 교사가 구현하는 수학 수업의 특징이나 질과의 관련성, 그리고 궁극적으로 그런 수업을 통해 학생들이 인식하게 되는 수학교육적 가치의 연결성까지 고려한다면 수학교육적 가치 인식의 출발점은 예비 수학교사를 교육하는 시기부터 시작되어야 할 것이다. 이런 측면에서 예비 수학교사가 어떤 수학교육적 가치를 가지고 있는지 면밀히 이해하는 것이 필요하다.

우리나라에서 교사의 수학교육적 가치를 연구한 논문은 많지 않은데, 예외적으로 임민재 외(2020)는 1학년 초등 예비교사, 4학년 초등 예비교사, 현직 초등교사의 수학교육적 가치를 조사하여 6가지 수학교육적 가치 즉 ‘재미’, ‘문제 해결’, ‘표현’, ‘계산’, ‘능력’, ‘설명’을 도출하였다. 세 교사 집단 모두에서 ‘문제 해결’을 가장 중요하게 생각하였으며 교사 집단 간 통계적으로 유의미한 차이는 없는 것으로 드러났다. 구체적으로 교사들은 ‘문제 풀이 과정 서로 가르쳐 주기’, ‘새로운 문제 해결 방법 찾기’, ‘궁금한 내용에 대한 질문 만들기’, ‘교사가 해결 과정 질문하기’ 등 문제를 해결하는 과정과 연관된 활동을 공통적으로 중요하게 여긴다는 것을 알 수 있었다. 또한, 1학년 초등 예비교사와 4학년 초등 예비교사 간의 차이에 주목해 보면, ‘설명’를 제외한 나머지 수학교육적 가치에 대해서 4학년 초등 예비교사가 1학년 초등 예비교사보다 모두 더 중요하게 여기는 경향이 있었는데, 통계적으로 유의미한 차이는 '표현'에 한정되었다. 구체적인 문항의 예를 살펴보면 '바둑돌과 같은 구체물로 수학 문제 해결하기', '수학 용어를 사용하여 말하기', '수학 문제 상황을 그림이나 기호로 나타내기' 등이 포함되었다. 수학 문제 해결 과정과 수학적 의사소통 측면에서 표현의 중요성을 고려해 볼 때 4학년 초등 예비교사가 1학년 초등 예비교사보다 표현에 대한 인식에서 유의미한 차이가 드러난 것은 고무적이다. 그러나 이외의 가치에 대해서는 1학년 초등 예비교사와 4학년 초등 예비교사가 인식하는 수학교육적 가치의 차이가 크지 않다는 점에서 예비 수학교사교육 프로그램을 재고해 볼 필요가 있다. 왜냐하면, 4년의 교사교육 기간이 예비교사의 수학교육적 가치 인식에 별반 영향을 끼치지 않는다는 것을 반증하기 때문이다. 수학을 가르칠 때 무엇이 정말 중요하고 의미 있는지 그 가치를 설정하는 시기가 바로 예비 수학교사교육 기간임을 고려할 때, 예비교사가 인식하는 수학교육적 가치는 무엇인지, 그리고 교사교육 프로그램을 통해서 어떤 가치가 어떻게 변해 가는지를 탐색하는 연구, 더 근본적으로 교사교육 프로그램에서 특별히 강조해야 할 수학교육적 가치가 무엇인지에 대한 진지한 논의가 필요하다.

2. 예비 수학교사에게 필요한 지식 및 역량

(1) 가르칠 수학 내용에 특화된 전문적인 지식

예비 수학교사교육에서 '무엇을 가르칠 것인가'와 관련하여 수학 내용 지식을 빼놓을 수는 없을 것이다. 물론 수학 내용 지식을 많이 알고 있는 교사가 반드시 잘 가르친다고 말할 수는 없다. 그러나 가르칠 수학 내용에 대한 풍부한 지식이 없는 상태에서 제대로 가르칠 수 없다는 것은 너무나 자명하다. 또한 현직 교사가 되면 실제 학생들을 가르치는 경험을 통하여 학생에 대한 이해 지식이나 교수학적 지식 등을 향상할 수 있는 기회가 많아지는 반면에, 수학 내용 지식 자체를 풍부하게 할 기회는 상대적으로 적다. 이와 같은 측면에서 예비 수학교사는 대학의 교사교육 프로그램을 통해서 가르칠 수학 내용의 핵심적인 주제별로 그 개념적 기초를 풍부하게 쌓아야 한다.

학생으로서 수학 내용을 아는 지식과 교사가 되어 그 수학 내용을 학생에게 가르치기 위해서 필요한 지식은 다를 수밖에 없다. 그런데 교사가 학생을 가르치기 위해서 필요한 지식의 범주나 강조점 등은 연구자마다 다양하다(예: 김진호, 권나영, 2015; Ball et al., 2008; Blömeke et al., 2014; Rowland et al., 2009). 그러한 다양한 선행 연구를 검토하는 것은 이 장의 범위를 뛰어넘는다고 생각하여 여기서 다루지는 않는다

(교사 지식에 관한 다양한 선행연구 검토는 김진호, 권나영, 2015; Ponte & Chapman, 2016 등을 참조). 다만 여기서는 예비 수학교사에게 필요한 여러 지식의 범주 중에서 가르칠 수학 내용 또는 주제에 특화된 전문적인 지식의 중요성을 강조하고 싶다. 이는 예비 수학교사교육 프로그램에서 어떤 내용을 중점적으로 가르쳐야 하느냐와 직결된 이슈이기도 하다.

이와 관련하여 Li 외(2020)는 가르치기 위해서 필요한 수학 개념적 지식(Mathematics Conceptual Knowledge for Teaching [MCKT])을 강조하였는데, 이는 "특정한 수학 내용 주제를 연결성 있게 가르칠 뿐만 아니라, 그 주제를 이해하고 설명하기 위해 필요한 주제-기반(topic-based) 개념적 지식 꾸러미(package)"로 정의된다(p.81). 구체적으로 MCKT는 다음과 같은 3개의 지식 요소로 설명된다. 첫째는 특정한 주제와 직접적으로 관련된 지식과 기능을 가지는 것이다. 둘째는 그 주제의 핵심적인 요점을 연결하고 정당화하며 더 넓은 맥락으로 이해하는 것이다. 셋째는 그 주제를 가르치기 위한 다양한 표현 방법을 알고 활용하며 표현 방법 간의 관계를 가르칠 수 있는 것이다. 우리나라 예비 수학교사들을 대상으로 분수 나눗셈 주제에 대한 MCKT를 조사한 결과(Li et al., 2020), 예비 수학교사들은 분수 나눗셈과 직접적으로 관련된 지식과 기능을 평가하는 문항(즉, 위의 첫 번째 지식 요소)과 다양한 표현 방법이나 모델을 활용하여 분수 나눗셈을 가르치는 지식과 능력을 평가하는 문항(즉, 위의 세 번째 지식 요소)을 잘 해결하는 것으로 드러났다.

그러나 분수 나눗셈과 다른 내용 영역 사이의 연계성을 이해하고 정당화하는 능력을 평가하는 문항(즉, 위의 두 번째 지식 요소)은 상대적으로 덜 성공적이었다. 구체적으로 다른 문항에서 90% 이상의 정답률을 보이던 예비 수학교사들이 분수 나눗셈이 다른 내용 주제와 어떻게 관련되는지 설명하는 문항에서는 약 69%만이 분수 나눗셈을 분수 곱셈, 자연수의 나눗셈, 소수 나눗셈 등과 연계하여 그 의미를 설명할 수 있었다. 위에서 첫 번째 지식 요소는 초등학교 학생들이 학습해야 할 내용 지식과도 일맥상통하는 반면에, 두 번째 지식 요소는 특정한 주제 자체에 대한 이해를 뛰어넘어 그 주제가 다른 다양한 수학 주제들과 어떻게 연계되는지를 알아야하기 때문에 예비 수학교사에게 더욱 도전적인 것으로 생각된다. 그러나 해당 주제를 잘 가르치기 위해서 예비 수학교사는 그 주제 자체만을 개념적으로 이해하는 것을 뛰어넘어 수학과 교육과정에서 관련된 여러 주제들 사이의 연결성을 명확하게 이해하는 것이 필요하다(Association of Mathematics Teacher Educators [AMTE], 2017).

이와 같은 측면에서 예비 수학교사교육 프로그램에서 수학 내용을 가르칠 때 횡적으로 동일한 주제에 대해 내용 지식과 교수학적 내용 지식을 연결하려는 노력뿐만 아니라 종적으로 관련된 주제끼리 학년 사이에 그리고 학교급 사이에 서로 어떻게 연결되어 있는지를 보다 명시적으로 다룰 필요가 있다(Pang, 2018). 초등 예비교사들의 경우 1학년부터 6학년까지의 수학을 가르칠 준비가 되어 있어야하기 때문에, 학년별로 핵심적인 수학 내용들이 서로 어떻게 연결되어 있는지 명확하게 탐색할 기회를 가질 필요가 있다. 또한 중등 예비교사들의 경우 중학교와 고등학교에서의 수학 내용이 서로 어떻게 연결되어 있는지 이해하는 것이 필요하다. 더불어 학교급간 수학적 연결성에 대한 것도 주목할 필요가 있다. 예비 수학교사교육 프로그램에서 가르칠 수학 내용을 전부 다루는 것이 어렵기 때문에 일단 핵심적인 수학 주제들을 도출하되 각각을 낱낱으로 다루는 것보다는 그 주제들 사이의 수학적 연결성을 탐색하게 한다면, 예비 수학교사들이 가르칠 수학 내용에 특화된 전문적인 지식을 보다 풍부하게 쌓을 수 있을 것으로 기대된다.

(2) 예비 수학교사에게 필요한 교과 역량

수학과 교육과정을 개정할 때마다 수학적 과정이나 수학 교과 역량이 강조되다 보니, 이와 관련하여 수학교사들에게도 강조되는 역량이 있게 된다. 신동조(2020)에 따르면 국내 수학교육 연구에서 수학적 역량을 다루는 연구가 많고, 역량 중에서 특히 문제 해결 역량과 창의·융합 역량에 치중되는 경향이 있었다. Pang & Hwang(2022)의 분석에서도 수학교사교육 연구와 관련하여 분류된 10개의 하위 주제 중 2개가 교사 역량과 관련되었고, 구체적으로 문제 해결과 통계적 소양에 관한 것이었다. 문제 해결 역량은 국내 수학과 교육과정에서 가장 오래전부터 언급된 역량이라는 점에서 관련 연구가 많다고 추측된다. 창의·융합 역량이나 통계적 소양에 관련된 연구는 비교적 최근에 교육과정 개정을 통해 강조된 역량과 관련 있다. 특히 통계적 소양의 경우는 2022 개정 수학과 교육과정에서 관련 내용에 대한 변화가 많을 것으로 예상되는 만큼 실제 예비 수학교사가 관련 역량을 지도하는 데 얼마나 준비되어 있는지를 분석하는 연구가 지속될 것으로 예상된다.

예비 수학교사에게 필요한 교과 역량은 이렇듯 교육과정의 개정 및 사회문화적 요구에 따라 바뀌게 된다. 수학과 교육과정에서 강조하는 수학 교과 역량이 변경될 때마다 그러한 교과 역량을 실제 수업에서 구현하는 데 핵심적인 역할을 하는 것은 교사이기 때문에 교사에게 요구되는 역량 역시 바뀌기 마련이다. 이에 교육과정이 바뀔 때마다 새롭게 강조되는 교과 역량과 관련하여 교사교육에서 어떻게 예비 수학교사를 지원할 수 있는지에 대한 연구가 필요하다.

한편 최근 4차 산업혁명의 도래와 함께 코딩 교육, 인공지능(AI) 교육, 융복합 교육 등이 강조되면서 예비 수학교사교육의 프로그램에도 지속적인 변화가 요구되어 왔다. 또한 코로나 팬데믹의 영향으로 학교 교육 방법에 변화가 많고 이와 더불어 교사들에게 온라인 수업이나 보다 효율적인 블렌디드 러닝(즉, 면대면으로 학습하는 것과 비대면으로 학습하는 것을 혼합한 형태)을 구현할 수 있는 역량이 새롭게 요구되기도 한다(Yang & Tan, 2022). 이에 예비 수학교사교육 시기에 우선적으로 증진해야 할 역량이 무엇인지, 그리고 온라인 수업 상황을 고려하여 다양한 디지털 장치 및 온라인 자원을 어떻게 효율적으로 활용할 수 있는지, 어떠한 대안적인 교수 전략을 학습할 필요가 있는지, 어떻게 하면 학생들의 참여를 지속적으로 독려하며 효율적으로 의사소통할 수 있는지 등을 포함하여 다양한 형태의 수업 여건에서 예비 수학교사의 수업 전문성을 향상하는 방법에 대한 연구도 필요해 보인다.

(3) 예비 수학교사에게 필요한 노티싱(noticing)

교수 상황에서 중요한 사건을 확인하고 이 사건에 대해 추론하기 위하여 그 상황으로부터 지식을 활용하며 더 넓은 교수·학습의 원리와 연결 짓는 능력을 총칭하는 노티싱(noticing)은 최근의 교사교육에서 가장 많이 연구되어 온 주제 중 하나이다(van Es, 2011). 실제 초등 예비교사들의 수학교육 연구를 다루었던 간행본에서 노티싱은 4개의 큰 주제 중의 하나로 선정될 만큼 예비 수학교사교육에서 주목받는 주제가 되었다(Stylianides & Hino, 2018). 복잡한 교수 상황에서 교사가 무엇을 어떻게 노티스(notice) 하느냐는 바로 교사의 후속 교수학적 의사 결정과 직결되는 이슈이기 때문에 교사의 노티싱은 중요하다(Jacobs et al., 2010). 예를 들어 전체 교실 환경에 주목하는 교사에 비해 학생들의 수학적 사고에 주목하면서 왜 그런 방식으로 학생들이 생각하는지 다양한 관점에서 해석하고 반응할 수 있는 교사가 구현하는 수업의 질은 더 좋을 것이다.

결국 노티싱은 교사 전문성의 주요한 지표가 되었고, 무엇보다 '학습할 수 있는 관행(learnable practice)'이라는 측면에서(Jacobs & Spangler, 2017), 예비 수학교사교육 프로그램에서 이를 증진하기 위한 노력이 필요하다. 우선적으로 노티싱을 개발하기 위해 예비 수학교사들이 무엇에 주목할 필요가 있는지 교수학적으로 판단할 수 있는 지식 또는 자원이 필요하다(Pang & Sunwoo, 2021). 이에 대해 최근의 노티싱 연구 결과는 특정한 수학 주제에 대한 교사의 지식과 학생의 학습을 해석할 때의 노티싱 사이의 상관관계를 강조하는 경향이 있다(예: Dreher & Kuntze, 2015), 다시 말해 예비 수학교사들이 가르칠 수학 내용에 특화된 전문적인 내용 지식을 많이 가지고 있을 때, 그러한 지식을 토대로 학생 학습에 대해서 다각적인 측면에서 의미 있게 추론하고 해석할 수 있다는 것이다. 또한 van Es(2011)의 교사 노티싱 틀(framework)에 따르면, 예비 수학교사가 복잡한 교수 상황에서 무엇을 노티스 하느냐와 더불어 어떻게 노티스 하느냐도 강조된다. 여기서 학생의 수학적 사고, 또는 학생의 사고와 교수 전략과의 관계에 주의를 기울일수록, 노티스한 사건에 대해서 명확한 근거를 바탕으로 구체적으로 해석할수록, 대안적인 교수 전략까지 제안하는 경우가 가장 높은 수준으로 평가된다.

이렇듯 예비 수학교사에게 필요한 노티싱의 중요성을 바탕으로 그동안 교사교육 프로그램에서 예비 수학교사의 노티싱의 수준을 높이기 위해 여러 가지 접근 방법이 시도되어 왔다(Schack et al., 2017). 예를 들어, 중요한 수학적 사고 과정을 포함하는 수업 비디오나 클립의 활용, 수학 수업의 중요한 부분에 관심을 기울이게 만드는 특정한 프롬프트(prompts)나 프로토콜 제공, 역할 놀이 활동이나 내러티브의 작성 등이 포함된다(Pang & Sunwoo, 2021; Stylianides & Hino, 2018). 그런데 이렇듯 다양한 접근 방법을 활용하여 예비 수학교사의 노티싱을 향상하기 위한 노력이 있었지만, 그러한 선행 연구 결과를 종합적으로 분석한 Amador 외(2021)를 살펴보면, 정작 결과는 일관적이지 않거나, 긍정적인 결과와 부정적인 결과가 혼재되어 있는 수준으로 드러났다. 이와 관련하여 연구자들은 그동안 예비 수학교사의 노티싱을 연구하는 데 있어서 사용된 자료 수집 방법이나 분석 방법이 다양하고 모호하다는 점도 지적하였다.

교사 노티싱이 국외에서 매우 활발하게 연구되는 반면에 국내에서는 관련 연구에 대한 관심이 확산되고는 있지만 아직 많이 부족하다. 이에 예비 수학교사에게 우선적으로 필요한 노티싱의 구체적인 양상은 무엇인지, 예비 수학교사교육 프로그램에서 학습하게 되는 지식과 노티싱의 관계는 어떠한지, 예비 수학교사의 노티싱을 어떻게 체계적으로 측정할 수 있는지, 전반적인 교사교육 프로그램을 통해서 예비 수학교사의 노티싱이 어떻게 발달 또는 변화하고 있는지를 추적할 수 있는지 등에 대한 이론적·실제적 연구가 필요하다.

3. 예비 수학교사교육에서의 이론과 실제 간의 연결

(1) 대학 강의에서 수학 수업의 실제를 반영한 교수법 활용

예비 수학교사교육에서 자주 문제점으로 제기되었던 것 중의 하나는 이론과 실제 사이의 간극이다. 예를 들어, 예비 수학교사교육 프로그램에서 중점적으로 가르쳐왔던 이론적인 측면과 초·중등학교에서의 수학 교수·학습 실제와의 괴리는 오랫동안 교사교육의 본질적인 문제점 중의 하나로 언급되었다(신현용, 2003). 그렇다면 교사교육 프로그램에서 어떻게 이와 같은 문제점을 개선할 수 있느냐가 관건이다.

교사교육에서 이론과 실제를 연결할 수 있는 여러 가지 방법이 있겠으나 여기서는 어느 교사교육 프로그램에서나 공통적으로 쉽게 접근할 수 있는 방안을 생각해 보고자 한다. 우선 대학 강의에서 예비 수학교사들이 교수 실제를 구체적으로 경험할 수 있게 하는 것이다. 예를 들어, 교사의 수학 수업 사례 중 일부를 제시하고 이에 대해 이론적 강의 내용과 관련하여 논의하는 기회를 갖게 할 수 있다. 여기서 수업 사례는 녹화된 수업 동영상일 수도 있고, 수업의 전사 자료나 수업에 대해 구체적으로 기록한 자료가 될 수도 있다. 또한, 실제 수업 비디오 대신에 디지털 시뮬레이션(digital simulation)을 활용할 수도 있다(Kwon & Pang, 2020). 수업 사례의 길이(예를 들어, 짧은 비디오 클립 또는 한 차시 수업 전체 분량), 형식(예를 들어, 실제 수업 녹화 동영상 또는 아바타를 활용한 시뮬레이션), 활용 방법(예를 들어, 사례 전체를 보고 논의하기 또는 중간에 일시 멈춤하고 예비 수학교사들끼리 가능한 발문과 교수 전략을 논의하게 하고 이를 다시 사례에 반영하기) 등은 다양할 수 있다. 다만 핵심은 예비 수학교사가 그 수업 사례로부터 구체적으로 무엇을 배우게 할 것인지가 명확해야 한다는 것이다. 예를 들어, 활발한 논의가 있는 수학 수업을 만들기 위해 허용적인 학습 분위기의 중요성을 느끼게 하려면 예비 수학교사에게 그렇게 수업을 하는 사례를 관찰하고 구체적으로 사례 속의 교사가 어떻게 그러한 수업 분위기를 만들고 있는지 논의하게 하면서 다른 대안적인 접근 방법도 생각해 보게 할 수 있을 것이다.

예비 수학교사들이 학생들의 수학적 사고 과정에 주목하면서 학생들의 이해에 민감한 교수법을 배우게 하려면 비디오 클립 중에서도 그러한 사고 과정이 잘 드러난 자료를 활용하든지, 학생들이 작성한 활동지를 제공하고 그 자료 속에 등장하는 학생들의 수학적 사고를 분석하게 할 수 있다. 예를 들어, 예비 수학교사들에게 분수의 의미와 그 연산을 지도하는 방법을 이론적으로 집약하여 가르쳤다면, 실제 다양한 수준의 초등학교 학생들이 이와 관련한 문제를 해결한 활동지를 제공하고, 각 학생이 무엇을 알고 모르는지, 특히 오개념이나 오류를 포함하고 있는지 등을 면밀히 분석하게 하고, 학생들의 현재 이해 상태를 보다 명확하게 파악하거나 이해를 증진하기 위해서 어떤 발문이나 접근 방법을 제시할 수 있는지에 대해 이론적인 지식을 토대로 논의하게 하는 것도 효과적일 것이다.

(2) 대학 강의와 교육 실습의 연계성

교사교육 프로그램에서는 공통적으로 대학에서의 강의와 초·중등학교에서의 교육

실습을 포함하고 있다. 그런데 대부분 대학 강의는 교수가, 교육 실습은 실습학교의 담당 교사가 일임하여 지도한다는 측면에서 특별한 연계성이 없는 경우가 많다. 교육 실습은 예비 수학교사가 그동안 대학 강의를 통해 학습한 내용을 실제 학생들에게 적용해 볼 수 있고, 있는 그대로의 복잡한 수업 상황을 직접적으로 경험해 볼 수 있다는 측면에서 중요하다. 또한 예비 수학교사들은 교육 실습을 통해 교사로서의 정체성을 인식하고 전문적인 수업 역량을 향상할 수 있으며 수업과 관련된 여러 가지 지식을 종합하거나 변화시킬 수 있는 기회를 가진다(심상길, 이강섭, 2015; Ponte & Chapman, 2016). 이러한 중요성에도 불구하고 수학교육 연구에서 교육 실습을 중점적으로 다룬 연구가 많지 않고 그나마 실습 전후 교사 인식이나 신념 변화 등을 분석한 연구가 대부분이다(예: 문효영, 권성룡, 2010; 심상길, 이강섭, 2015; 이영혜 외, 2013).

이에 예비 수학교사교육 프로그램의 효과를 높이기 위해서 대학 강의와 교육 실습을 연결하기 위한 노력이 필요하다. 간단히는 예비 수학교사로 하여금 교육 실습 기간 동안 수학 수업을 설계하고 실행하는 과정에서 대학 강의를 통해 학습한 내용을 어떻게 적용했는지 실습 일지, 반성적 성찰지 등을 작성하게 하여 자신의 교수학적 행동과 인식 등을 분석해 보게 할 수 있다(김선희, 2012). 또는 교육 실습 중의 수학 수업을 녹화하게 하고 그 수업을 다각적인 측면에서 분석해 보게 할 수 있다. 전자는 대학 강의에서 교육 실습으로의 적용에 초점을 둔 것이라면, 후자는 전자를 포함하여 교육 실습에서 다시 대학 강의로의 연계를 추구할 수 있다는 점에서 더욱 효과적일 수 있다. 실례로 Pang & Sunwoo(2021)에 따르면, 교육 실습을 하는 동안 수학 수업을 녹화하고 이 수업에 대해서 이후 대학 강의에서 다각적으로 논의한 경험을 통해 교육 실습 이전보다 교사의 수업 전략이나 발문 및 피드백 등이 수학적으로 적절한지 고민하면서 학생들의 수학적 사고에 더욱 주목할 수 있었고, 교사 행동에만 초점을 두기 보다는 학생 반응도 동시에 고려하면서 수업을 이해하는 경향을 보였으며 여러 가지 교수학적 대안을 구체적으로 제시할 수 있었다. 다만 이러한 방안이나 예시는 교사교육자의 개별적인 의지나 관심에 따라 자발적으로 실천할 수 있는 것이라는 점에서 한계가 있다.

이에 보다 적극적으로 교원양성기관과 실습학교 간에 잘 구조화된 활동이나 시스템을 통해 체계적인 연계성을 추구할 필요가 있다(주미경, 양성관, 2007; Ponte & Chapman, 2016). 물론 현재도 교육 실습과 관련하여 교원양성기관과 실습학교 간에 사전·사후 협의회가 있기는 하지만 대부분 행정적인 조율이나 복무 및 태도와 관련된 제반 이슈를 논의하는 경우가 많다. 또한, 교원양성기관에서 실습 담당 교수를 지정하여 실습 과정을 점검하고 순회 지도하게 되어 있지만, 예를 들어 실습 때의 수학

수업과 관련하여 실습학교 담당 또는 지도 교사와의 긴밀한 협력 체제는 구축되어 있지 않은 경우가 많다. 이에 교육 실습이 대학의 강의와 어떻게 의미 있게 연계될 수 있는지, 교육 실습 담당 교수와 실습학교 교사가 어떻게 협력적으로 예비 수학교사를 멘토링할 수 있는지 등에 대한 연구가 필요하다.

한편 교육 실습과 관련하여 한 가지 더 제기하고 싶은 이슈는 예비 수학교사들이 협력적으로 수업을 설계하고 실행하며 성찰하는 기회를 가져야 한다는 것이다. 일본의 수업연구(lesson study)를 바탕으로 비교적 최근에 여러 나라에서 다양한 형태의 수업연구가 실행되고 있다. 우리나라의 경우도 지역별로 수학 교과 연구회나 전문적 학습 공동체라는 이름으로 교사들 사이의 수업에 대한 협력을 추구할 수 있는 제도가 있기는 하지만, 실제 운영 형태나 수학 수업 전문성 향상의 효과는 시·도 교육청별로 또는 참여하는 교사들 사이에 편차가 클 수밖에 없다. 직접적인 수업연구를 경험할 수 있는 교육 실습 기간 동안 예비 수학교사들이 한 차시 동일한 주제에 대해서 함께 고민하면서 최선의 수업을 설계하고 실행해 본 후, 다각적으로 분석해 보며 더 나은 대안을 모색해 보는 경험은 전문적 학습 공동체의 출발점이라고 볼 수 있다. 이를 통해 교사들 사이의 수업연구가 특정한 이벤트라기보다는, 평상시의 자연스러운 교수 행위 중의 하나로 정착될 수 있기를 기대해 본다.

4. 예비 수학교사교육의 평가와 성찰

예비 수학교사교육의 이슈와 방향에 대해 생각해 볼 때 마지막으로 짚어볼 이슈는 교사교육에 대한 평가와 관련된다(AMTE, 2017). 우선 교사교육 프로그램에 대한 평가와 관련하여, 대외적으로 정기적인 교원양성기관 평가가 있어서 공통된 평가 준거에 의해 각 프로그램의 강점과 약점을 분석한다. 교원양성기관은 이러한 외부 평가에서 긍정적인 결과를 얻기 위해 평가주기별로 제각각 최선의 노력을 하게 된다. 여기서는 이러한 외부 평가와는 별개로 예비 수학교사교육과 관계된 대학 구성원들의 자발적인 평가 및 성찰에 대해 생각해 본다.

초·중등학교에서 수학 수업이 개별 교사에게 맡겨진 것처럼 교사양성기관에서 예비 수학교사를 위한 수업 역시 그 수업을 담당하는 개별 교수에게 맡겨져 있다. 그런데 초·중등학교에서 수업 공개의 날이나 동료 또는 수업 장학의 날처럼 특별한 경우가 아니면 교사들의 수학 수업을 관찰하거나 서로 논의할 기회가 별로 없다. 대학에서의 교수 방법은 초·중등학교에서의 교수 방법보다 훨씬 더 공유되지 않는다. 사실 기본적으로 교사교육자의 자발적인 의지나 관심에 따라 자신의 수업을 공개하거나 교수 방법을 논문이나 보고서로 기술하지 않는 한 각자의 교수 방법에 접근하기가 쉽지 않다. 실제 우리나라 교육대학교나 사범대학의 수학교사교육 프로그램의 유사성을 감안할 때, 대학 간의 유대감을 강화할 뿐만 아니라 우수한 프로그램 또는 교수 방법의 노하우 등에 대해서 현재보다는 더 적극적으로 공유가 필요하다.

최근 예비 수학교사교육 프로그램에 대한 사회적인 변화 요구와 정책적 접근 방법의 변화로 예를 들어 교원양성기관 간에 공동으로 활용할 수 있는 교재 개발 연구 등이 진행되기도 한다. 그러나 이러한 특정한 사례를 제외하고는 실제 예비 수학교사교육 프로그램에 대한 연구가 2003년에 정점을 보이고 계속 하향 추세임을 고려해 볼 때(Pang & Hwang, 2022), 교사교육자 스스로의 적극적인 공유 의지 및 논의가 필요해 보인다. 이를 통해 최근 급변하는 사회문화적 배경 아래, 예비 수학교사교육 프로그램이 지향해야 하는 비전과 방향이 무엇인지, 각 교원양성기관에서 그러한 비전과 방향에 따라 어떤 노력을 기울이고 있으며 얼마나 성공적으로 수행하고 있는지, 그러한 각자의 노력이 다른 기관에 얼마나 적용가능하며 효과적으로 확산될 수 있는지 등에 대한 자체 평가와 성찰이 필요하다. 이를 위해 각 교사교육 프로그램을 통해서, 또는 학기나 학년별로 대학 강의 또는 교육 실습과 연계하여 예비 수학교사의 정체성 및 가치, 지식 및 역량, 일련의 수업 설계·실행·성찰하는 능력 등이 어떻게 변화하는지 지속적으로 추적하여 면밀히 분석할 필요가 있다.

한편 예비 수학교사교육의 평가와 관련하여 프로그램에 대한 평가 외에 예비 수학교사에 대한 평가를 생각해 볼 수 있다. 예비 수학교사가 수학을 잘 가르칠 준비가 되어 있는지 다각적인 측면에서 평가하게 되는데, 각 대학에서의 졸업시험 이외에 임용고사가 있다. 평가는 교수·학습의 개선에 핵심적인 역할을 하며, 예비 수학교사의 경우 공립학교 교사가 되기 위해서는 임용 고사에 합격해야하기 때문에, 임용 고사의 문제와 선발 방법에 민감할 수밖에 없다. 예를 들어, 가르칠 수학 내용에 특화된 전문적인 지식을 평가하는지, 수학교사로서의 정체성과 수학 및 수학 교수·학습에 대한 긍정적인 가치 인식을 평가하는지, 학생들의 다양한 수학적 차이나 이해에 민감할 뿐만 아니라 수학적 사고를 진작하기 위한 교수법을 실행할 수 있는지 등 다각적인 차원에서 예비 수학교사의 준비 정도를 평가하는 것이 필요하다. 더욱이 최근 임용 고사의 경쟁률이 더욱 높아지고 있기 때문에, 임용 고사를 통해 평가하는 것이 정작 예비 수학교사교육 프로그램이 지향하는 비전 및 방향과 어느 정도로 일치하는지, 실제 학교 현장에서 초임교사에게 요구되는 자질 및 능력 등과 어느 정도로 부합하는지, 그리고 지속적인 평가를 통해서 개선의 여지가 있는 것은 무엇인지 등에 대해 관심을 가지고 최선의 방안을 추구할 필요가 있다.

Ⅳ. 결론

이 장에서는 예비 수학교사교육의 중요성을 바탕으로 우리나라 수학교사교육 연구의 전반적인 동향을 살펴본 후, 예비 수학교사교육의 이슈와 방향을 살펴보았다. 수학교육 연구 중 교사교육 연구는 최근 20년 동안 그 이전에 비해 눈에 띄게 많아졌고, 예비 수학교사를 대상으로 한 연구가 많다는 점에서 고무적이다. 그러나 수학교사교육 연구의 하위 주제를 좀 더 면밀히 살펴본 결과, 주로 교사의 신념이나 역량, 교과서 과제의 변형 등에 대한 이해 정도를 조사하는 연구가 많았던 반면에 예비 수학교사교육 자체에 대한 연구 비중은 오히려 줄어들고 있는 것으로 드러났다.

예비 수학교사교육의 이슈와 방향은 여러 가지 측면에서 살펴볼 수 있으나, 본 장에서는 예비 수학교사의 정체성 및 가치, 예비 수학교사에게 필요한 지식 및 역량, 예비 수학교사교육에서의 이론과 실제 간의 연결, 예비 수학교사교육의 평가와 성찰 측면에서 해당 내용이 왜 중요하지, 어떤 것에 초점을 두어야 할지, 기존의 연구 경향을 살펴보면서 추후 개선되거나 더 연구되어야 할 것은 무엇인지 등에 대해 간단히 살펴보았다. 예비 수학교사를 대상으로 한 다양한 조사연구에서 교사들의 정체성 및 가치, 지식 및 역량 등의 측면에서 부족한 측면만을 드러내는 것을 뛰어넘어 예비 수학교사교육 프로그램을 통해서 어떻게 그런 부족한 부분을 개발하도록 도와줄 수 있는지, 궁극적으로 보다 잘 준비된 수학교사가 되도록 어떻게 도울 수 있는지에 대한 구체적인 연구가 필요하다(Ponte & Chapman, 2016).

예비 수학교사교육 프로그램 및 여러 가지 교수 방법과 관련하여 교원양성기관 및 교사교육자 사이에 논의의 기회가 부족한 현실에서, 이 책의 후속 장에서 제시되는 다양한 교수 방법 및 국내외 실습 교육 사례 등을 통해 예비 수학교사교육 프로그램에서 운영되는 다양한 예시를 공유하는 것은 매우 고무적이다. 그동안 개별 교사교육자의 관심 또는 각 교원양성기관의 결정에 의해서 진행되었던 교수 방법이나 사례 등이 다른 교사교육 프로그램에서 적용가능한지, 어느 정도로 확산할 수 있는지 등에 대해 교사교육자 사이에 필요한 담론의 장이 열리고 이 기회에 예비 수학교사교육 프로그램에서 활용되는 교수법이나 사례에 대해서 교사교육 공동체 내에서 면밀하게 성찰할 수 있는 기회가 확산되기를 기대한다.

참 · 고 · 문 · 헌

교육부(2015). **수학과 교육과정**.

김상화, 방정숙(2007). 수학을 왜 배우는가?: 초등학생들의 이해를 중심으로. **수학교육학연구, 17**(4), 419-436.

김선희(2012). 실습과 반성을 통한 예비 수학교사의 평가 전문성 신장. **수학교육학연구, 22**(2), 277-292.

김원경, 김용대(2002). 교사의 수학적 지식에 대한 연구: 함수 개념과 관련하여. **수학교육, 41**(1), 101-107.

김진호, 권나영(2015). (편집). **수학교사 지식**. 한국수학교육학회 2015년 연보. 경문사.

문효영, 권성룡(2010). 교육실습에서의 수학 수업이 초등 예비 수학교사의 수학에 관한 신념에 미치는 영향. **한국초등수학교육학회지, 14**(2), 487-521.

방정숙(2004). 교사학습 및 초등수학 교수법 개발 과정에 관한 사례연구. **한국학교수학회논문집, 7**(2), 21-49.

방정숙, 김승민(2019). 가치 연구의 동향 분석: 수학적 가치와 수학교육적 가치를 중심으로. **수학교육, 58**(4), 609-625.

방정숙, 선우진, 조선미, 이유진, 김은경, 김윤영, 박예진, 김경훈, 황지남, 이하늬(2019). 국내 수학교육 연구의 동향 분석: 1963년부터 2019년까지 게재된 국내 수학교육 학술지 논문을 중심으로. **수학교육학연구, 29**(4), 709-739.

방정숙, 임민재(2019). 수석교사의 수업에 따른 초등학교 5학년 학생들의 수학 학습 가치의 인식 및 변화 양상. **한국초등수학교육학회지, 23**(4), 405-435.

상경아, 곽영순, 박지현, 박상욱(2016). **수학·과학 성취도 추이변화 국제비교 연구: TIMSS 2015 결과 분석.** 연구보고 RRE2016-15-1. 한국교육과정평가원.

소재홍, 바담자브꾼덱마, 전영주(2020). 중등 수학교사와 일반인의 통계적 소양 분석: 여론조사 결과의 이해수준을 중심으로. **한국학교수학회논문집, 23**(3), 397-425.

신동조(2020). 토픽모델링을 활용한 국내외 수학교육 연구 동향 비교 연구. **수학교육, 59**(1), 63-80.

신현용(2003). 교사 양성 대학 수학교육과 교육과정 및 교수-학습 방법 개발에 관한 연구. **수학교육, 42**(4), 431-452.

심상길, 이강섭(2015). 학교 현장실습이 중등 예비 수학교사들의 교사의 지식에 대한 인식 변화에 미친 영향. **수학교육, 54**(4), 351-363.

이영혜, 권종겸, 이봉주(2013). 교육실습 과정에서 나타난 초등 예비 수학교사의 수학에 대한 교사 효능 신념의 변화. **수학교육학연구, 23**(4), 407-422.

이혜림, 김구연(2013). 수학교과서 문제에 대한 예비중등교사의 이해 및 변형 능력. **수학교육학연구, 23**(3), 353-371.

이환철, 장미숙(2012). 수학교육 관련 교사 연수 현황 분석을 통한 정책 방안 모색. **한국학교수학회논문집, 15**(1), 171-182.

임민재, 조수윤, 방정숙(2020). 수학교육적 가치에 대한 초등 예비교사와 현직 초등교사의 인식 비교. **수학교육논문집, 34**(3), 277-297.

주미경, 양성관(2007). 사범대학-현장학교 협력관계에 기반한 교육실습 사례 분석: 중등교원을 위한 교육실습 확대 방안 가능성 탐색. **한국교원교육연구, 24**(2), 363-384.

최상호(2020). 수학화 과정에서 교사와 학생 간의 상호작용 양상과 교사의 담론 구조. **수학교육, 59**(1), 17-29.

최승현, 황혜정(2009). 내용교수지식(PCK)에 기초한 수업컨설팅에 관한 연구: 수학 초임교사의 사례를 중심으로. **학교수학, 11**(3), 369-387.

최은아(2016). 초등 예비 수학교사의 비례추론 과제에 대한 전략 분석. **한국초등수학교육학회지, 20**(4), 601-625.

황혜정(2011). 수학 수업의 교사 지식에 관한 평가 요소 탐색: 교수·학습 방법 및 평가를 중심으로. **한국학교수학회논문집, 14**(3), 241-263.

Akiba, M., LeTendre, G. K., & Scribner, J. P. (2007). Teacher quality, opportunity gap, and national achievement in 46 countries. *Educational Researcher, 36*(7), 369-387.

Amador, J. M., Bragelman, J., & Castro Superfne, A. (2021). Prospective teachers' noticing: A literature review of methodological approaches to support and analyze noticing. *Teaching and Teacher Education, 99*, 103-256.

Association of Mathematics Teacher Educators (2017). *Standards for preparing teachers of mathematics*. Retrieved from amte.net/standards.

Ball, D. L., Thames, M. H., & Phelps, G. (2008). Content knowledge for teaching: What makes it special? *Journal of Teacher Education, 59*(5), 389-407.

Beswick, K., & Chapman, O. (Eds.). (2020). *International handbook of mathematics teacher education: The mathematics teacher educator as a developing professional* (2nd ed., Vol. 4). Brill & Sense.

Bishop, A. J. (1996). *How should mathematics teaching in modern societies relate to cultural values: Some preliminary questions*. Paper presented at the Seventh Southeast Asian Conference on Mathematics Education, Hanoi, Vietnam.

Blömeke, S., Hsieh, F.J., Kaiser, G., & Schmidt, W. H. (Eds.). (2014). *International perspectives on teacher knowledge, beliefs and opportunities to learn.* Springer.

Clarkson, P., Seah, W. T., & Pang, J. (Eds.). (2019). *Values and valuing in mathematics education*. Springer.

Dreher, A., & Kuntze, S. (2015). Teachers' professional knowledge and noticing: The case of multiple representations in the mathematics classroom. *Educational Studies in Mathematics, 88*, 89-114.

Fennell, F. (2018). Preparing elementary school teachers of mathematics: A continuing challenge. In G. J. Stylianides & K. Hino (Eds.), *Research advances in the mathematical education of pre-service elementary teachers: An international perspective* (pp.83-95). Springer.

Hannula, M. S. (2012). Looking at the Third Wave from the West: Framing values within a broader scope of affective traits. *ZDM Mathematics Education, 44*(1), 83-90.

Jacobs, V. R., Lamb, L. L., & Philipp, R. A. (2010). Professional noticing of children's mathematical thinking. *Journal for Research in Mathematics Education, 41*(2), 169-202.

Jacobs, V. R., & Spangler, D. A. (2017). Research on core practices in K-12 mathematics teaching. In J. Cai (Ed.), *Compendium for research in mathematics education* (pp.766-792). National Council of Teachers Mathematics.

Kang, N-H., & Hong, M. (2008). Achieving excellence in teacher workforce and equity in learning opportunities in South Korea. *Educational Researcher, 37*(4), 200-207.

Kwon, M., & Pang, J. (2020). Pre-service teachers' eliciting student thinking about a long division algorithm: Approximation of teaching via digital simulation. *The*

Mathematical Education, 59(3), 271-294.

Li, Y., Pang, J., Zhang H., & Song, N. (2020). Mathematics conceptual knowledge for teaching: Helping prospective teachers know mathematics well enough for teaching. In D. Potari & O. Chapman (Eds.), *International handbook of mathematics teacher education: Volume 1: Knowledge, beliefs, and identity in mathematics teaching and teaching development* (pp.77-104). Brill & Sense.

Llinares, S., & Chapman, O. (Eds.). (2020). *International handbook of mathematics teacher education: Volume 2: Tools and processes in mathematics teacher education* (2nd ed.). Brill & Sense.

Lloyd, G. M., & Chapman, O. (Eds.). (2020). *International handbook of mathematics teacher education: Volume 3: Participants in mathematics teacher education* (2nd ed.). Brill & Sense.

Pang, J. (2018). Challenges and actions in mathematics teacher education and professional development in Korea. In M. Park, I. Jeon, & E. Kim (Eds.), *Proceedings of the 2018 international conference of the Korean society of mathematics education* (pp.61-72). Seoul, Korea: The Korean Society of Mathematical Education.

Pang, J., & Hwang, J. (2022). The trends and highlights of mathematics teacher education research in Korea. In M. S. Khine & Y. Liu (Eds.), *Handbook of research on teacher education: Innovations and practices in Asia* (pp.271-291). Springer.

Pang, J., & Sunwoo, J. (2021). Changes in pre-service teachers' noticing through an elementary mathematics methods course combining theory and practice. *Journal of Educational Research in Mathematics, 31*(3), 231-255.

Ponte, J. P., & Chapman, O. (2016). Prospective mathematics teachers' learning and knowledge for teaching. In L. D. English, & D. Kirshner (Eds.), *Handbook of international research in mathematics education* (pp.275-296). Routledge. 김진호, 권나영, 강은경, 권성룡, 노지화, 박만구, 방정숙, 이수진, 이지은, 임웅, 한혜숙 공역(2019). **국제 수학교육 연구 핸드북**. 교우사.

Potari, D., & Chapman, O. (Eds.). (2020). *International handbook of mathematics teacher education: Volume 1: Knowledge, beliefs, and identity in mathematics teaching and teaching development* (2nd ed.). Brill & Sense.

Rowland, T., Turner, F., Thwaites, A., & Huckstep, P. (2009). *Developing primary mathematics teaching*. SAGE.

Ryang, D. (2013). Development of the mathematics teaching efficacy beliefs instrument Korean version for elementary pre-service teachers. *The Mathematical Education, 52*(3), 363-377.

Schack, E. O., Fisher, M. H., & Wilhelm, J. (Eds.). (2017). *Teacher noticing: Bridging and broadening perspectives, contexts, and frameworks*. Springer.

Seah, W. T. (2019). Values in mathematics education: Its conative nature, and how it can be developed. *Research in Mathematical Education, 22*(2), 99-121.

Stylianides, G. J., & Hino, K. (Eds.). (2018). *Research advances in the mathematical education of pre-service elementary teachers: An international perspective* (pp.83-95). Springer.

van Es, E. A. (2011). A framework for learning to notice student thinking. In M. G. Sherin, V. Jacobs, & R. A. Philipp (Eds.), *Mathematics teacher noticing: Seeing through teachers' eyes* (pp.134-151). Routledge.

Yang, J. & Tan, C. (2022). Initial teacher education in Singapore and South Korea. In M. S. Khine & Y. Liu (Eds.), *Handbook of research on teacher education: Innovations and practices in Asia* (pp.141-157). Springer.

제2장

마이크로티칭의 이론과 운영 사례

이봉주(경북대학교)

마이크로티칭은 1960년대 초기 예비 수학교사들에게 교실 수업에 대비한 현실적이고 기술적인 경험을 제공하여 수업 전문성을 향상시키기 위한 하나의 방법으로 개발된 프로그램이다. 이 프로그램은 교실 수업 장면을 압축한 교수·학습 체제로, 지금까지도 예비 수학교사와 현직교사의 수업 전문성 계발을 위하여 교원 양성 기관을 비롯하여 교육 현장 및 교육 연수기관에서 널리 활용되고 있다. 이 장에서는 마이크로티칭에 대한 이론을 간략하게 살펴보고, 예비 수학교사교육 과정에서 실제 활용한 협력 마이크로티칭을 하나의 사례로 소개하고자 한다.

Ⅰ. 예비 수학교사교육에서 마이크로티칭

1. 마이크로티칭

마이크로티칭(microteaching)은 교실 수업 장면을 압축한 수업 체제로, 1960년대 초기 예비 수학교사들에게 교실 수업에 대비한 현실적이고 기능적인 경험을 제공하여 수업 전문성을 향상시키기 위한 하나의 방법으로 개발되었다(이봉주, 2008; 박상옥, 오영숙, 2012). Allen과 Ryan(1969)은 마이크로티칭을 소집단의 학생을 대상으로 5~20분 동안 이루어지는 한 두 개의 학습 주제와 교수 기술에 초점을 둔 연습 수업으로 정의하였다. 주삼환(2003)은 축소된 수업을 하는 동안 녹화·녹음 또는 관찰하고, 녹화·녹음된 것을 보거나 들으면서 피드백을 해 주는 절차를 반복하면서 교수 기술을 향상시키는 방법으로 정의함으로써 피드백 과정을 강조하였다. 마이크로티칭에서 마이크로는 짧은 시간, 짧은 내용, 적은 수의 학생을 대상으로 하는 축소된 수업의 뜻을 내포하는 동시에 현미경 아래에서 교수 과정을 세밀하게 관찰한다는 의미도 함축하고 있다(오동주, 황홍섭, 2020).

마이크로티칭에 기대할 수 있는 역할을 정리해 보면 다음과 같다(주삼환, 2003; 오동주, 황홍섭, 2020). 첫째, 교육 실습을 시간과 공간의 제약 없이 안정적으로 할 수 있다. 학생 수, 다루는 학습 내용, 수업 시간 등이 축소되어 실제 교실 상황보다 복잡성을 줄일 수 있기 때문이다. 둘째, 상황 통제를 통하여 보다 집중적으로 교수 행동을 교정할 수 있다. 연습 상황, 시간, 참관, 피드백 등을 인위적으로 조작할 수 있으므로 통제가 용이하여 여러 가지 교수 활동 중에서 특정 교수 기법에 초점을 맞추는 것이 가능하기 때문이다. 셋째, 수업에 대한 장학을 상호 점검과 자기 점검의 두 차원에서 제공할 수 있다. 연습 수업을 하는 동안 관찰하고 녹화함으로써 동료와 전문가의 피드백이 가능하고 교사 스스로도 자기 분석을 다소 수월하게 할 수 있기 때문이다.

마이크로티칭의 가장 큰 장점은 Benton-Kupper(2001)의 설명에서와 같이 마이크로티칭에서는 수업 환경이 실제의 복잡한 교실 환경과 다르게 단순하고 교사가 자신의 교수 행동에 대하여 피드백을 받음으로써 교수 기술을 향상시킬 수 있다는 것이다. 여러 사람이 동시에 직접 수업을 관찰하거나 녹화한 수업을 보고 피드백을 할 수 있기 때문에 다양한 의견을 들을 수 있고, 교사 자신도 녹화한 수업을 보고 자신의 교수 행위와 교수 전략을 반성할 수 있다. 또한 다른 동료의 수업을 보고 들으면서 교수 행위나 교수 전략 등을 배울 수 있다. 이러한 마이크로티칭을 예비 수학교사교육 과정에 도입한다는 것은 강의를 통해 배운 이론과 교수 기법을 마이크로티칭에 직접 적용해 보는 경험을 통해 예비 수학교사의 수업 전문성을 계발하는 기회를 제공한다는 것이다. 실제로 마이크로티칭은 미국의 스탠포드 대학에서 교사 양성 프로그램으로 활용되었다(Jensen, 1974).

마이크로티칭은 수업 시간, 학습 내용, 학습자의 규모 등을 축소하여 진행하는 모의 수업으로, 수업 과정을 기록하고 피드백 함으로써 교수 기술을 향상시키기 위하여 실시한다(Jensen, 1974). 마이크로티칭은 실제 교실 수업보다 축소하여 진행하지만, 실제

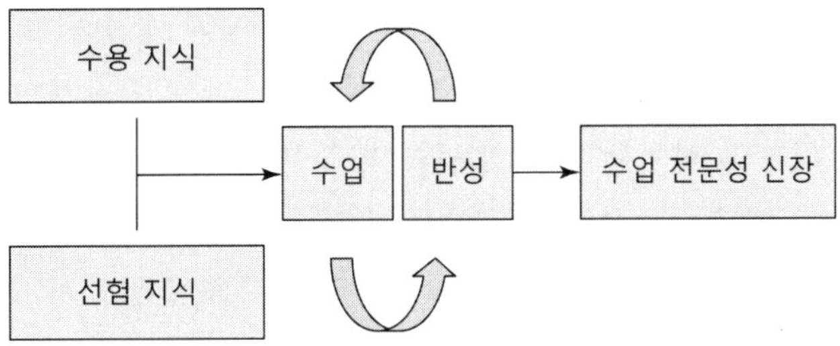

그림 1 교사교육의 반성적 모델(Wallace, 1991, p.15)

수업 진행의 3단계, 즉 도입 단계, 전개 단계, 정리 단계를 모두 따르게 하여 전반적인 수업 기술을 적용해 보는 경험을 예비 수학교사에게 제공한다. 또한 실제 수업을 진행하지 않는 다른 예비 수학교사는 동료의 수업을 관찰하고 분석하는 역할을 하는 동시에 학생의 입장도 경험하기 때문에 보다 포괄적인 측면에서의 수업 실습을 가능하게 한다(Du Toit, 1990; 서윤경, 2020, p.273에서 재인용).

예비 수학교사가 직접 마이크로티칭을 실행하고 반성하는 동안 수업 전문성을 갖추게 된다는 것은 Wallace(1991)가 제안한 [그림 1]의 교사교육의 반성적 모델에서도 확인할 수 있다. 이 모델에 따르면 교사가 수용 지식과 선험 지식을 토대로 하여 직접 자신의 수업을 수행하고 그에 따른 반성이나 피드백을 받는 과정에서 교사는 자신의 수업 전문성을 신장시킨다. 이러한 수업 수행과 반성은 마이크로티칭의 특징과도 일관되므로, 마이크로티칭은 예비 수학교사들의 수업 전문성을 신장시키는 하나의 방법임이 분명하다(이봉주, 윤용식, 2014).

한편 이러한 마이크로티칭의 장점과 동시에 비디오 녹화에 대한 참여자의 심리적 부담감을 포함한 몇 가지 한계점도 제시되었다. 특히 마이크로티칭에서 함양한 수업 기술이 실제 수업 교수 능력에 전이되기 어렵다는 문제점이 지적되었다(Eley & Hess, 1992; 서윤경, 2009에서 재인용).

2. 마이크로티칭 절차

마이크로티칭의 핵심 요소와 절차는 연구 접근 방법에 따라 다소 차이가 있지만 대부분 초기 스탠포드 대학의 프로그램을 모델로 하여 그 목적과 취지에 적합하게 수정하여 활용되고 있다(구정모, 2004). 마이크로티칭 절차에 대한 몇 가지 예시를 살펴보면, 한국교육심리학회(2001)에서는 마이크로티칭이 준비 단계, 수업 단계, 피드백 단계, 평가 단계, 재수업 단계의 요소를 연결한 기능 중심 수업 체제로 이루어진다고 하였다. 조영남(1993)은 수업 계획 단계, 수업 단계, 피드백과 평가 단계, 재수업 단계로, Kim(2009)은 준비 단계, 수업 진행 단계, 피드백 단계, 재수업 단계로 제시하였다. 이와 같이 마이크로티칭의 절차는 연구 접근에 따라 일부에서 다소 다르지만 전체적인 절차는 유사하다. 한편 Jensen(1997)은 다시 수업하는 단계가 반드시 이루어질 수도 있고 평가 결과에 따라 재수업 단계를 실시할지의 여부를 결정할 수도 있다고 제안하였다.

조영남(1993)이 제시한 마이크로티칭 절차의 구체적인 내용을 살펴보면, 수업 계획 단계에서는 개발하고자 하는 기술이나 능력을 결정하고, 그에 따른 구체적인 운영 계획을 수립한다. 수업 단계에서는 실제로 수업을 실시하고, 피드백과 평가 단계에서는 수업 진행과 교사의 역할 수행에 대하여 피드백과 평가를 하고, 재수업 단계에서는 발견한 문제점을 중심으로 계획을 수정하거나 교수 기법을 보완하여 수업을 다시 진행한다. 서윤경(2009)은 조영남(1993)이 설명한 마이크로티칭 절차를 요약하여 [그림 2]와 같이 도식화하여 제시하였다.

Kim(2009)에 따르면, 예비 수학교사교육에서 도입하는 마이크로티칭의 절차는 일반적으로 다음 네 단계로 구성된다. 첫 번째 단계는 예비 수학교사에게 목표가 되는 수업 기술과 절차에 대해 설명하는 단계이다. 두 번째 단계는 실제 학생들 또는 동료 예비 수학교사들을 대상으로 직접 수업을 진행하는 단계이다. 세 번째 단계는 동료 예비 수학교사들과 함께 녹화된 수업 비디오를 다시 돌려보며 교수 기술이나 교과 내

수업 계획 단계	• 개발할 기술이나 능력 확인 • 시간, 장소, 대상, 규모, 장비 사용 여부 등의 구체적인 계획 수립
⇩	
수업 단계	• 실제 수업 실시 • 녹화 또는 체크리스트나 오디오 장치 활용한 기록
⇩	
피드백과 평가 단계	• 자기 평가, 체크리스트 활용 평가, 동료 평가, 지도 교사나 전문가의 지도 조언 등 다양한 방법을 통한 피드백
⇩	
재수업 단계	• 수업 계획을 수정하거나 교수 기법을 보완한 재수업 ※ 수업과 재수업의 간격은 가능한 짧은 것이 효과적임.

그림 2 마이크로티칭 절차(조영남, 1993; 서윤경, 2009)

용이 어떻게 적용되었지를 토론하여 피드백을 제공하는 단계이다. 마지막 단계는 필요한 수정을 거쳐 같은 내용을 다시 수업하는 단계이다.

위 두 가지 마이크로티칭 절차 예시에서 다소 차이가 나타난 단계는 준비 단계이다. 조영남(1993)이 제시한 수업 준비 단계에서는 실제 수업을 위한 구체적인 계획을 수립하는 것을 강조한 반면에, Kim(2009)이 제안한 준비 단계에서는 예비 수학교사가 실제 수업을 계획하고 수업을 실행하는 데 필요한 일반적인 수업 기술과 수업 절차에 대하여 설명하는 것을 강조하였다. 이러한 차이는 Kim(2009)이 예비 수학교사교육 단계에 도입하는 마이크로티칭 절차를 제안하고 있기 때문에 나타난 것으로 보인다. 즉, 예비 수학교사에게는 수업을 진행하고 수업 전문성을 함양하는 데 필요한 수업 기술과 수업 절차에 대한 이해가 우선되어야 함을 강조하였기 때문인 것으로 해석된다. 그러나 예비 수학교사의 마이크로티칭에서도 실제 수업 준비 단계에서 구체적인 수업 계획이 필요하다. 이에 예비 수학교사를 대상으로 운영하는 마이크로티칭에서는 수업을 실제 진행하기 전 단계에서 일반적인 수업 절차와 수업 기술에 대한 이해와 더불어 실제 수업을 위한 구체적인 계획을 수립하는 것이 모두 포함되어야 할 필요가 있다.

한편 이러한 마이크로티칭 절차를 그대로 운영하기에는 시간, 물리적 환경 등과 같은 현실적인 문제점이 나타날 수 있다. 이에 마이크로티칭의 절차는 여러 요소 내에서 선택 사항에 따라 변화 가능하다. 마이크로티칭의 운영 요소는 관찰자, 피드백 방식, 평가 방법, 재수업 여부와 형태 등으로 구분되고, 이 요소에 따른 선택 사항을 제시하면 〈표 1〉과 같다(McGarvey & Swallow, 1986; 서윤경, 2020에서 재인용).

표 1 마이크로티칭 운영 요소에 따른 선택 사항(McGarvey & Swallow, 1986; 서윤경, 2020, p.278에서 재인용)

운영 요소	선택 사항
관찰자	1. 학생 2. 동료 3. 학생과 동료 혼합
피드백 방식	1. 비디오 녹화 2. 오디오 녹음 3. 평가자 4. 평가자와 비디오 또는 오디오 혼합
평가 방법	1. 자기 평가 2. 관찰자 평가 3. 자기 평가와 관찰자 평가 혼합
재수업 여부 및 방법	1. 재수업 없음 2. 체계적 재수업 3. 도달수준별 재수업

3. 협력 마이크로티칭

협력 학습은 소집단을 구성하여 소집단의 공동 학습목표를 수립하고 구성원끼리 서로 도와가며 목표를 수행하는 방법으로, 문제를 해결하는 과정에서 학습자가 서로 협력하여 대화하고 토론함으로써 문제를 더 잘 이해하거나 어려운 개념도 더 쉽게 이해하게 하여 해결책을 더 쉽게 발견하는 등 인지적 발달을 도모하는 것을 특징으로 한다(Slavin, 1995). 협력 학습은 공동의 목표를 달성하는 과정에서 학습자가 학습에 대한 즐거움을 느껴 적극적으로 학습에 참여하게 함으로써 학업성취도뿐만 아니라 사회적 발달 및 정의적 발달에 기여한다고 알려져 있다(조형정, 김대석, 2013; Slavin, 1995). 그리하여 수학교육에서 협력 학습이 수학 학업성취도와 같은 인지적 영역뿐만 아니라 학습태도, 학습동기, 타인배려, 교우관계, 사회성 등과 같은 정의적 영역에서도 긍정적인 효과가 있음을 검증하는 연구가 지속적으로 이루어지고 있다.

최근에는 교사의 전문성 제고와 역량 강화를 위해 교사 공동체의 협력을 강조하는 교사학습공동체도 강조되고 있다(김주영, 장재홍, 박인우, 2018). 교사학습공동체에서는 모든 구성원이 목표 달성을 위하여 협력하며, 경험을 개인의 것으로 보는 관점에서 벗어나 서로의 수업을 관찰하고 조언하며 협력적이면서도 반성적인 실천을 계속해 나간다(정현수, 2019). 정현수(2019)는 교사학습공동체가 교과 지식 획득, 상담 기법 공유 등 구체적인 목적을 가지고 소규모로 운영되는 공동체를 비롯하여 온라인으로 실제 수업에서 사용하는 다양한 자료를 공동 개발하는 대규모의 공동체 등 그 목적과 운영 방식에 따라 다양한 형태가 존재한다고 보고하였다. 이러한 관점에서 교원 양성 과정에서도 예비 수학교사에게 소집단 예비 수학교사 학습공동체의 경험의 기회를 제공하는 것을 고려해 볼 수 있다.

한편, 이은주(2014)에 따르면 협력 학습 수업 모형은 협력하는 능력, 타인과 관계를 잘 하는 능력, 갈등 관리와 해결 능력 등의 핵심 역량의 상호작용 역량과도 밀접한 연관이 있고 창의성과 인성 함양을 위한 교수·학습 모형으로 주목을 받았다. 문용린 등(2010)도 수학과 창의성과 인성 함양을 위한 교수·학습 방법의 하나로 협력 학습을 제안하였다. 이경화(2011)도 창의성과 인성 교육을 위하여 협력 학습과 유사한 특징을 보이는 액션러닝(Action learning) 교사 연수 모형을 개발하여 제안하였다. 액션러닝 모형은 "소규모의 집단이 직면하고 있는 실제적인 문제를 해결하는 과정에서 학습이 이루어지며, 그 학습을 통해 각 그룹 구성원은 물론 조직 전체에 혜택이 돌아가도록 하는 일련의 과정이자 효과적인 프로그램(p.74)"이다.

이러한 이론을 토대로 이봉주와 윤용식(2014)은 예비 수학교사의 창의성 교육과 인성 교육 역량 함양뿐만 아니라 긍정적인 태도 형성을 위하여 예비 수학교사교육에 협력 마이크로티칭의 활용 가능성을 탐색하였다. 이를 위한 첫 번째 단계로서, 중등 수학 예비 수학교사를 대상으로 협력 마이크로티칭을 실시하여 협력 마이크로티칭에 대한 실제 경험을 토대로 추출된 협력 마이크로티칭의 장점과 교생 실습에 미친 영향에 대한 연구 결과를 다음과 같이 제시하였다.

첫째, 협력 마이크로티칭은 예비 수학교사에게 여러 가지 교수·학습 방법, 좋은 수업 등에 대한 토론의 기회를 제공하였고, 예비 수학교사도 이러한 토론 기회에 대해 긍정적이었다. 둘째, 예비 수학교사는 협력하여 마이크로티칭을 준비하는 과정에서 협력이 처음 접하는 과제에 대한 심적 부담을 덜어준다는 것을 인식하게 되었다. 셋째, 협력 마이크로티칭 준비 과정은 예비 수학교사에게 가장 먼저 동료의 피드백을 통해 자신의 단점을 보완하고 반성하는 기회를 제공하였다. 이러한 동료의 피드백과 반성의 기회는 동료장학과 더불어 교생 실습 기간 동안 교수 행동 및 교수 태도에 긍정적인 영향을 준 것으로 입증되었다. 넷째, 수업을 계획하고 진행하는 단계에서 미리 문제점을 예상하고 더 나은 수업을 준비할 수 있게 함으로써 예비 수학교사의 수업 전문성을 향상시킬 수 있는 하나의 방법임이 드러났다.

마지막으로 협력 마이크로티칭에서 나타난 아쉬운 점을 토대로 협력 마이크로티칭의 시간을 늘리는 방안, 협력 마이크로티칭의 횟수를 늘리는 방안, 협력 마이크로티칭 후 개인 마이크로티칭의 기회 제공 등을 보완점으로 제안하였다. 이러한 제안 사항은 앞 절의 〈표 1〉에서 제시한 여러 선택 사항과 함께 고려되어 각 교원 양성 기관의 실제 상황에 가장 효과적인 마이크로티칭을 운영하는 것이 필요함을 시사한다.

Ⅱ. 협력 마이크로티칭 운영 사례

2021학년도 1학기에 개설된 강좌 '중학교 수학 교재연구 및 지도법'에서 운영한 협력 마이크로티칭의 절차는 McGarvey와 Swallow(1986)이 제시한 선택 사항을 중심으로 현실 상황의 조건을 고려하여 구성하였다(〈표 1〉 참조). 관찰자는 '동료', 피드백은 '평가자와 비디오의 혼합', 평가는 '자기 평가와 관찰자 평가의 혼합', 재수업은 '없음'을 선택하였다. 관찰자를 동료로 선택한 것은 실제 학생 동원의 현실적인 어려움에 따른 것이고, 재수업은 한 학기 동안 이루어지는 강좌의 시간적 한계로 인하여 실시하는 것이 어려웠기 때문이다. 협력 마이크로티칭의 절차를 크게 수업 계획, 수업 실

표 2 협력 마이크로티칭 절차에 따른 세부 단계

단계	세부 단계	주요 활동	환경
수업 계획	1	수업 이해	대면 또는 비대면
	2	조 구성 및 주제 선정	온라인(LMS)
	3	교수·학습 과정안 초안 탑재	온라인(LMS)
	4	교수·학습 과정안 피드백 및 수정·보완	대면 또는 비대면
수업 실행	5	수업 자료(활동지, 형성평가지 등) 탑재 및 공유	온라인(LMS)
	6	수업 시연 및 비디오 녹화	강의실
	7	수업 시연 피드백	강의실
수업 평가	8	관찰자 평가	강의실
	9	동영상 및 동료 평가 결과의 CD 제작 및 제공	
	10	자기 평가	온라인(LMS)
	11	교수·학습 과정안 최종본 탑재 및 공유	온라인(LMS)

행, 수업 평가의 3단계로 구분하였고, 각 단계에 따른 세분 단계별 주요 활동을 정리하면 〈표 2〉와 같다.

1. 수업 계획

(1) 수업 이해

수업 이해 단계에서 강좌를 수강하는 예비 수학교사에게 수업 이론을 설명하고 협력 마이크로티칭 운영 절차 전반에 대하여 안내하였다. 수업 이론 내용으로 수업 원리, 수업 절차, 수업 단계별 주요 교수·학습 활동, 수업 기술(예: 판서, 순회지도), 교수·학습 과정안의 역할과 작성 방법 등에 대하여 간략하게 다루었다. 특히, 수업을 계획하고 교수·학습 과정안을 작성하는 과정에서 2015 개정 수학과 교육과정에서 요구하는 교과 핵심 역량, 교수·학습 및 유의사항, 학생 참여 및 활동 중심의 교수·학습 활동 등을 포함할 것을 안내하였다. 교수·학습 방법은 설명식 교수 방법보다 2015 개정 수학과 교육과정에서 제시하고 있는 탐구 학습, 협력 학습, 매체 및 도구 활용 학습, 프로젝트 학습, 토의·토론 학습 등을 활용할 것을 강조하였다.

(2) 팀 구성 및 학습 주제 선정

협력 마이크로티칭을 위하여 팀을 구성하였다. 예비 수학교사의 의견을 토대로 교

수자가 임의로 2인 1팀으로 조직하여 학습관리시스템(LMS)에 공지하고, 팀 구성원끼리 서로 협의하여 다시 조정할 수 있는 시간을 준 뒤에 팀 구성을 확정하였다. 2인 1팀을 기본 방침으로 하고 경우에 따라 3인이 1팀이 되는 것도 허용하였다. 이후 학기 중에 수강을 취소하는 예비 수학교사가 있는 경우에는 1인이 1팀이 되기도 하였다. 특히 2021학년도 1학기에는 학기 시작할 당시 28명의 예비 수학교사가 수강하여 14팀으로 구성하였으나 교수·학습 과정안 초안 작성 또는 제출한 이후에 수강을 철회하여 2팀이 1인으로 구성되었다.

팀 구성을 확정한 후에 팀원이 협의하여 마이크로티칭을 위한 학습 내용 및 주제를 선정하고 팀장이 LMS의 '열린게시판'에 알리도록 안내하였다. 하나의 내용 영역이나 내용 영역 내에서 학습 주제가 중복되지 않게, 즉 내용 영역별로 고르게 학습 주제를 선정할 수 있도록 내용 영역별로 팀 수를 제한하였다. 학습 주제를 정하는 팀이 먼저 '열린게시판'에 올리고, 그 정보를 토대로 다른 팀에서 겹치지 않게 학습 주제를 정하도록 하였다. 학습 주제가 중복되는 팀이 있으면 '댓글'로 의사교환하여 조정하였다. [그림 3]은 팀별로 내용 영역과 학습 요소를 선정하는 과정을 보여주는 LMS 화면이다.

그림 3 팀별 학습 주제 선정 LMS 화면

수업 일시		대상 및 장소		지도교사	
대단원명				차시	
소단원명				교수학습 모형	
학습 목표					
교수학습 매체(준비물)	교사				
	학생				

단계 (분)	교수 학습 흐름	교수·학습 활동		자료 및 유의점
		교사	학생	
도입 (○분)	학습분위기 조성			
	선수학습내용확인			
	동기유발			
	학습목표 제시			
전개 (○분)	…			
	…			
	…			
정리 (○분)	학습내용 정리			
	형성평가			
	차시예고 및 과제제시			

그림 4 교수·학습 과정안 예시 양식

(3) 교수·학습 과정안 초안 탑재

모든 팀이 동일한 시간 내에 팀별로 선정한 학습 주제에 대한 교수·학습 과정안 초안을 작성하여 LMS에 탑재하도록 안내하였다. 교수자가 교수·학습 과정안 양식([그림 4])과 활동지 예시를 LMS에 제공하고, 동의를 받아 이전 학기에 참여한 예비 수학교사의 교수·학습 과정안 최종본(수업 자료 포함)을 예시로 하여 구체적인 작성 방법을 보여주었다. 팀별로 하나의 중학교 1차시(45분) 수업을 위한 교수·학습 과정안 초안(수업 자료 포함)을 작성하여 팀장이 LMS에 탑재하도록 안내하였다.

(4) 교수·학습 과정안 피드백과 수정·보완

팀별로 작성하여 탑재한 초안을 순차적으로 팀별로 2~4 차례 대면(연구실) 또는 비대면(온라인 강의실)으로 피드백 하고, 대화를 통한 피드백 과정에서 나온 의견에 대하여 팀원이 논의하고 협력하여 수정·보완하는 과정을 거쳐 팀에서 결정하여 최종안을 마무리하도록 안내하였다. 마지막 피드백 후 예비 수학교사가 수정·보완한 교수·학습 과정안을 토대로 팀원끼리 협의하여 1차시 수업 시연에 대한 내용과 활동 부분

	탐구 학습2 (7분)	▶두 점의 좌표가 주어진 경우, 일차함수의 식을 구하는 것이 선수 학습 내용인 기울기를 이용하여 일차함수의 식을 구하는 것과 연결됨을 지도한다. 2단계) 주어진 두 점의 좌표 중 한 점을 지나는 점으로 보고, 기울기와 지나는 한 점을 알 때 일차함수의 식을 구하는 방법으로 연결한다. ⇒ "네, 좋아요. 그럼 (1,2), (3,4)를 대입해 볼게요. 두 점을 이용하면 기울기는 무엇일까요? 다 같이 확인해 보아요." ▶ 판서로 수업 내용을 정리한다. $(기울기) = \frac{3-1}{4-2} = \frac{2}{2} = 1$ ⇒ "두 점을 지나는 직선은 기울기가 1이에요. 계속해서 일차함수의 식을 구해봅시다. 이 직선은 주어진 두 점 중 한 점인 (4,2)을 지나므로 $x=4, y=2$를 대입하면, 우리가 구하는 일차함수의 식은 $y=x-2$임을 알 수 있어요." ▶프로그램을 통해 두 점을 지나는 직선이 유일하게 그려짐을 눈으로 보여준다. 이때, 두 점을 학생들이 부르게 한 후, 이 직선이 그려지는 것을 보여준다. ⇒ "두 점을 지나는 직선이 여러분이 방금 구한 것처럼 정말 하나로 정해질까요? 궁금하지요? 그럼, 이번에는 여러분이 직접 두 점을 정해서 직선이 만들어지는지 확인해 볼 거에요. 두 점을 불러주세요."	⇒ "(1,2)와 (3,4)요!"	-학생들에게 직접 구하는 방법과 결과만을 제시하기보다 일차함수의 식을 구하는 방법을 단계적으로 제시한다.
	탐구 활동3 (14분)	▶짝꿍과 토론하며 각자 구한 일차함수의 식을 비교하며, 다른 두 점이 주어		-짝꿍끼리는 같은 직선 위의 점을 가

그림 5 예비 수학교사 팀의 교수·학습 과정안 초안의 일부

에 대한 역할 분담을 하고, 개인별 10~15분 정도의 시연을 협력하여 준비하도록 안내하였다. [그림 5]는 한 팀이 제출한 교수·학습 과정안 초안의 교수·학습 활동의 일부(탐구 학습 2)이고, [그림 6]은 해당 초안의 내용을 수정·보완하여 최종 제출한 교수·학습 과정안의 일부이다.

단계(분)	교수·학습 흐름	교수·학습 활동		자료 및 유의점
		교사	학생	
	탐구 학습 2 (8분) 모둠 활동	▶ 모둠 구성원 4명이 활동지(활동 2)에 주어진 두 점을 지나는 직선을 그래프로 하는 일차함수의 식을 구하도록 안내한다.	▶ 모둠 친구와 활발하게 의견을 공유하며, 주어진 두 점을 지나는 직선을 그래프로 하는 일차함수의 식을 구한다.	- 활동지 2 - 학생들이 모둠별로 활동할 충분할 시간을 준다.
		- "여러분, 모둠 친구와 함께 빈칸을 잘 채워보았나요? 두 점의 좌표만 알고 있으면, 기울기를 모를 때에도 일차함수의 식을 구할 수 있지요? 활동지 2를 보면, 두 점이 주어져 있어요. 이번에는 두 점을 지나는 직선을 그래프로 하는 일차함수의 식을 모둠 친구들과 함께 구해 봅시다." - "모둠 친구와 서로 활발하게 의견을 나누면서 일차함수의 식을 구해 봅시다." - "풀다가 모르는 부분이 있으면 언제든지 손을 들고 선생님에게 물어보세요."	- "네!"	- 모둠 활동으로 인해 학습 분위기가 산만해지지 않도록 한다. - 탐구 활동 과정이 단계적으로 잘 이루어졌는지 원들끼리 확인할 수 있도록 지도한다.
		▶ 교실을 순회하면서 학생들이 탐구 활동을 잘 수행하고 있는지 관찰한다.	▶ 모둠 친구들과 함께 의논하며, 활동지의 활동지 2를 해결한다.	- 도움이 필요한 에게는 도움을 제공하지만, 사고과정을 직접 제시하지 않는다.
		▶ 모둠별로 활동이 충분히 이루어졌다고 생각되면, 희망 모둠을 호명하여 발표시킨다.	▶ 발표하는 모둠은 활동한 결과를 발표한다. 나머지 학생들은 학급 친구가 발표하는 것을 경청한다.	
		- "자, 그럼 ○○모둠이 나와서 일차함수의 식을 어떻게 구했는지 한번 발표해 볼까요?"	- "저희 모둠에서 구한 주어진 두 점 $(1, -4)$, $(-2, 5)$을 지나는 직선의 기울기는 -3입니다. 기울기 -3을 이용하여 b의 값으로 -1를 구했습니다. 그리고 기울기 -3과 b의 값 -1을 이용하여, $y=-3x-1$이라는 일차함수의 식을 구했습니다."	- 모둠 구성원들이 서로의 또래 도우미로서 도와가며, 활동하게 한다. - 학생들에게 직접 구하는 방법과 결과만을 제시하기보다 일차함수의 식을 구하는 방법을 단계적으로 제시한다.
		▶ 발표한 내용을 공개적으로 피드백하며 다른 모둠들이 일차함수의 식을 알맞게 구했는지 확인한다.	▶ 발표를 들으며 자신의 모둠이 구한 일차함수의 식이 맞는지, 활동 과정이 올바른지 점검한다.	
		- "○○모둠이 굉장히 발표를 잘해줬네요. 그럼 일차함수의 식을 맞게 구했는지 다같이 확인해 볼까요?"		- 칠판에 문제는 검은 분필로, 답은 빨간 분필을 이용해 판서한다.
		▶ 학생들이 활동 내용을 정리할 시간을 제공한다.	▶ 활동을 통해 학습한 내용을 정리한다.	
		(판서) 1. 일차함수와 그래프 1-3. 일차함수의 그래프의 성질 <학습 목표> 그래프가 지나는 서로 다른 두 점의 좌표를 알 때, 일차함수의 식을 구할 수 있다. ∗ 이번 시간에는 ⊙ 일차함수의 식 $y=ax+b(a \neq 0)$ ⊙ 기울기 : $a=\frac{(y\text{값의 증가량})}{(x\text{값의 증가량})}$ ◇ 활동 2. 친구와 함께 ◇ 활동 3. 짝꿍과 함께		

그림 6 수정·보완한 교수·학습 과정안의 일부

2. 수업 실행

(1) 수업 자료 탑재 및 공유

효과적인 수업 시연을 위하여 완성한 활동지, 형성평가지, 동영상 자료 등의 수업 자료를 LMS '열린게시판'에 시연 전에 탑재하여 동료 예비 수학교사와 미리 공유하도록 안내하였다. 수업 시연을 관찰하고 학생의 역할을 하는 동료 예비 수학교사도 수업 시연 전에 관련 수업 자료를 내려 받기 하여 수업에 참여할 수 있도록 하였다. [그림 7]은 팀별로 수업 시연 시작 전에 수업 자료를 탑재한 LMS 화면이다.

그림 7 팀별 수업 시연 전 수업 자료 탑재 LMS 화면

(2) 수업 시연 및 비디오 녹화

수업 시연은 강의실에서 팀별로 그리고 개인별로 진행하고, 교수자가 캠코더를 이용하여 예비 수학교사의 수업 시연 동영상을 촬영하였다. 수업 행동 분석실은 학과 건물에서 물리적으로 거리가 멀어 이동 시간을 줄이기 위하여 강의실에서 진행하였다. 예비 수학교사는 개인별로 10~15분 수업을 진행하였고, 팀원의 각 수업 시연을 연결하면 한 차시의 수업 흐름이 완성되도록 하였다. 예비 수학교사가 수업 시연을 하는 동안 동료 예비 수학교사는 학습 주제를 다루는 학년의 학생 역할과 수업을 관찰하는 동료 교사의 역할을 동시에 수행하도록 안내하였다. [그림 8]은 녹화한 비디오 파일을 내용 영역별로 정리하여 저장한 문서 화면의 일부이다.

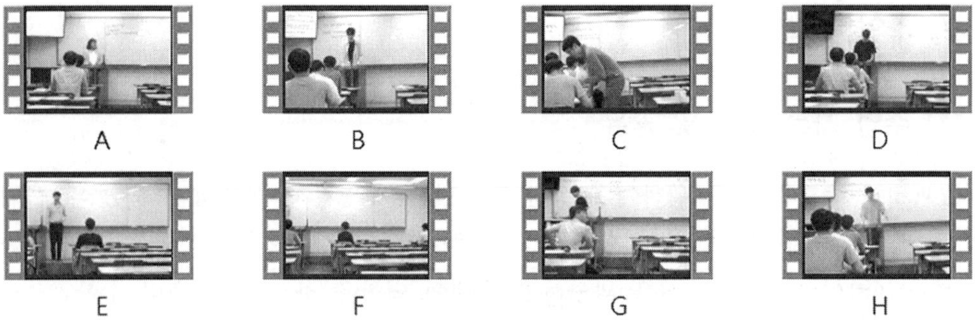

그림 8 수업 시연 비디오 녹화 파일 저장 문서 화면의 일부

(3) 수업 시연 피드백

팀별로 수업 시연이 끝난 후, 즉 한 차시의 수업이 마무리된 후 피드백 하였다. 동료 예비 수학교사가 먼저 의견을 제시하고, 교수자도 추가되어야 할 내용이나 공통적으로 강조할 필요가 있다고 판단한 교수 행동 등에 대하여 전체적으로 피드백 하였다 ([그림 9]).

그림 9 수업 시연 후 전체 피드백의 한 장면

3. 수업 평가

(1) 관찰자 평가

수업 관찰자의 역할과 학생의 역할을 담당한 예비 수학교사는 수업 시연을 한 예비 수학교사 개인별로 평가하였다. 관찰자 평가는 교수자가 수업 시연 시간에 제공하는 '동료 마이크로티칭 참관 체크리스트(〈표 3〉)'를 활용하였다. 관찰자 평가를 위한 참관 체크리스트는 임찬빈 등(2005)이 제안한 수업 평가를 위한 일반 기준 중에서 수업 설계 영역 기준과 주삼환 등(1999)이 제시한 수업 분석 체크리스트를 참조하여 재구성한 것이다. 팀별 공통 사항은 동일한 평가를 하고, 개별 교수 행동은 개별적 평가를 하도록 안내하였다. 관찰자 평가 결과는 수업 시연을 한 예비 수학교사 개인별로 분류하고 묶어 스캔하였다. 한편, 참관 체크리스트를 이용한 동료의 수업 시연 평가를 하는 동안 예비 수학교사가 수업에 효과적인 교수 행동을 지속적으로 확인할 수 있는 기회를 제공하고자 하였다. [그림 10]은 동료 예비 수학교사의 질적 관찰 평가 결과의 사례이다.

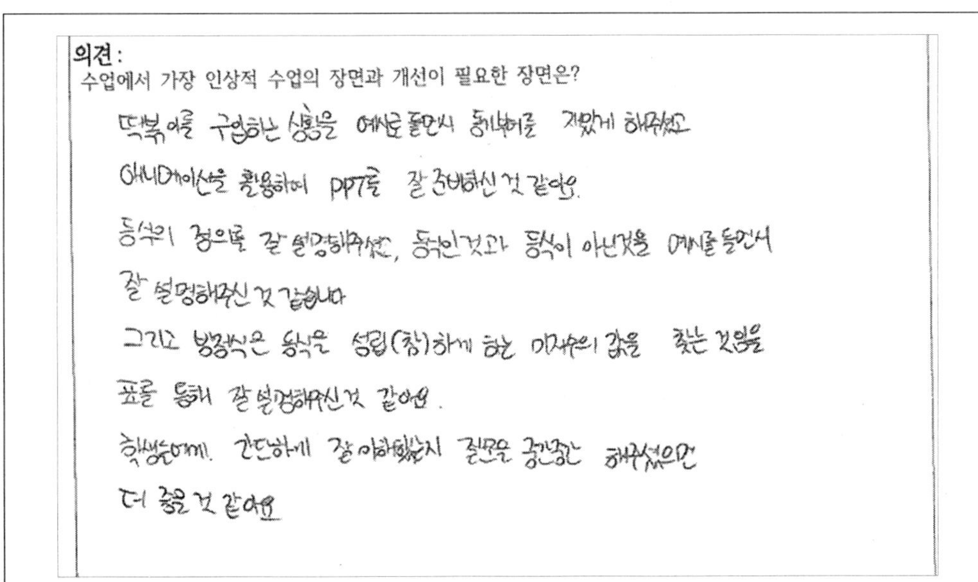
의견:
수업에서 가장 인상적 수업의 장면과 개선이 필요한 장면은?
떡볶이를 구입하는 상황을 예시로 들면서 동기부여를 재밌게 해주셨고
애니메이션을 활용하여 PPT를 잘 준비하신 것 같아요.
등식의 정의를 잘 설명해주셨고, 등식인 것과 등식이 아닌것을 예시를 들면서
잘 설명해주신 것 같습니다
그리고 방정식은 등식을 성립(참)하게 하는 미지수의 값을 찾는 것임을
표를 통해 잘 설명해주신것 같아요.
학생들에게 간단하게 잘 이해했는지 질문을 중간중간 해주셨으면
더 좋을 것 같아요

그림 10 관찰자의 평가 사례

표 3 관찰자 평가 참관 체크리스트 예시

[동료 마이크로티칭 참관 체크리스트]

발표자: 수업 일시: 참관자:

평가 요소 및 진술		평가			
		탁월	우수	기초	미흡
사전지식 활성화 및 동기유발	1) 교사는 새로운 학습내용을 제시하기에 앞서 관련된 학생의 사전 지식, 배경 경험을 점검하고 활성화한다.				
	2) 교사는 학생이 새로운 학습에 필요한 선수 지식을 결여하고 있을 때 적절한 선행조직자(설명, 모형 등)를 제공한다.				
	3) 교사는 수업 전반을 통해 학습목표와 연계하여 학생의 주의를 집중하기 위한 동기 유발 활동을 사용한다.				
	4) 교사는 학습목표와 연계하여 학습할 내용의 중요성과 실제 생활에서의 유용성을 학생에게 알려준다.				
수업전략	1) 교사는 새로운 학습내용을 학생이 이해하기 쉽게 제시한다. (예: 설명, 판서, 구체물, 유추, 예, 그림, 모형 등의 활용 포함)				
	2) 교사는 학습목표 달성에 적절한 수업전략을 효과적으로 적용한다. (예: 강의, 발표, 토론, 협력학습, 탐구학습 등)				
	3) 교사는 개별 및 소집단 학생의 수준과 요구에 적절한 수업 전략을 적용한다.				
	4) 교사는 학생의 깊은 이해와 사고를 촉진하고, 학습내용을 학생의 생활 경험과 연계시키고자 노력한다.				
학습활동 및 과제수행	1) 학생이 수행하는 학습활동과 과제는 학습목표에 부합한다.				
	2) 학생은 학습활동 및 과제 수행에 지적으로 몰입하여 참여한다.				
	3) 학습활동과 과제는 유의미한 학습을 이끌고 적절히 도전적이다.				
자료 및 매체활용	1) 자료와 매체의 활용이 양이나 질적인 면에서 학습목표 달성에 적절하다.				
	2) 자료와 매체는 학생이 학습에 능동적으로 참여하도록 조력한다.				
의사소통 및 언어사용	1) 교사의 지시나 설명이 학생의 학습을 안내하기에 충분히 명료하고 정확하다.				
	2) 교사의 음성(크기, 높이, 억양 등), 말하는 속도, 어휘 사용 등이 적절하다.				
	3) 교사는 신체 언어(제스처, 눈 맞춤, 고개 끄덕이기 등)를 효과적으로 사용한다.				
질문 전략	1) 교사의 질문 수준과 빈도는 적절하다.				
	2) 교사는 질문 후, 그리고 학생의 반응 후 적절한 대기 시간을 갖는다.				
	3) 교사는 학생과 상호작용하며 학생의 응답에 대해 적절한 탐색 질문을 한다. (예: 명료화 요구, 추가 정보 요구하기, 방향 바꾸기 등)				
	4) 교사는 학생의 질문을 장려하고, 학생과 더불어 '진정한' 토의를 진행한다. (단순 재생적 정보 확인 상호작용 지양)				
	5) 교사는 질문 시 오류를 범하지 않는다. (예: 질문 반복하기, 자신이 묻고 답하기, 기대하지 않은 답 무시하기, 일부 학생만 호명하기 등)				
이해점검 및 피드백 제공	1) 교사는 수업 전 과정(도입-전개-정리)에 걸쳐 학생의 이해도와 학습 참여를 수시로 점검한다.				
	2) 교사는 정확하고 건설적이며 구체적인 피드백을 적시에 제공한다.				

표 3 관찰자 평가 참관 체크리스트 예시(계속)

유연한 상황대처	1) 교사는 예기치 못한 상황에 적절히 대응한다.				
수업조직과 시간관리	1) 수업의 도입-전개-정리가 잘 조직되어 있다.				
	2) 수업의 흐름이 원활하고 수업 전개 속도가 적절하다.				
	3) 수업 시간이 효율적이고 효과적으로 사용된다. (수업 외 업무 수행, 학생 통제 등 비 학습 시간이 지나치게 많지 않았는가?)				
판서	1) 계획성 있게 판서한다.				
	2) 글씨를 쉽게 알아볼 수 있다.				
	3) 기록할 시간 여유를 준다.				
	4) 판서하는 동안 몸으로 글씨를 가리지 않는다.				
총점					**점**

의견:

수업에서 가장 인상적 수업의 장면과 개선이 필요한 장면은?

(2) 동영상 및 동료 평가 CD 제작 및 제공

수업을 시연한 예비 수학교사 개인별로 녹화한 동영상 파일과 스캔한 개인별 관찰자 평가 결과 파일의 2개 파일을 CD로 제작하여 수업 시연 예비 수학교사에게 제공하였다. 이후 예비 수학교사 자신의 교수 행동을 파악하고 동료 평가 결과를 토대로 수업을 반성할 수 있는 기회를 제공하고자 하였다.

(3) 자기 평가

수업 시연이 끝난 후 예비 수학교사가 자신의 수업에 대한 반성적 성찰지를 작성하여 LMS에 탑재하도록 안내하였다. 예비 수학교사의 반성적 성찰 내용은 수학적 개념에 대한 예비 수학교사의 이해와 중요한 이유, 교수·학습 방법 계획과 그 이유, 학생의 사고 수준과 상황을 고려한 발문 사용 여부, 관련된 학생의 오개념에 대한 파악과 해소 노력, 학생의 학습 촉진을 위한 상호작용 여부, 수업 중에 일어난 사건에 대한 대처의 적절성, 수업에 대한 개선안 등에 초점을 두어 구성하였다. 자기 평가를 위한 내용은 상황에 맞게 적절하게 제공할 수 있다. [그림 11]은 자기 평가지의 한 예시이다.

자기 성찰 일지

• 수업 일시: • 단원명: • 성명:

1. (수업 의도) 수업 과정에서 가장 초점을 둔 것은 무엇인가?
2. (교수 기능) 교수 방법, 발문, 상호작용 관련 사항에 대한 자기 평가 1) 교수 방법 2) 발문과 상호작용
3. 수업 반성과 총평

그림 11 자기 평가지 예시

(4) 교수·학습 과정안 최종본 탑재 및 공유

수업 시연이 끝난 후 팀별로 최종적으로 완성한 교수·학습 과정안을 LMS에 팀장이 탑재하고, 강의에 참여한 예비 수학교사 전체의 동의를 받아 서로 공유할 수 있도록 허용하였다. [그림 12]는 교수·학습 과정안 최종본을 탑재한 LMS 화면을 제시한 것이다. [그림 13]은 교수·학습 과정안 최종본에 포함되어 있는 판서 계획을 발췌하여 제시한 것이다

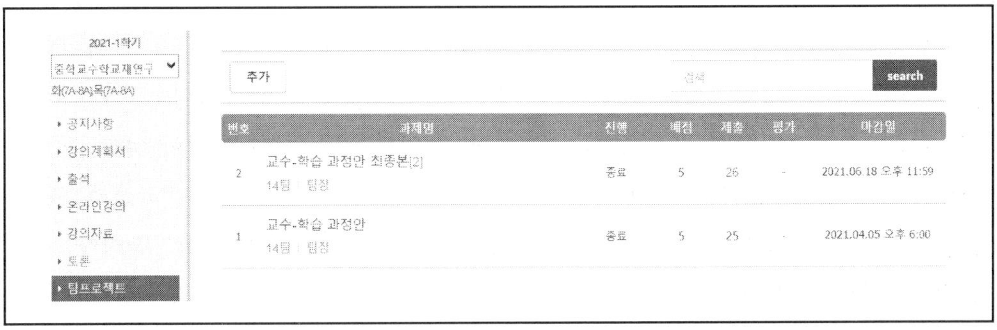

그림 12 교수·학습 과정안 최종본 탑재 LMS 화면

그림 13 교수·학습 과정안 최종본에 포함된 판서 계획 예시

4. 협력 마이크로티칭 운영에 대한 분석

협력 마이크로티칭을 운영한 강좌의 강의 평가에서 나타난 일부 예비 수학교사의 의견을 살펴보면 다음과 같다. 먼저, 강의에서 가장 인상 깊고 유익한 부분에 응답한 3명의 예비 수학교사가 모두 마이크로티칭을 제시하였다. 특히 한 예비 수학교사는 "팀 프로젝트를 통해 직접 지도안을 작성하고 마이크로티칭을 해 본 것이 매우 유익했고, 또한 그 시연 영상과 피드백 내용을 기록하여 학생들에게 하나하나 전달해 주신 점이 매우 좋았습니다."라고 응답하였다. 다음으로 강의에서 보완 및 개선이 필요한 부분에 응답한 2명의 예비 수학교사도 모두 마이크로티칭에 대한 내용을 제시하였다. 한 예비 수학교사는 '임용 시험에 초점을 맞춘 피드백'을 요구하였고, 다른 예비 수학교사는 마이크로티칭 진행에 대하여 '수업 시연의 팀 순서나 일정이 미리 정해져 있으면 더욱 효과적일 것'이라고 제안하였다. 종합적으로 볼 때, 예비 수학교사교육과정에서 마이크로티칭을 실제로 운영하는 것이 중요한 의의를 가지므로, 참여하는 예비 수학교사의 수에 비하여 전체 강의 시간이 제한되어 있다는 점 등을 고려하여 좀 더 효율적인 운영 방안을 찾는 노력이 필요함을 알 수 있다.

참·고·문·헌

구정모(2004). **교수능력 향상을 위한 교원 원격연수에 마이크로티칭 기법의 적용 모형**. 박사학위논문, 한국교원대학교.

김주영, 장재홍, 박인우(2018). 전문적 학습공동체 참여 여부에 따른 교사협력정도, 수업개선활동, 교사효능감, 교직만족도 비교 분석. **교사교육연구, 57**(1), 1-15.

문용린, 최인수, 곽윤정, 이현주, 이화성, 이지혜, 이미나, 이채호, 백수현, 윤지윤, 박은정, 석수경(2010). **배려와 나눔을 실천하는 창의인재 육성을 위한 창의·인성교육 활성화 방안 연구**(연구보고서). 한국과학창의재단.

박상옥, 오영숙(2012). 예비 중등 영어교사교육에서 마이크로티칭의 효과-예비 수학교사들의 인식을 바탕으로-. **교사교육연구, 51**(1), 59-74.

서윤경(2009). 예비 수학교사를 대상으로 한 마이크로티칭의 효과와 운영 전략 탐색. **한국교원교육연구, 26**(4), 271-297.

오동주, 황홍섭(2020). 마이크로티칭을 활용한 예비 수학교사의 수업전문성 신장 탐색: 초등사회과를 사례로. **사회과교육, 59**(1), 93-120.

이경화(2011). **범교과에서의 창의·인성 수업모델 및 교원연수 프로그램 개발**(연구보고서). 한국과학창의재단.

이봉주(2008). 중등 수학 예비 수학교사 수업장학 실태 및 요구 조사 연구. **한국학교수학회논문집, 11**(1), 1-18.

이봉주, 윤용식(2014). 중등 수학 예비 수학교사교육에서 협동마이크로티칭의 활용 가능성 탐색. **수학교육, 53**(3), 399-412.

이은주(2014). **창의와 인성교육 활성화를 위한 교수·학습 방법 및 미래형 교실 환경 연구**. 박사학위논문, 한국교원대학교.

임찬빈, 이화진, 서지영, 차우규(2005). **수업평가 기준 개발 연구(Ⅱ)** (연구보고서 RRI 2005-3). 한국교육과정평가원.

정현수(2019). **교사학습공동체 활동을 통한 체육교사의 인성 함양**. 박사학위논문, 서울대학교.

조영남(1993). 마이크로티칭과 교사교육-교수행동 개선을 위한 체계적 접근. **교육학연구, 31**(5), 77-92.

조형정, 김대석(2013). 협동학습과 수학에 대한 정의적 태도의 관계 분석-TIMSS 2007 한국과 미국의 수학교과 비교를 중심으로. **비교교육연구, 23**(4), 131-154.

주삼환(2003). **교육의 질 향상을 위한 장학의 이론과 기법**. 학지사.

주삼환, 이석열, 김홍운, 이금화, 이명희(1999). **수업 관찰과 분석**. 서울: 원미사.

한국교육심리학회(2001). **교육심리학 용어사전**. 학지사.

Allen, D. & Ryan, K. (1969). *Microteaching.* Addison-Wesley.

Benton-Kupper, J. (2001). The microteaching experience: student perspectives. *Education, 121*(4), 830-836.

Du Toit, P. H. (1990). Microteacing as meta-learning opportunity for lectures in teaching. *Dissertation Abstracts International, 51*(6), 1920.

Eley, R. & Hess, C. A. (1992). *Effects of videotaping on pre-service teaching performance.* ERIC No. ED 348338.

Jensen, R. N. (1997). **마이크로티칭** (유혜령 역). 문음사. (원저 1974년 출판).

Kim, H. J. (2009). Beliefs about language teacher competence and microteaching in the in-service teacher training program. *Modern English Education, 10*(3), 42-61.

McGarvey, B. & Swallow, D. (1986). *Microteaching in teacher education and training.* Groom Helm.

Slavin, R. E. (1995). *Cooperative learning: theory and practice*(2nd ed.). Allyn and Bacon.

Wallace, M. J. (1991). *Training foreign language teachers: A reflective approach.* Cambridge University Press.

제3장

중등 예비 수학교사의 수업능력 향상을 위한 교수-학습 포트폴리오 활용

강현영(목원대학교)

교사에게 요구되는 역량 중에서 수업능력은 그 핵심으로서, 중등신임 교사 선발 시 중요하다고 생각하는 신규 교사 역량들 중 수업 능력이 가장 중요하다고 할 수 있을 것이다. 이에 따라 예비 수학교사교육에서 수업 역량 강화를 위한 체계적인 지도나 실천을 위한 노력을 지속적으로 해오고 있다. 본 절에서는 중등 예비 수학교사의 수업능력 향상을 위한 실행 가능한 방법 중 하나로 포트폴리오의 활용 가능성 및 그 방법을 구체적으로 소개하고자 한다.

Ⅰ. 예비 수학교사교육과 교수 포트폴리오

1. 포트폴리오의 개념

포트폴리오(portfolio)의 개념에서 port라는 단어는 '휴대하다', '나르다'의 의미가 있으며 folio는 종이 페이지들 또는 여러 장의 종이를 뜻하므로, 흩어진 종이나 인쇄물들을 담아서 가지고 다니기 위한 휴대용 상자를 말한다(심미자, 2005). 학자마다 다양하게 정의되지만 원래 예술, 사진, 건축 등과 같은 전문 직업에서 가장 잘한 것을 모아 놓은 자료집에서 비롯된 것이다(최창우 외, 2008). 일반적으로 포트폴리오는 시간의 경과에 따른 학습자의 학습과정, 목표, 노력, 태도, 교육활동의 성과물, 재능이나 취미 등을 의도적으로 조직하여 모아둔 것(Winsor & Ellefson, 1995)으로 학습자뿐만 아니라 교수자 입장에서도 그 필요성이 강조되어 왔다.

포트폴리오의 종류는 사용 목적, 형태, 개발 주체에 따라 여러 가지로 나누어 볼 수 있으나, 이를 규정하는 사람들에 따라 약간씩 다른 명칭을 붙여 사용하기도 한다(김희필 외, 2008). 이 중 교육환경 개발 주체에 따라 학습 포트폴리오(learning portfolio)와 교수 포트폴리오(teaching portfolio)로 구분할 수 있다. 학습 포트폴리오는 학습 성과물 모임집으로 학습자가 자신의 학습 성과 중에서 가장 큰 강점을 선택하여 발전과정을 한 눈에 볼 수 있도록 성과물을 선택하여 정리해 놓은 것이다. 교수 포트폴리오는 교수자의 실제적인 교수 활동에 실제적인 교수 활동에 대한 정보 모음집으로 일정 기간에 걸쳐 다양한 교수 학습 환경에서 교수자의 성취 정도를 보여주는 교수 활동을 체계적으로 수집해 놓은 것이다(이봉주, 2013). 포트폴리오의 가치가 부각되면서 전문적 포트폴리오가 교사의 실천과 향상에 어떤 영향을 미치는지에 대한 연구가 이루어지고 있다.

2. 교수 포트폴리오

교수 포트폴리오는 교사들이 자신들의 학문적인 노력이나 성과 등을 문서화하는 하나의 방법으로 업적의 양적·질적 성과에 대한 문서 및 산물을 포함하며 교수 성과와 관련된 모든 것들을 총망라하는 것이 아니라 영향력 있는 증거 및 정보를 선택적으로 제시한다(Seldin, 1997). 교수 포트폴리오는 교수활동의 자료를 선택적으로 조직화하여 분석적인 자기 성찰을 함으로써 궁극적으로 수업의 질을 개선하고자 하는 일종의 '수업활동서'라고 할 수 있다(조용개 외, 2013, p.14). 교수 포트폴리오를 작성하기 위한 학습 과정에서 새로운 지식과 기술을 개발하고, 자신의 활동에 대한 자료를 수집하고 선택하는 과정에서 자기반성의 기회를 제공해준다. 아울러 다른 사람들과의 전문적 노력과 성장을 공유할 수 있기도 하다. 또한 교수 포트폴리오를 작성하는 과정에서 교사 자신의 교육철학과 신념을 확인해 줄 뿐만 아니라 교수 활동 전반에 대해 개선할 수 있는 좋은 평가 자료의 역할을 할 수 있다. 교수 포트폴리오를 작성하고 활용하는 가장 큰 의의는 자신의 교수 활동을 돌아보고 동료나 학생들로부터 피드백을 통해 교육목적과 교수전략을 더욱 분명히 할 수 있다는 점이다(이은화, 2011, p.57).

교수 포트폴리오가 일반적인 포트폴리오와 다른 점은 자료의 신중한 선택, 커뮤니케이션 기능, 교사로서 전문성 개발에 대한 자아 성찰의 기회를 제공한다는 것이다(Shulman, 1998). Wolf(1996)에 따르면, 교수 포트폴리오는 반성적인 사고 활동을 수반하며, 교수 포트폴리오를 구성하는 과정은 교수자의 반성적인 사고활동을 격려한다. 즉 교수 포트폴리오를 제작하는 사람의 반성적인 설명이나 비평이 이러한 교수 자료들과 함께 제시되어야 한다. 교수자의 반성적 사고를 글로 나타냄으로써 교수 활동에 대해 좀 더 면밀하게 살펴보도록 하며, 포트폴리오에 수록된 교수활동의 밑바탕에 깔려 있는 교수자의 생각을 다른 사람이 알 수 있도록 해준다(조용개 외, 2013, p.22 재인용). 따라서 교사의 수업 활동에 대한 반성적 성찰의 대안적 도구로 제안되는 것이다. 교수 포트폴리오는 문서들의 단순한 묶음 그 이상의 어떤 것이어야 하며, 교사교육에서의 교수 포트폴리오는 교수법의 향상과 발전, 자신의 교육에 대한 성찰 증진, 동료 간의 협력을 통한 전문성 성장이 목적이라고 할 수 있다(심미자, 2005).

교수 포트폴리오는 교수자 개인의 독특한 모습을 반영하므로 다른 형태나 구성요소를 가질 수 있지만, 일반적으로 교육철학에 대한 반성적인 사고활동을 나타낸 글, 교수자의 역할, 교수 활동의 장기·단기 목표, 교수방법 및 전략, 교수 자료에 대한 설명, 교수 활동의 결과, 동료나 학습자의 평가 등이 포함된다. 교수 포트폴리오의 활용을 통해 얻을 수 있는 효과로서는 교수자의 교수 경험을 통해 가르치는 내용에 대한 지식의 증가, 자신의 교수 능력에 대한 자기평가 능력 향상, 반성적 사고능력 및 전문성 신장 등을 들 수 있다. 이러한 이유로 국내 및 국외의 대학에서는 교사교육이나 교수자의 수업 개선을 위해 이미 포트폴리오 개발을 권장하고 있으며, 평가 자료로 활용되고 있다.

3. 예비 수학교사를 위한 교수 포트폴리오

최근에 교수 포트폴리오의 작성과 활용이 교사교육에 있어서 그 활용도가 크게 부각되고 있다(권희주, 2005; 손유진, 2005; 손영민, 2007; 심미자 외, 2007; 윤정륜, 2001; 이은화, 2011 등). 우리나라에서도 교사교육과 관련하여 포트폴리오의 필요성이 부각되면서 포트폴리오의 개념을 소개하고(임승렬, 2000; 조한무, 1999; 김현진 외 2010), 포트폴리오의 효과나 활용 방안에 대한 연구(손유진, 2005; 심미자, 2005; 유승연, 2000; 조용개, 2009) 등이 진행된 바 있다.

예비 수학교사교육에서 포트폴리오의 활용은 학습자로서 예비 수학교사의 학습 과정에 대한 평가 및 예비 수학교사의 교수 전문성 함양을 위한 준비 도구로서의 기능을 한다(권희주, 2005; 유수경 외, 2005; Wray, 2007). 또한 포트폴리오의 활용은 예비 수학교사들의 인식과 태도 측면에도 긍정적인 가치가 있는데, 포트폴리오의 활용을 통하여 교수 효능감, 긍정적인 교수 신념, 교수 책임감을 신장시키고자 한다(안진경, 2006; Conderman, 2003).

예비 수학교사들은 현직 교사들과는 달리 실제적 교수 경험이 충분치 않지만 자신들의 전문성개발을 위해 교수 포트폴리오의 활용을 강조할 필요가 있다. 포트폴리오가 예비 수학교사로 하여금 직접 교수 전문성에 대한 발전을 점검하도록 책임감을 가지게 하고 평가에 참여시키는 도구가 될 수 있으므로 예비 수학교사의 포트폴리오 활용을 강조한다(Takona et al., 2004). 예비 수학교사교육에서 교수 포트폴리오가 가지는 교육적 가치는 첫째, 교사로서의 전문성 함양을 위해 도움을 준다. 둘째, 교사로서의 자신의 능력에 대한 자기 평가로서 학생들의 성과에 영향을 미칠 수 있다고 믿는 교사의 주관적 판단인 교사효능감 신장을 강조한다. 셋째, 반성적 사고 능력의 향상이다. 예비 수학교사들이 자신들의 새로운 교육 및 학습 경험을 이전의 것과 연계 짓고 그 속에서 개선의 여지를 발견하여 새로운 전략을 개발하는 능력 및 발전의 기회를 제공한다(Takona et al., 2004; 심미자, 2005; 김민정, 2015; 이봉주, 2013). 특히 예비 수학교사가 교수 포트폴리오를 개발하는 경험을 통해 가르침에 대한 평가의 개념, 전문가로서의 성장 그리고 성찰적인 사고에 관하여 더욱 적극적인 태도를 갖는다.

예비 수학교사들의 성찰에 대한 인식은 시간이 지나면서 변화되고 정교화되어진다. 다음 〈표 1〉과 같이 성찰이 무엇을 위한 것이며 어떻게 이루어지는가, 그리고 자신이 어떻게 성찰에 임하는가에 대한 이해의 변화를 보여준다(심미자, 2005. p.58).

예비 수학교사교육에서 교수 포트폴리오의 활용은 교수 전문성 함양을 위한 준비 도구이며 예비 수학교사들의 인식과 태도 측면에도 교수 효능감, 긍정적인 교수 신념, 교수 책임감을 신장시킨다. 교수 전문성과 긍정적인 자아개념 신장 이외에 성찰이라

표 1 교수 포트폴리오 과정에서의 성찰에 대한 이해의 변화(Lyons, 1998; 심미자, 2005 재인용)

구분	처음 발생 요소	정교해진 요소
성찰이란 무엇인가	다른 사람에게 이야기하기	실습에 대해서 질문하고 비판적이고 협력적인 대화하기
성찰의 목적	'왜?'에 대한 설명 포함된 내용에 대한 정당화	교수학습에 대한 지식의 표면화
성찰에 어떻게 임하는가	개인적 경험 공유	교수 측면에서의 자신에 대한 지식: 나는 누구인지, 학생들과의 관계는 어떤지 알게 되는 것, 내가 안다는 것을 아는 것

는 활동으로 교수 포트폴리오 활용 상황에서 강조되는 반성적 사고는 비판적 사고능력, 문제해결 및 의사 결정 능력 향상, 체계적 교수활동 개선이라는 측면 때문에 예비 수학교사교육에서 매우 강조되고 있다.

Ⅱ. 교사의 수업 능력 개발

교사 전문성의 핵심은 수업 전문성에 있다. 교사의 수업 활동은 교실 수업뿐만 아니라 사전 계획 활동과 사후 평가 및 개선 활동 모두를 포괄하며, 이것은 수업 설계 행위와 동일하다(박기용 외, 2009). 수업 설계란 수업을 계획·선정·준비·제시·평가·수정하는 광범위한 기능과 활동이며, 창의적·활동적·반복적 문제해결과정이다. 수업을 설계하는 일은 교사의 가장 전문적인 활동이며, 학교수업과 학습에 결정적인 역할을 한다(박기용, 2013).

그동안 교사 및 예비 수학교사의 수업 전문성 개발에 관해서 다양한 연구들이 이루어져 왔다. 예비 수학교사들의 수업 설계 전문성 개발에 관한 선행연구들은 주로 2000년 이전에 주로 많은 연구가 수행되었는데, 이들이 공통적으로 보이는 특징은 예비 수학교사교육에서 체계적인 교수설계 훈련을 한 경우, 훈련을 받은 집단이 훨씬 뛰어난 교수설계 능력을 보인다는 것이다(김민정, 2015). 단기간의 수업설계모형 교육 및 이론 교육만으로는 예비 수학교사들이 모형을 실제 수업상황에서 원활하게 활용할 수 없다는 점을 지적하면서, 충분한 수업설계 실습 경험과 피드백의 중요성을 강조하였다(Reiser, 1994; 박기용, 2013). 학교 현장에서 교사가 갖추어야 할 능력 요소 및 기본 모형을 제시하였다(최돈형 외, 2010). 김현진 외(2010)에서는 사회적 요구에 부응하는 예비 수학교사의 수업 능력에 대해 재개념화하고 이론과 실천이 통합된 수업 능력의 개발을 위해 교사양성기관에서 실시할 교육방안을 제안하고자 하였다. Lin과 Li(2009)는 대만 수학교사들의 수업을 분석하여 대만에서 생각하는 좋은 수학수업의 특징을 조사하였다. 대만의 수학교육도 학생중심 수업을 지향한다는 점에서는 서양과 거의 비슷하지만 실제 수업현장은 대만 특유의 사회적 문화적 특성을 반영하고 있었다. 좋은 수학수업에 대한 관점은 해당 국가의 사회 문화적 신념과 가치관에 따라 다른 것이다(Pang, 2009). 한국교육과정평가원에서는 2004년부터 2006년까지 3년에 걸쳐 수업평가의 일반기준을 개발하여 교사의 수업 전문성 관점을 정리하고자 하였으며, 보다 구체적으로 각 교과별 수업평가 기준을 개발하였다. 최승현 외(2006)는 2004

년부터 2005년에 걸쳐서 진행된「수업 평가 기준 개발 연구 Ⅰ, Ⅱ」에서 개발된 수업 평가 일반 기준과 NCTM(1991, 1993)에서 개발한 수학과 수업평가 기준과 수업관찰 및 면담 분석 결과를 참조하여 수학 과목 고유의 특성을 고려한 수학과 수업평가 기준을 제시하였다. 강현영 외(2011)는 선행연구에서 제시한 좋은 수업을 위한 교사의 수업 역량을 기초로 하여 현장수학교사의 시각에서 좋은 수학수업에 대한 인식에 대해 조사하고, 그 결과를 바탕으로 수학교사의 수업 역량과 예비 수학교사교육과 관련된 시사점을 논의하였다.

이러한 선행연구는 좋은 수학수업의 특성을 밝히거나 이러한 특성을 수학교육이론과 비교하고 그 차이의 원인을 규명한다. 또한 문헌 연구, 설문 조사, 면담 등을 통해 교사의 전문성이 무엇인지, 요구되는 역량들은 어떠한 것인지 등에 대해 제시하여 좋은 수업을 위한 교직 전문성, 사범대학의 바람직한 교육과정과 역할에 대한 제언을 하였다.

많은 국내외 연구에서는 수학수업의 실질적 개선을 위해서 수학수업에 대한 교사의 전문성 발달이 중요하게 고려되어야 한다는 점을 언급하고 있다(나귀수, 2010; 강현영 외, 2011; 이동환 외, 2012; 이금선 외, 2008; 이경화 외, 2012; Hill, Ball, & Schilling, 2008; Shulman, 1986). 특히, 중등 예비 수학교사교육에서 수업 역량 강화를 위해 현장경험으로부터 얻은 실천적 지식의 중요성에 대한 관심이 높아지고 있다. 실천적 지식은 단지 경험한다고 해서 얻어지는 것이 아니라 경험에 대한 성찰을 필요로 한다. 이와 관련하여 교사 수업에 대한 자기 수업반성 또는 반성적 교수(reflective teaching), 수업 비평 등에 대한 연구가 활발히 진행되고 있다(김태현, 2013; 이금선 외, 2008; 이금선, 2011; 나귀수, 2009, 2013; 이혁규, 2010). 많은 선행 연구들이 반성을 교육 향상에 필수적인 요소로 장려하고 있으며 측정하기 어려울지라도 반성의 사용이 교사의 사고, 계획과 의사 결정의 향상에 기여한다(이금선, 2011). 수업의 실행에 대한 반성의 경험을 자주 접하게 하여 수업 개선과 연결시킬 필요가 있으며, 이와 관련하여 동영상 촬영 후 관찰을 통한 분석, 동료교사나 멘토링을 통한 협력 수업, 기록을 통한 방법 등이 있다. 반성적 사고 촉진과 효율적인 수업 개선을 위하여 하나의 방법보다는 여러 방법들을 복합적으로 사용한다(이금선 외, 2008). 나귀수(2013)에 따르면, 수업 비평은 교과 교육 전문가들에 의해 시작되고 이제 막 이론화를 향해 나아가고 있는 단계에 있는 분야이다. 수학수업 비평을 통해 현장교사를 위한 의미충실한 수업모형 재구성의 양상을 확인할 수 있으며, 우리나라 수학교육 과정 및 다양한 수학교육 이론에서 강조하고 있는 사항들이 학교 수업에서 구체적으로 어떻게 구현될 수 있는가를 확인할 수 있었다. 또한 수학 교과서와 교사용 지도의 내용을 수학교육적으로 심층적으로 논의할 필요성을 확인하였다.

Ⅲ. 중등 예비 수학교사의 수업 전문성 개발을 위한 교수-학습 포트폴리오

예비 수학교사들의 교수 활동에 대한 성찰과 이를 통한 수업 전문성 개발을 위해 교수 포트폴리오의 활용이 강조되고 있다. 교사교육에서의 교수 포트폴리오는 활용 목적과 작성 주체에 따라 다양한 유형으로 구분할 수 있다. 활용 목적에 따라서는 학습용 포트폴리오, 평가용 포트폴리오, 취업용 포트폴리오로 구분할 수 있으며(Wolf 와, 1998), 한편 입학 포트폴리오, 활동 포트폴리오, 졸업 포트폴리오, 인터뷰 포트폴리오로 구분하기도 한다(Costantino 외, 2002; 심미자 2005 재인용). 포트폴리오를 예비 수학교사교육에 적용하는데 있어서 학습과 평가, 취업이 서로 맞물려 있고 하나의 포트폴리오를 여러 가지 목적으로 활용가능하다. 그러나 어디에 사용해야 하는지, 어떻게 활용해야 성찰이 잘 이루어지는 지에 대한 전략이 필요하다.

이에 따라 중등 예비 수학교사의 수업전문성을 개발하기 위하여 대학의 정규 수업 중에 이루어지는 모든 수업전문성과 관련된 실습 과정을 기초로 하여 교수 포트폴리오를 구성하였다. 또한 중등 예비 수학교사가 포트폴리오를 작성하는 과정에서 자신의 수업능력 개발을 위해 자기 주도적 학습 그리고 수행평가의 개념을 갖고, 동료들과의 학습이 이루어지므로 예비 수학교사의 수업능력 개발을 위한 '교수-학습 포트폴리오'라고 명명하였다. 교수-학습 포트폴리오의 구성 요소와 적용 절차를 상호 고려하면서 예비 수학교사들이 작성하고 적용하는 과정이 너무 복잡하거나 어렵지 않도록 개발하였으며, 각 구성요소에 대한 양식과 자료를 모아 보관할 수 있는 클리어 파일을 제공하였다.

1. 교수-학습 포트폴리오의 구성 요소

(1) 교수 포트폴리오의 구성 요소

교수-학습 포트폴리오의 구성 요소를 결정하기 위해 먼저 중등 예비 수학교사에게 요구되는 수학수업 능력을 설정하였다. 그동안 예비 수학교사, 교사의 수업 능력에 대한 선행연구들이 있었다(최돈형 외, 2010; 최승현, 2007; 김현진 외, 2010; 임찬빈, 2006; 황혜정, 2011a, 2011b 등). 교수 포트폴리오 구성 요소 개발을 위해서는 포트폴리오의 목적에 부합하는 구성 요소를 추출하는 것이 중요하다. 교수 포트폴리오는 개

표 1 교수 포트폴리오의 구성 요소 분석(조용개 외, 2011; 최명숙 역, 2014; 박윤경 외, 2017 재인용)

Doolittel(1994) Zubizarreta(1994)	Doolittel(1994) Zubizarreta(1994)	Seldin et al. (2010)	
		인사결정	수행개선
• 교수자의 교육철학 • 교수자의 역할 • 교수활동의 장기·단기목표 • 교수방법 및 교수전략 • 교수자료 • 교수활동 결과 • 학습자와 동료교수자의 평가 및 분석 • 전문성 발달을 위한 노력	• 교육철학 • 수업내용 • 수업관찰 및 분석 • 수업 일지 내용 • 비디오 녹화 내용 • 학습자 피드백 • 학습결과 • 수업자료 • 전문가자료 • 교수학습에 관한 내용 발표 • 학회활동 • 위원회 활동 • 봉사활동	• 교육책임 • 교육철학 • 교수방법 • 학생평가 • 교실관찰 • 교수자료검토 • 강의계획서 • 교수혁신 • 학생의 학습결과물 • 학장의 의견 • 교육관련 수상 • 교육목표 • 부록	• 교육책임 • 교육철학 • 교육목표, 전략, 방법 • 교수자료(강의계획서, 강의자료, 과제) • 강의개선노력(교육과정 개선, 교수법 학회와 워크숍 참여, 교육혁신) • 진단 설문에 대한 학생들의 응답 • 학생의 학습증거 • 교육목표(단기, 장기) • 부록

인적인 산출물이고 개인의 독특한 모습이 반영되기 때문에 원칙적으로는 각기 다른 요소로 구성될 수 있다(조용개 외, 2011: 32). 그럼에도 일반적으로 교수 전문성 개발을 목적으로 하는 교수 포트폴리오에 포함되는 공통 내용을 추출할 수 있다.

〈표 1〉에서 정리한 바와 같이 학자들에 따라 교수 포트폴리오의 구성 요소에 대한 의견은 다양하지만, 교육철학, 교수방법, 교수자료, 학습 결과물 등을 공통으로 제시하고 있음을 알 수 있다. 교수 활동을 준비하는 것부터 그 성과를 평가한 후, 다음 교수 활동을 개선해 나가는 전반적인 과정에 걸쳐 교수자에게 요구되는 역량을 중심으

표 2 예비 수학교사용 포트폴리오 모형(박윤경 외, 2017)

구성 요소	세부 내용	자료 유형(예시)
교육관	• 교사로서의 정체성 • 수업관	• 워크시트, 성찰지, 보고서 등
수업 설계 역량	• 학습자 이해 • 수업 목표 및 주제 분석 • 수업 방법 및 평가 계획 수립	• 수업 지도안 • 워크시트, 학습지, 시청각 자료, 평가지, 교구 및 교재 등
수업 실행 역량	• 모의 수업 실습 • 현장 수업 실습	• 수업 지도안 • 워크시트, 학습지, 시청각 자료, 평가지, 교구 및 교재 등
수업 성찰 역량	• 동료 수업의 관찰, 분석 및 비평 • 자기 수업의 관찰, 분석 및 비평	• 수업 일지, 교육실습일지 • 수업 분석 보고서 및 수업 비평문 • 자기 성찰 보고서

로 교수 포트폴리오의 구성 요소를 도출하고 있다(박윤경 외, 2017).

교사교육을 위한 포트폴리오 설계 및 개발에 관한 선행 연구에서는 예비 수학교사 교육에서 e-포트폴리오를 설계하고 실제 적용한 후, 그 결과를 바탕으로 재설계 및 재적용의 과정을 분석하거나(김민정, 2010) 초등학교 교사의 교육 활동을 체계적으로 관리할 수 있는 포트폴리오 의 구성을 포트폴리오 조직, 학생발달 이해와 평가, 교육과정 운영, 학급운영, 전문성 계발의 다섯 가지 요소로 하였다(부희영, 2015). 초등학교 예비 수학교사를 위한 교수 포트폴리오의 구성 요소 및 자료 유형에 대하여 여러 학자들이 제안한 구성 요소들을 교수 전문성을 중심으로 유사한 내용으로 범주화하고 이를 바탕으로 교수 역량에 초점을 둔 포트폴리오의 기본 구성 요소를 다음과 같이 구성하여 개발하였다(박윤경 외, 2017).

(2) 교수-학습 포트폴리오의 구성[1)]

선행연구를 참고하고 수학교육 전문가, 현장 수학교사의 자문을 바탕으로 중등 예비 수학교수의 수업 전문성 개발을 위한 교수-학습 포트폴리오의 구성 요소를 개발하였다. 교수-학습 포트폴리오를 나의 수업 철학, 수업 노트, 수업 일지, 지도안 체크리스트, 수업 평가표로 구성하였다.

현장의 경험자의 시각에서 좋은 수학수업을 위해 수학교사가 갖추어야 할 역량과 바람직한 수학교사교육의 방향에 대한 현직 수학교사의 인식은 어떠한지에 대해 교사의 인터뷰와 실제 수업 분석을 바탕으로 한 접근이 나타나고 있다(Wilson 외, 2005; Pang, 2008; Lin 외 2009). 강현영 외(2011)은 선행연구에서 제시한 좋은 수학수업을 위한 교사의 수업 역량을 기초로 하여 현장 수학교사의 시각에서 좋은 수학수업에 대한 인식에 대해 조사하고, 그 결과를 바탕으로 수학교사의 수업 역량과 예비 수학교사교육과 관련된 시사점을 논의하였다. 이러한 연구 결과는 교수-학습 포트폴리오의 구성 요소를 구성하는 토대가 되었다.

또한 조용개 외(2013)에서 제시한 교수 포트폴리오의 구성 요소, 수업 컨설트와 관련된 여러 가지 요소들(서우석 외, 2008; 정석기 외, 2011; 조벽, 2011 등) 중 중등 예비 수학교사의 수업 능력 개발에 적절하다고 예상되는 요소들을 선택하였다. 그리고 현재 예비 수학교사교육 관련 전문가, 수석 수학교사, 현장 수학교사 등의 자문과 협의를 거쳐 수정, 보완하였다. 1차년도(2012년)에 실제 예비 수학교사교육(사범대학

1) 다음 내용은 '중등 예비 수학교사의 수업능력 향상을 위한 교수-학습 포트폴리오 활용방안 연구'(강현영, 2014)의 일부 내용을 발췌하였음.

3학년 교과교육 관련 수업)에서 적용 후 적용대상 예비 수학교사의 설문과 현장 수학 교사 및 전문가의 자문을 통해 교수-학습 포트폴리오의 구성 요소를 수정, 보완하여 2013년도 2차 적용 후 수정하였다. 그리고 2021년도에 코로나-19 팬데믹 상황으로 인하여 비대면 수업이 활성화되어 이러한 상황을 고려한 수업능력을 개발하기 위하여 현장 교사 5인의 자문을 통해 일부 양식을 수정하였다.

교수-학습 포트폴리오를 2012년 처음 적용하였을 때, 수업 컨설트 일지에 수업과 관련된 다양한 기록들을 하도록 하였으나 설문 조사 결과 수업 컨설트 일지에 어떤 내용을 넣을지 막막하다는 의견이 있었다. 또한 전문가 및 현장 교사들의 자문 결과, 중등 예비 수학교사들의 반성 능력을 키우고, 보다 분명하고 효율적인 교수-학습 포트폴리오 작성을 위해 수업 전, 수업 중, 수업 후를 구분하여 수업에 대한 기록을 하도록 나의 수업 철학과 수업 노트를 개발하였다. 수업 경험이 없는 예비 수학교사들이 각 구성 요소에 해당하는 내용을 작성하도록 양식을 개발하여 제공하였으며, 적용 후 결과 및 예비 수학교사의 의견에 따라 수정하였다. 교수-학습 포트폴리오의 각 구성 요소에 대한 목적 및 내용과 양식은 다음과 같다.

첫째, '나의 수업 철학'은 중등 예비 수학교사들의 수업 정체성, 즉 어떤 신념을 가지고 수업에 임하는 지에 대해 스스로 생각하는 보는 기회를 위해서 설정하였다. 좋은 수업은 단순히 교사의 수업 기술만으로 이루어지는 것이 아니라 교사의 일관된 철학이 중요하다. 수업에 대한 철학이 없는 수업은 교사의 많은 행위들이 목적 없이 배열되어 단절되어 있으므로 좋은 수업에는 교사의 행위를 일관된 방향으로 흐르게 할 수 있는 수업 철학이 반드시 있는 것이다(김태현, 2013, pp.69-70). 교사가 갖는 수업의 정체성은 수업의 목적과 밀접한 관계를 가진다고 할 수 있다. 자신이 생각하는 수업에서의 교사의 역할, 학생에 대한 생각, 좋은 수학 수업에 대한 생각 등을 자유롭고 간단히 기록하도록 하였다.

예비 수학교사들은 수업에서 교사의 존재와 역할에 대하여, 대부분 지식의 전달자이지만 수학적 사고를 개발시키는 조력자여야 한다고 생각하였다. 또한 학생들의 특성을 잘 파악하여 자주적인 학습이 가능하게 하며 학생과의 의사소통이 중요하다는 내용을 기술하였다. 예비 수학교사들은 학생들이 수업의 중심으로서 이해와 소통의 대상이라고 생각하였다. 그리고 좋은 수학수업이란 학생들이 흥미를 잃지 않고 즐겁게 해당 수업 시간의 내용을 잘 이해할 수 있는 수업, 수학을 배워야 하는 이유를 알게 되는 수업, 기계적인 계산이 아니라 사고를 유도하는 수업, 교사와 학생이 의사소통이 잘 이루어지는 수업 등을 들었다.

나의 수업 철학

1. 수업에서 교사는 어떤 존재여야 하는가? 또는 어떤 역할을 해야 한다고 생각합니까?

2-(1). 수업에서 나는 학생들을 어떤 존재로 생각하는가?

2-(2). 수업 중 나의 의견과 일치하지 않거나 나의 지도(학업 성취, 태도 등)에 따라오지 못하는 학생들에 대한 나의 생각은 어떠한가?

3. 내가 생각하는 좋은 수학 수업이란 어떤 수업인가?

4. 그 외(나에게 수업의 의미, 수업을 통해 이루고 싶은 것 등등 자유롭게 기술)

그림 1 '나의 수업 철학'에 대한 양식

둘째, '수업 노트'는 중등 예비 수학교사들이 수업을 준비하기 위한 일종의 계획서라고 할 수 있다. 이금선 외(2008)가 제시한 수업반성을 위한 반성적 분석 준거를 기초로 수업 전, 수업중, 수업 후에 작성하도록 하였으며, 수업 지도안에 작성하거나 기록하기 어려운 교사의 수업에 대한 전반적인 계획과 생각들을 기록하도록 하였다. 수

수업 노트: Ⅰ. 수업계획

※ 수업을 계획하면서 지도안이나 교수학습 자료에 기술하지 못한 교사 내면의 생각을 기록하십시오.

대단원		일시		차시	
중단원		대상		교사	
소단원		수업모형			
학습목표					

1. 수업의 맥락: 수업을 계획 시 고려하는 교과 내용, 학생, 수업환경 등의 수업과 관련된 요소에 대한 생각 기록하기

(1) 학생들이 이 개념을 배워야 하는 이유(개념의 중요성)

(2) 수업 내용 또는 이 개념을 가르칠 때 예상되는 어려움 또는 한계점

(3) 교사가 이 개념 또는 내용을 가르치는 데 영향을 미치는 학생들의 사고방식에 대한 지식
(예: 개념과 관련된 인지적 장애, 예상되는 사고 과정 등)

2. 수업 내용 탐구

(1) 이 개념(내용)에 대하여 학생들이 학습하기를 바라는 것

(2) 학생들에게 지금 가르칠 생각은 없으나, 교사가 해당 개념(내용)에 대하여 추가로 알고 있어야 하는 것

수업 노트: Ⅱ. 수업의 실제 및 성찰

※ 수업 실시 후 지도안이나 교수학습 자료에 표현되지 않은 교사 내면의 생각을 기록하십시오.

대단원		일시		차시	
중단원		대상		교사	
소단원		수업모형			
학습목표					

1-(1) 수업의 계획하였던 부분이 반영되어 이루어진 점, 수업에서 계획했던 것과 다르게 일어난 사건, 예상치 못한 일, 질문, 문제점 등

(2) 예상치 못한 질문, 상황, 문제점에 대한 대처

2. 수업 후 만족했던 점과 그 이유

3. 수업을 전개하면서 새로이 깨닫거나 얻어진 교수방법, 내용, 요소 등

4. 수업에서 불만족스러웠던 점 또는 개선이 필요한 점과 구체적인 개선안

그림 2 수업 노트에 대한 양식

업 노트의 기본 양식은 한국교육과정평가원의 수학과 초임교사 수업컨설팅(2008)에서 사용하였던 수업 노트의 내용과 이금선 외(2008)의 수업 반성을 위한 반성적 분석 준거에서 선택, 수정, 보완하였다. 모든 사항을 기록하는 것이 아니라 각 예비 수학교사가 자신의 수업과 해당되는 부분만 자유롭게 기록하도록 하였다. 수업 노트는 수업 계획, 수업 진행, 수업 후의 교사의 생각이나 의견을 기록하도록 하였다.

수업 계획 시 지도안이나 교수학습 자료에 표현되지 않은 교사의 생각을 기록하게 하였는데, 주로 자신의 수업 내용에 대한 교수학적 분석의 내용을 기록하도록 하였다. 수업을 진행하면서 수업 실제에 대해 학생 참여를 유도하는 수업을 진행하고자 하였으나 설명식 수업으로 진행되는 아쉬움을 많이 기록하였다. 수업 종료 후 보완점에 대해 주로 만족한다는 내용을 기술하였지만 수업 진행 시 판서, 수업 내용에 대한 매끄러운 진행, 목소리 등에 대해 아쉬움과 개선 방안을 기술하였다. 수업 노트를 적용하면서 '수업 중에 대한 내용'은 수업 일지 및 수업 지도안 내용과 중복되어 최근 적용하면서 삭제하고 수업전, 수업 후의 성찰을 위한 내용으로 재구성하여 적용하였다.

셋째, '수업 일지'는 수업을 계획하거나 수업 후에 수업 내용과 관련된 모든 사항들을 기록하는 것이다. 수업 내용과 관련된 여러가지 참고 자료, 특히 수업과 관련된 교수학적 분석 내용과 동료들과의 수업 비평 후 생각한 점 등 수업 내용과 관련된 여러가지 사항을 기록하도록 하였다. 수업 지도안에 담지 못하는 예비 수학교사가 수업을 설계하는 과정이 모두 기록되어 성찰시 도움이 될 수 있다고 판단하였기 때문이다. 예비 수학교사가 수업 설계를 하면서 관련된 내용을 모두 기록하기 때문에 여러 개의 수업 일지가 작성될 수 있다는 점과 기록만이 아니라 복사한 내용도 모두 첨부할 수 있음을 안내하였으며, 예비 수학교사의 수업 지도안 이외에 수업을 설계하는 과정과 관련된 내용이 모두 기록되었다.

넷째, '지도안 체크리스트'는 자문 위원, 수학 수석교사 및 현장 수학교사들이 제공한 체크리스트와 설문 조사를 통해 제작한 '수업 평가표'를 바탕으로 초안을 작성한 후 수학교육 전문가 및 현장 수학교사들에게 자문을 구해 수정, 보완하였다. 특히 중등 예비 수학교사라는 점을 고려하여 제작하였으며, 지도안 작성 후 같은 조의 동료와 자신이 평가한 후 수정하는 과정을 거쳐 수정된 수업 지도안에 대해 동료들의 평가를 받도록 하였다. 특히 2021년부터 글로벌 코로나-19 팬데믹은 비대면 교육을 위한 디지털 전환을 촉발하게 되면서 비대면 수업을 통한 공학적 도구를 활용한 수학수업이 활성화되었다. 이에 따라 비대면 수업에 대한 수업 설계를 할 경우를 고려하여, 그에 대한 수업 평가표를 수정하였으며 지도안 체크리스트도 함께 수정하여 제시하였다.

수업 일지(　　년　월　일)

(수업 계획, 수업 계획 수정 후, 수업 실행 후, 수업 평가 후 등 수업에 대한 여러 가지 사항들을 기록합니다. 여러 번 기록 가능합니다)

수업자 이름	
단원	
학습목표	
특기사항 또는 동료의 제안사항 등등	
내용 (서술 외 도표, 그림, 사진 등 삽입가능)	

그림 3　수업 일지에 대한 양식

다섯째, '수업평가표'는 앞에서 제시하였던 선행연구를 기초로 하여 중등 예비 수학 교사들에게 필요한 수학수업 능력과 여러 가지 양식의 수업평가표를 기초로 작성하였다. 작성 후 '지도안 체크리스트'와 함께 수학교육 전문가와 현장 수학교사의 자문을 구해 수정, 보완 하였다. 특히 수업을 보면서 평가를 할 수 있도록 항목을 조정하였고, 각 수업의 특징에 맞는 항목을 중심으로 평가하도록 안내하였다. 해당 수업에 필요없거나 고려되지 않은 항목은 제외 표시하도록 하여 평가자가 고려하지 않도록 하였다. 수업 동영상은 각 조별로 촬영 횟수를 자율적으로 정하도록 하였으나 처음 수업 촬영 동영상과 동료평가 후 수정하여 수업 촬영한 동영상을 모두 제출하도록 하였

■ 수학 수업 지도안 체크 리스트　　작성자:　　　　　평가자:

내 용		√	의견
배경 지식	1.지도할 내용에 대한 수학적, 교수학적 지식을 알고 있는가?		
	2. 교육과정에 명시된 내용(교과의 성취기준, 교과 역량, 교수학습 및 평가 방법 유의사항 등)을 확인했는가?		
	3. 학생들의 전략, 오개념, 오류 유형에 대해 알고 있는가?		
학습 내용	1.수업에서 다루는 과제가 학습 목표에 부합되는가?		
	2.수업에서 다루는 과제가 학생들의 다양한 아이디어를 유발하도록 고안되었는가?		
	3. 수학적 개념, 원리, 법칙, 용어 등이 바르게 제시하였는가?		
	4. 학습 내용에 대한 적절한 발문이 명시되어 있는가?		
	5. 내용에 대한 선수학습, 후속 학습 등 연계성이나 위계를 알고 있는가?		
목표	1.학습 목표 진술이 학생들이 이해하기 쉽게 진술되었는가?		
	2.수학적 지식 및 기능 이외에 정의적 목표도 제시하였가?		
방법	1-1 학습 주제나 학습 목표에 적절한 수업 모형인가? 1-2 온라인 수업시 학생들의 참여를 유도하기 위한 적절한 방법을 구안하였는가?		
	2.수업 각 단계에 적절한 인지적 전략(예시, 귀납, 유추 등)이 활용되었는가?		
	3.학생들의 수학적 아이디어나 추론을 유도하는 발문을 사용하였는가?		
	4.학생들에게 수학적 개념, 원리, 아이디어 등에 대한 설명이나 정당화를 요구하는 발문을 사용하였는가?		
	5.그림, 이야기, 수식, 표, 그래프, 수학 용어 및 기호 등의 다양한 표현 방식을 제시하거나, 학생들로 하여금 사용하도록 하는가?		
	6. 수업 내용에 적합한 도구(영상, 자료, 온라인 플랫폼 등)나 공학적 도구 등의 교육기자재를 사용하였는가?		
	7. 학생들의 수준을 고려한 지도방법을 사용하였는가?		
	8. 학생 참여 중심으로 구성되었는가?		
	9. 수업환경(등교/원격), 학습자의 수준을 고려한 온라인 수업을 설계하였나?		
	10. 판서, 수업 모형에 따른 학생 좌석 배치 등의 계획이 적절한가?		
평가	1. 학습목표와 평가내용이 적절하게 연계되어 계획되었는가?		
	2. 과정중심평가를 실행하도록 평가방법이 계획되었는가?		
본 지도안의 좋은 점			
본 지도안에서 개선해야 할 점			

그림 4 수업 지도안 체크리스트

✤ 수학 수업 분석표

수업일시: 년 월 일

분석한 사람:	수업자:	평점			비고
분석 기준		하	중	상	
수업 설계	1. 지도할 내용에 대한 수학적, 교수학적 지식을 알고 있는가				
	2. 내용에 대한 선수학습, 후속 학습 등 연계성이나 위계를 알고 있는가?				
	3. 학생들의 수준을 고려한 지도방법을 사용하였는가				
	4. 학생들의 전략, 오개념, 오류 유형에 대해 알고 있는가				
	5. 수업에서 다루는 과제가 학습 목표에 부합되는가				
	6. 수업에서 다루는 과제가 학생들의 다양한 아이디어를 유발하도록 고안되었는가				
	7. 내용에 대한 선수학습, 후속 학습 등 연계성이나 위계를 알고 있는가?				
	8. 학습 주제나 학습 목표에 적절한 수업 모형인가				
교수 학습 활동	1. 학습 목표 진술이 학생들이 이해하도록 명료하게 진술되었는가				
	2. 수학적 지식 및 기능 외에도 정의적 목표 등을 고려하고 있는가				
	3. 수학적 개념, 원리, 법칙, 용어 등이 바르게 제시되었는가				
	4. 수업이 학생이 중심이 되어 진행되었는가				
	5. 수업 각 단계에 적절한 인지적 전략(예시, 귀납, 유추 등)이 활용되었는가				
상호 작용	1.학생들의 수학적 아이디어나 추론을 유도하는 발문을 사용하였는가				
	2.학생들에게 수학적 개념, 원리, 아이디어 등에 대한 설명이나 정당화를 요구하는 발문을 사용하였는가				
	3. 학생들과 함께 문제해결 과정과 결과에 대해 의사소통하고 학생들의 반응에 대해 적절한 피드백(보완, 격려 등)을 제공하였는가				
	4. 학생들에게 친숙한 용어를 선택하고 지도 내용을 눈높이에 맞게 설명하였는가				
	5. 학생들의 발표 및 활동 기회를 다수에게 제공하고, 학생의 참여도가 높도록 유도하였는가				
	6. 그림, 이야기, 수식, 표, 그래프, 수학 용어 및 기호 등의 다양한 표현 방식을 제시하거나, 학생들로 하여금 사용하도록 하였는가				
기타	1. 수업 내용에 적합한 자료, 교구, 공학적 도구 등의 교육기자재를 사용하였는가?				
	2. 교사의 시선처리, 언어 사용, 동선의 길이나 위치 등이 적절하였는가				
	3. 판서는 계획적(내용, 시기 등)이고 구조적(명확성, 요약 등)으로 이루어졌는가?				
	4. 교사와 학생의 온라인학습환경은 잘 구축이 되어있는가?				
평가	1. 학생들의 활동에 대한 적절한 피드백을 하였는가				
	2. 목표-내용-평가의 일체화가 수업 과정 중 이루어지는가?				
	3. 학생의 성장을 돕는 과정중심평가가 적절히 이루어지는가?				

종합의견 및 느낀점	

그림 5 수업 평가표에 대한 양식

다. 이는 전체 평가 시 필요한 경우 두 가지 수업 동영상을 같이 보고 비교분석하기 위해서이다.

지도안 체크리스트와 마찬가지로 수업평가표에는 2021년부터 글로벌 코로나-19 팬데믹으로 인한 비대면 수업으로 인하여 현장 수학교사의 자문에 따라 기타에서 '교사와 학생의 온라인 학습환경은 잘 구축되었는가'라는 항목을 추가하였다. 또한 예비 수학교사가 설계한 수업의 특징에 맞도록 항목을 삭제하거나 일부 수정할 수 있도록 하였다.

2. 교수-학습 포트폴리오의 적용 절차

교수-학습 포트폴리오의 적용 절차는 조용개 외(2008)에서 제시한 교수 포트폴리오 모형 단계, 여러 가지 일반적인 수업 컨설팅 모형을 수정하여 구성한 예비 수학교사를 위한 수업 컨설팅 절차(정영옥, 2010)를 기초로 하여 개발하였다. 선행연구에서 제시한 수업 컨설팅 절차는 초등교사를 대상으로 한 것으로서, 중등 예비 수학교사에게 적용하기에 적절하도록 적용 절차를 수정, 보완하였다. 특히 수업 컨설팅은 전문성을 갖춘 사람들에게 의뢰인의 요청에 따르는 것이다. 중등 예비 수학교사들이 조를 이루어 모의수업을 한 후 평가하는 상황과는 다소 다르므로 마이크로티칭의 과정을 참고하여 보완하였다. 마이크로티칭은 실제 상황의 수업이 아닌 축소된 수업으로 5~20분 정도의 짧은 시간 동안 교수 시간, 내용, 기능, 학습자 수, 교실 크기 등이 실제보다 축소된 상황에서 수업을 실시하는 것을 의미한다(Allen & Ryan, 1969; 조영남, 2011 재인용). 수업의 과정을 녹화한 다음 다시 관찰하면서 수업 분석과 평가를 실시하고, 그 결과에 따라 새로 수업하는 순환적인 과정을 통하여 수업기술을 습득하는 것이다. 마이크로티칭의 주요한 목적은 예비 수학교사에게 특정의 수업 기술을 만족스러운 수준까지 습득하도록 연습시키는 데 있다. 구성 요소와 마찬가지로 1차 년도(2012년)에 실제 예비 수학교사교육(사범대학 3학년 교과교육 관련 수업)에서 적용 후 적용 대상 예비 수학교사의 설문과 현장 수학교사 및 전문가의 자문을 통해 적용 절차를 수정, 보완하여 적용하였다. 이후 지금까지 지속적으로 교수-학습 포트폴리오를 수정, 보완하면서 적용하고 있다.

교수-학습 포트폴리오는 다음 학기(학부 4학년 1학기)에 중등학교 현장에 교육 실습이 예정되어 있는 3학년 2학기에 재학 중인 수학교육과 학생들에게 적용하였다. 3~4명의 예비 수학교사를 한 조로 구성하고, 학교 수학교육과정의 영역별로 주제를 선택하여 학생 수준, 학급 규모, 수업 방식 등을 제시하여 1~3차시 정도의 수업을 설계하도록 하였다. 1주차 강의 안내에서 교수-학습 포트폴리오 작성 및 적용 과정에 대한 안내와 수업 주제를 제시하였고, 3~4명이 자율적으로 조를 짜도록 하였다. 2주차 수업 후 마이크로티칭을 위한 조와 각 조별 수업 주제 및 수업 동영상 촬영에 대한 전체 평가를 위한 순서를 제시하였다. 4, 5주차 수업에서 각 조별로 대표가 수업 계획에 대해 간략히 발표한 후 연구자와 다른 학생들과의 수업에 대한 간략한 논의를 하였다. 마지막 2주 정도 각 조의 수업동영상을 보고 전체평가를 하였다. 해당 학생들에게 교수-학습 포트폴리오 작성용 바인더형 파일을 지급한 것을 기말고사 후 전체 평가 내용 등을 포함하여 최종 완성된 교수-학습 포트폴리오를 제출하도록 하였다.

준비 단계는 수업을 계획하는 단계로서 수업 내용에 대한 교수학적 분석, 수업 모형, 교과서 탐색 등이 이루어지며, 관련 내용은 수업 일지에 기록하거나 원자료 상태 그대로 클리어 파일에 보관하도록 하였다. 그리고 나의 수업 철학과 수업 노트를 작성하면서 자신이 생각하는 수학수업, 교사, 학생 등에 대해 생각하는 기회를 갖도록 하였다.

자료수집 단계는 계획된 수업에 대한 수업 지도안을 작성하고 수업을 실행하는 단계이다. 이때 수업 지도안은 같은 조원들이 서로 평가를 하되, 지도안 체크리스트는 각 수업의 의도에 맞도록 변형하여 사용할 수 있도록 하였다. 특히, 각 조별로 학과의 지도 교수님을 배정하여 수업 지도안에 대해 평가를 받도록 하기도 하였다. 그러나 지도 교수자들에게 포트폴리오에 대한 목적, 내용 등에 대한 안내에도 불구하고 공동의 논의 및 전체 절차에 대한 공통의 이해도의 한계로 인하여 평가자들에 따른 지도안 평가의 방법이나 내용 등의 차이점 등의 어려움이 있었다.

문제 분석 단계에서는 조원들이 실행한 수업을 서로 평가하고 파악된 문제점을 수정, 보완하도록 하였으며 이와 관련된 내용은 수업 일지와 수업 노트에 기록하게 하였다.

반성적 실행 단계에서는 문제점을 보완하여 수업 지도안을 수정보완하고, 그에 따른 수업을 다시 실행하여 촬영하도록 하였다. 기존의 수업 컨설팅 절차나 정영옥(2010)의 수업 컨설팅 절차에서는 수업 실행을 한 다음 평가 및 자기 평가로 마치는 반면, 교수-학습 포트폴리오에서는 '반성적 실행' 단계에서 수정, 보완된 수업 지도안과 수업 실행을 하도록 하였다. 이를 통해 자신의 수업을 보정하는 기회를 갖고 수정된 것으로 전체 평가 및 자기 평가를 하는 것으로 하였다. 이는 예비 수학교사가 자신의 수업을 성찰하고 수정, 보완하여 실행하게 함으로써 자기 교정의 기회가 되도록 하기 위해서이다.

마지막으로 평가 단계에서는 정규 수업 시간에 교수자 및 동료들과 함께 수정된 수업 실행 동영상을 보면서 분석 활동 후 자기 평가를 통해 평가 결과에 대한 개선 방안 등을 수업 컨설트 일지에 기록하도록 하였다. 개발된 교수-학습 포트폴리오의 적용 절차 및 각 단계별 주요내용과 요소는 다음과 같다.

표 1 교수/학습 포트폴리오 적용 절차

<table>
<tr><th colspan="2">단계</th><th>주요 내용</th><th>참여 및 형태</th><th>결과물</th><th></th></tr>
<tr><td rowspan="4">준비</td><td rowspan="4">수업 준비 및 설계</td><td rowspan="2">• 수업 내용에 대한 수학적, 역사적 배경 등의 교수학적 분석 내용 조사 및 수업 방법 탐구(대면/ 비대면)
• 수업 보조자료 조사(수학사, 실생활 수학, 보조교재 활용 사례, 우수 수업동영상 등 조사)</td><td>조별 활동</td><td rowspan="2">학생: 수업 일지
수업 노트</td><td rowspan="17">교수-학습 포트폴리오</td></tr>
<tr><td>조별 활동(TBL), 탐구활동</td></tr>
<tr><td>• 모델 교과서 선정(3~4종의 교과서 분석)</td><td>조별 활동(TBL)</td><td rowspan="2">수업 일지</td></tr>
<tr><td>• 수업설계(수업목표 및 수업 모형 설정, 수업상황(수준별 등) 설정)</td><td>개별 활동</td></tr>
<tr><td colspan="5">⬇</td></tr>
<tr><td rowspan="2">실행</td><td rowspan="2">수업 실행</td><td>• 수업 지도안 작성 및 평가</td><td>개별 활동 & 팀별 활동
멘토링 교수님의 지도안 평가</td><td>지도안 체크리스트</td></tr>
<tr><td>• 수업 실행 및 녹화</td><td>개별 활동</td><td>수업 내용 DVD
(1차 수업)</td></tr>
<tr><td colspan="5">⬇</td></tr>
<tr><td rowspan="2">문제 분석</td><td>진단 및 문제 발견</td><td>• 녹화 수업 분석 및 문제점 파악
• 조원 상호평가</td><td>조별 활동(TBL)</td><td>수업평가표 작성
(수업 모형에 따라 수업평가표 변형 및 강조 가능)
수업 노트</td></tr>
<tr><td>문제 수정 및 보완</td><td>• 파악된 문제점을 수정, 보완</td><td>개별 활동</td><td>수업 일지
수업 노트</td></tr>
<tr><td colspan="5">⬇</td></tr>
<tr><td rowspan="2">반성적 실행</td><td rowspan="2">보완된 수업 실행 전체 분석 및 평가</td><td>• (분석 및 평가에 기초한) 수정된 수업계획안 작성</td><td rowspan="2">개별 활동</td><td>수정된 수업 지도안</td></tr>
<tr><td>• 수정된 수업 실행</td><td>수업 내용 DVD
(2차 수업)</td></tr>
<tr><td colspan="5">⬇</td></tr>
<tr><td rowspan="3">발표 및 평가</td><td rowspan="3">반성적 평가</td><td>• 수업발표(자기 평가 및 전체 평가)</td><td rowspan="3">전체 평가 및 논의</td><td rowspan="3">수업 일지
수업 노트</td></tr>
<tr><td>• 평가에 대한 상호 피드백(수업 중)</td></tr>
<tr><td>• 수업 능력 향상을 위한 전문적 지도</td></tr>
</table>

3. 교수-학습 포트폴리오의 적용 결과

예비 수학교사들에게 교수-학습 포트폴리오의 구성 요소 및 적용 절차에 대해 설문조사를 하였다.[2] 예비 수학교사의 86%가 교수-학습 포트폴리오 작성이 수업 실기 능력 향상에 필요하고 도움이 되며, 작성 결과 가장 만족한 부분으로 자기장학과 동료장학을 통한 수업개선과 수업, 교과서, 지도안을 보는 안목의 개발을 가장 많이 들었다. 그 외에도 새로운 자료 제시와 공유, 자기평가 과정의 구체적인 제시 등도 있었다.

예비 수학교사1: 내가 촬영한 영상을 모두와 공유하여 내 수업의 부족함을 알 수 있어서 좋았습니다. 공통된 단원의 다른 방법의 수업을 볼 수 있어서 후에 내가 수업할 모습을 수정·보완 할 수 있다는 점이 좋았습니다.

예비 수학교사2: 수업 계획을 짜면서 지도안을 더 체계적이고 확실하게 짤 수 있었다. 또한 내가 어떤 수업을 하고 싶은지 스스로 깨닫게 하고 목표가 생기는 것 같다. 수업평가를 받으면서 내 수업에서 부족한 점, 채워야 할 점 등 나의 수업을 개선시키고 보완하는데 도움이 되었어요.

예비 수학교사3: 지도안 체크리스트를 통해 수업 중 중요한 부분을 수정 보완하고 다른 조원의 수업 지도안을 통해 정보 공유하는 것입니다.

교수-학습 포트폴리오의 구성 요소에 대해 예비 수학교사의 60%가 매우 적당하다고 응답하였고, 나머지는 보통이었는데 그렇지 않다는 응답은 없었다. 교수-학습 포트폴리오 작성 과정에서 어려웠던 점, 불만족한 부분으로 시간의 부족함에 대한 제시가 가장 많았다. 학기 중 전공수업과 함께 진행하면서 경험하지 못한 부분을 하는 것의 어려움, 동료들과 전문가의 충분한 피드백을 위한 시간의 확보가 필요하다고 제시하였다. 이러한 시간의 부족함으로 인해 동료들 간에 자주 모이기 어렵고 동료들 간의 의견 조정을 위한 시간적 여유가 없으므로 방학부터 준비하는 것이 좋을 것 같다는 의견도 있었다.

예비 수학교사4: 조원들이 시간이 맞지 않아 다함께 참여하기 힘들었고, 혼자서 행동해서 도움을 주지 못하는 경우가 있어 그런 때는 불만족스러웠다. 학기 중에 진도를 나가면서 동시에 마이크로티칭도 준비해야 해서 많은 시간을 투자하지 못해서 아쉽고 힘들었다.

2) 2012년 2013년 각 수업에 참여한 예비 수학교사 55명에게 설문조사 및 인터뷰를 한 결과이다.

예비 수학교사5: 동영상 촬영 여건이 좋지 못하여 계속 촬영에 어려움이 있었다. (수업시간에) 전체를 다 보기에 어려움이 있어서 못보는 학생들은 개선점을 확인하기 어려우므로 이를 평가하는 방법을 고려해야 합니다.

선행연구(이봉주, 2013)에서도 포트폴리오의 장점을 분명하게 인식하고 있음에도 불구하고 이를 활용하지 않으려는 이유로 시간적 여유 부족, 과제에 대한 부담 등이 제시되었다. 이를 해결하기 위해 포트폴리오의 구성 요소를 융통성 있게 조절하여 문제점을 보완할 필요가 있음을 제시하였다.

중등 예비 수학교사들은 교수-학습 포트폴리오 작성을 통해 교육정보 활용 능력에 도움이 된다는 생각을 하며 교수-학습 포트폴리오에 대해 만족한 부분으로 새로운 자료, 자료 공유 등을 들고 있다. 그 외에 수업에 대한 다양한 경험을 하는 좋은 기회였으나 전문가의 정확한 평가, 더 많은 구체적인 사례 제시, 조별 토론과 활동에 대한 많은 기회, 동료들의 눈치를 보지말고 정확하게 비판하기 등을 바라는 사항으로 제시하고 있다. 다음은 기타 의견에 대한 예시이다.

예비 수학교사6: 교생 실습 전에(수업시연을) 한 번 해봄으로써 익숙하게 될 기회를 얻게 되어서 좋았어요. 수업 시연이 제일 어려웠는데 제대로 찍은 것 같지 않아서 다음에는 수업시연 준비 시간을 더 가지고 찍고 싶었어요.

예비 수학교사7: 마이크로티칭을 활용한 수업이 개설되거나 방학을 이용하여 직접 수업시연을 하는 등의 시간을 가졌으면 좋겠습니다.

예비 수학교사8: 교사가 된다는 것, 수업을 하는 것이 힘들다는 것을 느꼈고, 자기 혼자하기 보다는 다른 사람의 조언을 듣는 것도 꼭 필요하기 때문에 서로서로 잘 협조해야 할 것 같다. 동영상을 보는 시간을 더 많이 가졌으면 좋겠어요.

포트폴리오 작성을 통해 예비 수학교사가 수업성찰을 자발적으로 하기에 한계가 있으므로 성찰일지 작성 등과 같이 메뉴 구성 및 활동을 구조화하는 인위적인 전략이 필요하다(김민정, 2006). 성찰일지는 학습자가 기존에 알고 있던 내용에서 오류를 발견하거나 기존 지식에 새로운 지식을 통합시키는 것과 같은 자신의 인지구조와 학습활동을 점검하는 고차원적인 사고 과정을 제공한다(엄미리 외, 2011). 궁극적으로 사고를 활성화하고 반성적 사고 능력을 향상시키는 데 도움을 줌으로써 전문가로 발전할 수 있는 기회를 제공한다. 그러나 성찰일지 기능을 포함하여도 학습 내용이나 과제에 대한 내용보다는 자신의 경험이나 느낌과 관련된 성찰에 그치는 경우가 많다. 선행연구에 따르면(심현애 외 2012), 예비 수학교사의 교수 포트폴리오를 통한 반성

행위를 분석한 결과 수업전문성 개선에 긍정적인 영향을 미치는 것으로 나타났다. 모든 항목에 대한 고차적 수준의 성찰이 일어나는 것은 아니며 대부분의 학습자들이 수업 반성, 전문성 발달에 대한 노력, 구조화된 수업의 전개와 효율적인 시간관리, 효과적인 자료 활용 여부에 대한 성찰을 하였다. 절반 정도의 학습자들만 발달 인지학습 등을 고려하고 명료하고 적절한 언어의 사용여부, 동료교사와의 협력에 대한 성찰에 도달하였다. 또한 학습자가 인식하지 못한 성찰요소도 있었다. 개인차, 학습 목표의 설정 및 진술, 이해와 사고를 촉진하는 수업 전략, 효과적인 질문 사용, 일관성 있는 수업 설계 요소 등에 대해서는 거의 인식하지 못하는 것으로 나타났다.

교수-학습 포트폴리오를 적용하면서 예비 수학교사가 깊이 있고 적극적인 성찰을 이끌어내기 위해서는 성찰 항목에 대한 안내 및 지원이 필요하였다. 이에 따라 예비 수학교사가 포트폴리오 작성에 대한 성찰 루브릭을 제공하고자 한다(이정은 외, 2016). 예비 수학교사가 작성한 교수-학습 포트폴리오에 대하여 교수자로서 수업 성찰을 위하여 어떤 방법으로 피드백을 줄 것인가에 대한 고민이 있었다. 예비 수학교사에게 포트폴리오 작성에 대한 성찰 루브릭을 제공하여 예비 수학교사가 원하는 성찰의 수준을 명확하게 이해하고 스스로 성찰의 수준을 평가하여 더 높은 단계의 성찰로 발전하는 자기조절 학습이 가능하게 할 수 있을 것이다.

루브릭을 사용함으로써 활동의 목표 및 평가 준거를 정확하게 인지하여 학습과정 및 결과에 대한 자기평가를 실시하도록 하고 더 나은 수행을 하도록 도와주는 교정적 피드백의 역할을 할 수 있다. 예비 수학교사의 포트폴리오에 대한 성찰 루브릭은 예비 수학교사의 수업전문성 향상을 위한 성찰과 포트폴리오 작성 과정에서 수행하여야 하는 성찰 활동의 유형 및 수준에 대한 상세한 정보를 제공하기 때문에 자신의 단점을 파악하고 변화, 발전을 위한 계획을 세울 수 있다.

루브릭은 학습자 스스로 자신이 보완해야 할 점을 확인하고 향상의 정도를 점검하는 자기 발견을 하게 하여 학습자의 성취에 도움이 되며, 자신의 학습을 돌아볼 기회를 제공하여 자기평가와 자기향상에 대한 내적 동기를 유발한다(Huba & Freed, 2000). 마찬가지로 예비 수학교사의 교수 포트폴리오에서 성찰 루브릭을 적용하는 과정 자체가 비판적 사고의 기회를 제공하므로 성찰 능력을 높여주며, 동시에 자기평가와 자기향상을 위한 성찰행위에 대한 내적 동기를 높일 수 있을 것이다. 예비 수학교사의 포트폴리오에서 성찰을 촉진하기 위한 루브릭은 다음과 같이 선행연구(이정은 외, 2016) 결과를 활용하여 적절히 수정, 보완하여 활용할 수 있을 것이라 기대한다.

표 1 성찰 루브릭과 준거(이정은 외, 2016, p.550)

	수행결과 보고	자기평가 실시	개선사항 제시
0 수준	없음	없음	없음
1 수준	(5점) 일반적으로 설명	(10점) [단순 소감 제시]	없음
		(예시)학습자 분석을 해보니 뿌듯했다(어려웠다)	
2 수준	(10점) 교수설계 활동에 대한 사건을 묘사	(20점) [교수설계 활동에 근거하여 분석하지 않고, 개인적인 경험에 비추어 자신의 교수설계 수행과정을 분석]	(20점) [교수 설계 활동에 근거하지 않고 향후 학습 중심의 계획 제시]
		(예시) 학습자 분석을 위해 학습자 스타일 검사를 실시해 보았는데 학습자의 다양성을 이해하는데 도움이 많이 되었다	(예시) 본 단계에서는 학습자 분석으로 학습스타일을 수행하였는데 학습스타일 이외에도 향후 다양한 학습자 특성을 이해하고 공부하여 학습자에게 적절한 수업을 준비해야겠다는 단순 개선사항 제시
3 수준	(10점) 학습과정과 결과를 구분하여 설명	(30점) [교수설계 활동에 근거하여 수업의 효과성, 효율성, 매력성의 요소를 중심으로 자신의 교수설계 수행 과정 분석 및 평가]	(30점) [교수설계 활동에 근거하여 수업의 효과성, 효율성, 매력성을 증진하기 위한 향후 자신의 학습계획 또는 학습 방향 제시]
		(예시) 학습자 분석을 위해 학습자 스타일 검사를 실시해 보았다. 이를 통해 학습자 스타일에 따라 시각적인(Visual) 자료를 선택하는 학생과 문자적(Auditory)인 정보를 선택하는 학생이 나뉘게 되므로 학습자의 다양성에 대한 고려가 중요함을 알았다. 특히, 이러한 노력이 좀 더 효과적이고 매력적인 수업을 이끌 수 있다고 생각하였다	(예시) 본 단계에서는 학습자 분석으로 학습스타일을 수행하였는데 학습스타일 이외에도 학생들의 인지적, 전략적, 정서적 측면의 다양성을 고려하기 위해 향후 다양한 학습자 특성을 이해하고 공부하여 관련 특성이 어떻게 교수적인 효과와 연계되는지를 고려하여 학습자에게 적절한 수업을 준비해야겠다는 교수적 연결고리에서 개선사항 제시
4 수준	(20점) 학습의 특수한 상황과 맥락을 함께 기술	(40점) [교수설계 활동에 근거하면서 교수학습 맥락(교수학습과 관련된 학습자, 학습내용, 학습 환경, 교육정책, 교육체제 등 다면적 관점)을 고려하면서 수업의 효과성, 효율성, 매력성의 요소를 중심으로 자신의 교수설계 수행 과정 분석 및 평가 제시]	(40점) [교수 설계 활동에 근거하면서 교수학습의 특수한 상황(교수학습과 관련된 학습자, 학습내용, 학습 환경, 교육정책, 교육체제 등의 다면적 관점)을 고려하여 수업의 효과성, 효율성, 매력성을 증진하기 위한 향후 자신의 학습 계획 또는 학습 방향 제시]
		(예시) 학습자 분석을 위해 학습자 스타일 검사를 실시해 보았다. 몇 명의 학생을 대상으로 연습의 과정	(예시) 본 단계에서는 학습자 분석으로 학습스타일을 수행하였는데 학습스타일 이외에도 학생들의 인

		에서는 학습자의 스타일을 파악이 잘 되었고 학습자 분석 실시가 도움이 되었는데 실제 현장에서는 한 반의 학생 수가 많아 이러한 실천이 어려울 수 있다는 것을 생각해 보았다.	지적, 전략적, 정서적 측면의 다양성을 고려하기 위해 향후 다양한 학습자 특성을 이해하고 공부하여 관련 특성이 어떻게 교수적인 효과와 연계되는지를 고려하여 학습자에게 적절한 수업을 준비해야겠고 우리나라 교육 환경 상 학생들의 특성을 고려하는 것이 쉽지 않아 다양한 학습자 특성을 정리하여 학습자 특성별 적절한 교수 전략과 방법을 논의하는 모임 결성이 필요하다는 것을 주장하고 이를 위해 국가 차원의 연수 및 커뮤니티가 필요하다는 것을 논의하는 교육 맥락 차원에서의 개선사항 제시

Ⅳ. 마치며

2012년 수학교육선진화 방안이 발표된 이후, 수학교사의 수업 능력 강조되고 있으며 2015 개정 수학과 교육과정이후 교사 전문성이 더욱더 강조되어 왔다. 특히 초·중등 교원양성체제 발전방안(2021)에 따르면, 학교 현장 연계 교육과정 운영을 확대하고 교육실습 내실화 및 실습학기제 도입 등 교원의 현장에서 실제로 필요로 하는 역량을 배양하는 실무형 교육 강화를 요구하고 있다. 수학교사로서의 수업능력 향상을 위해서는 예비 수학교사 시기에서부터 교육 경험이 필요하다. 예비 수학교사의 수업 능력 개발 및 강화를 위해서는 단순히 수업에 관한 학문적인 이론과 지식을 학습하는 것만으로는 부족하며, 교육적 실행과 관련하여 자신의 실천을 체계적으로 반성하고 개선해 나아가는 경험이 필요하다. 반성적 사고와 실천적 지식의 함양을 위한 수업실습에 관한 이론과 실천 양면의 체계적인 실행과 지도가 필요하다.

수업능력 향상을 위한 교수-학습 포트폴리오의 적용이 중등 예비 수학교사교육에 주는 시사점은 다음과 같다. 첫째, 예비 수학교사의 실제적인 수학 수업 능력과 학습 결과를 총체적으로 평가하게 되어 우리나라 중등 예비 수학교사의 지식 및 수업능력 전반에 대한 비판적 사고와 반성의 기회가 될 수 있다. 예비 수학교사의 수업 능력과 교육실습에 실제로 적용하여 나타난 결과를 반영함으로써, 현장에서 실제로 필요로 하는 역량 개발을 위한 예비 수학교사교육을 가능하게 한다.

둘째, 예비 수학교사의 수업 능력을 실제적으로 향상시키고 효과적인 교육실습에 대한 유용한 정보를 제공하게 된다. 예비 수학교사의 실제적인 수업에서의 수업 전문성의 의미를 제시하여 그 결과를 수학교사의 전문성 발달에 연계함으로써 궁극적으로 학교수업 개선과 학교교육의 질을 향상시키는 지표를 제시하게 될 것이다. 특히 교수-학습 포트폴리오를 교육실습에 적합하도록 수정하여 교육실습 포트폴리오를 교육실습에 적용하였다. 교육실습에서 수행한 여러 가지 활동을 계획, 기록하여 교육 실습에 대한 효율적인 평가와 반성이 가능하였다(강현영, 2016).

셋째, 예비 수학교사들 간의 교수-학습 포트폴리오를 공유하고 상호 평가하는 과정에서 아이디어를 탐색하고 공식적인 피드백을 받을 수 있는 기회는 후에 교육 현장에서 수학교사의 자기개발의 기초를 제공하게 한다.

넷째, 예비 수학교사를 위한 수업에서 다양한 교수 레퍼토리 개발, 생산적인 수학 학습 환경구성, 교수와 학생에 대한 통찰력 증진 등 이론과 실천을 통합하게 한다. 이론으로만 배우던 내용을 실제로 수업에 적용하고 그 과정을 기록하고 반성하는 기회를 가짐으로써 이론과 실천 양면의 체계적인 수업경험이 된다. 이는 예비 수학교사가 수학교실에서의 수업을 개선하는 효과를 줄 수 있다.

최근 대학교에서는 교수자들의 e-교수 포트폴리오 활용 방안에 대한 연구가 활발하다. 예비 수학교사의 수업 전문성 개발을 위해서는 e-교수 포트폴리오에 대한 지원이 필요하다. e-교수 포트폴리오는 바인더형 포트폴리오에 비하여 예비 수학교사가 수업 전문성과 관련된 자료를 수집하고, 정리하는 과정을 지원하는데 효과적이기 때문이다. 4차 산업혁명, 포스트 코로나로 인한 AI, 빅데이터 등 기술발전과 다원성, 개별화 등 가치체계 변화 가속화, 학령 인구 감소 등 맞춤형 교육의 필요성이 높아지고 학생 선택권 및 교육과정 재구성 확대에 따라 교사의 전문성이 더욱 요구되고 있다. 따라서 체계적으로 중등 예비 수학교사의 수업전문성을 개발하기 위해 e-교수 포트폴리오 활용을 위한 지원이 필요하다.

참·고·문·헌

강현영, 고은성, 김태순, 조완영, 이경화, 이동환(2011). 좋은 수학수업을 위해 수학교사에게 필요한 역량과 교사교육에 대한 현직교사의 인식조사. **학교수학, 13**(4), 363-380.

강현영(2014). 중등 예비 수학교사의 수업능력 향상을 위한 교수-학습 포트폴리오 활용방안 연구. **학교수학, 16**(3), 567-584.

강현영(2016). 중등 예비 수학교사의 효과적인 교육실습을 위한 수업 포트폴리오 활용방안 연구. **수학교육학연구, 26**(2), 225-246.

권희주(2005). **초등영어 교사의 전문성 신장을 위한 교사 포트폴리오 개발: 자기반성적 접근.** 서울교육대학교 석사학위논문.

김남희(2006). 예비 수학교사의 산파법 적용 수학 수업 실행. **학교수학, 8**(1), 89-106.

김남희(2008). 예비 수학교사의 문제해결 지도 실행의 교육적 효과. **한국학교수학회논문집, 11**(2), 159-175.

김민정(2006). e-포트폴리오의 설계 및 활용에 관한 연구: 설계기반연구의 관점으로. **교육공학연구, 22**(2), 1-26.

김민정(2015). 교수자 교수 포트폴리오의 공개와 수업개선 참여활동이 예비 수학교사의 교수 포트폴리오 작성 및 수업설계 전문성에 미치는 영향. 학습자중심교과**교육연구, 15**(11), 267-288.

김태현(2013). 교사, 수업에서 나를 만나다. 좋은교사.

김현진, 김진수, 최성육, 박영민, 이광호, 이혁규(2010). **예비 수학교사의 수업능력 개발을 위한 교육방안 연구.** 한국교육과정평가원 연구보고서 RRI 2010-16.

김희필, 김영용, 김효심(2008). 예비 수학교사의 반성적 사고 능력 강화를 위한 학습 포트폴리오 적용 프로그램의 효과. **한국실과교육학회지, 21**(3), 257-276.

나귀수(2009). 초등학교 교사의 수학 수업 비평의 특징에 대한 연구. **학교수학, 11**(4), 583-605.

나귀수(2010). 초등학교 수학 수업 학습공동체 활동에 대한 연구. **수학교육학연구, 20**(3), 373-395.

나귀수(2013). 수학 수업 비평의 실제. **학교수학, 15**(2), 369-387.

심현애, 김경연(2012). 예비 수학교사의 수업 설계 실습에서 반성 기능을 강화한 e-포트폴리오 학습 환경의 활용효과. **학습과학연구, 6**(1), 65-91.

박기용, 배영직, 강이철(2009). 교육실습에서 예비 수학교사의 수업설계 과정에 관한 사례연구. **한국교원교육연구, 26**(3), 169-197.

박기용(2013). 교사의 수업설계 전문성 개발을 위한 교육프로그램 개발 연구. **교육공학연구, 29**(4), 783-814.

박윤경, 김민조, 이은주, 김동원, 김미혜(2017). 초등교사교육기관에서의 교수 포트폴리오 모형 개발 연구. **초등교육연구, 30**(4), 47-74.

부희영(2015). 초등교사 포트폴리오 구성안 개발. **초등교육연구, 28**(3), 123-143.

서우석, 류희수, 여태철(2008). **수업 컨설팅 이렇게 하라**. 교육과학사.

손영민(2007). 교사의 전문능력 개발을 위한 포트폴리오. **한국교원교육연구, 24**(2), 175-198.

손유진(2005). **온라인 예비유아교사교육에서 포트폴리오 활용 효과에 관한 연구.** 부산대학교 박사학위논문.

심미자(2005). 디지털 교수 포트폴리오: 예비 수학교사교육 프로그램 활용 가능성 탐색. **교육과정평가연구, 8**(2), 51-79.

심미자, 설양환(2007). 예비 수학교사의 교육정보화 능력 상을 위한 e-교수 포트폴리오 활용방안. **교육정보미디어연구, 13**(1), 309-329.

심상길, 윤혜순(2012a).3 마이크로티칭에서 수학 예비 수학교사들의 반성에 대한 연구. **한국수학사학회지, 25**(1), 89-105.

심상길, 윤혜순(2012b). 마이크로티칭에서 수학 예비 수학교사들의 수업 행동과 변화에 대한 연구. **수학교육, 51**(2), 131-144.

심현애, 김경연(2012). 예비 수학교사의 수업 설계 실습에서 반성 기능을 강화한 e-포트폴리오 학습 환경의 활용효과. **학습과학연구, 6**(1), 65-91.

안진경(2006). 포트폴리오 평가를 적용한 유아 수학교사교육 프로그램이 예비유아교사의 수학 교수효능감 및 포트폴리오에 대한 인식에 미치는 영향. **유아교육연구, 26**(5), 173-190.

유승연(2000). 포트폴리오 평가 활용을 통한 예비 수학교사의 유아 과학 교수방법에 대한 반성적 사고 증진과 전문성 함양에 관한 연구. **유아교육연구, 20**(1), 163-184.

유수경, 황해익(2005). 유아교사의 전문성 신장을 위한 교사 포트폴리오 제작 경험의 의미. **영유아보육연구, 11,** 1-21.

윤정륜(2001). 교사교육에 있어서 반성적 사고의 개발과 포트폴리오 평가. **중등교육연구, 47**(1), 59-81.

엄미리, 박인우(2011). e-포트폴리오 성찰일지 작성활동의 학습효과에 영향을 미치는 학습자 관련 변인 탐색. **교육공학연구, 27**(1), 213-246.

이경화, 나귀수, 권나영, 김동원, 이환철, 이동환, 고은성, 박민선, 박미미, 이은정, 조진우, 박진형(2012). 한국형 수학교사 전문성 개발 체제(PDS) 모델 구축을 위한 기초 연구. **수학교육학연구, 22**(4), 581-602.

이금선, 강옥기(2008). 수학교사 전문성 신장을 위한 수업 반성에 대한 준거 제안. **학교수학, 10**(2), 199-222.

이금선(2011). 초등학교 수학과 반성적 교수 과정 중 교사의 사고에 대한 사례 연구. **학교수학, 13**(3), 385-404.

이동환, 강현영, 고은성(2012). 좋은 수학수업과 교사 전문성 개발에 대한 현직수학교사 인식 조사: 학교급 및 교육경력에 따른 차이 조사. **수학교육, 51**(2), 173-189.

이봉주(2013). 중등 수학 예비 수학교사의 전문성 발달을 위한 포트폴리오 활용. **수학교육 52**(2), 175-190.

이은화(2011). 중등 예비 수학교사를 위한 국제이해교육 과목의 e-교수 포트폴리오 개발 및 적용. **한국컴퓨터교육학회 논문지, 14**(5), 55-69.

이정은, 차현진(2016). 예비 수학교사의 e-교수 포트폴리오 활용에서 성찰 지원을 위한 루브릭 모바일 어플리케이션 프로토타입 개발에 대한 연구. **교육정보미디어연구, 22**(3), 533-559.

이혁규(2010). 수업 비평의 개념과 위상. **교육인류학연구, 13**(1), 69-94.

임승렬(2000). 교사교육에서 포트폴리오 개발과 활용. **한국교사교육, 17**(1), 315-335.

정미영, 김정원, 류성창, 박인심(2011). **교사 선발 방식 개선 방안 연구.** 한국교육개발원 연구보고 RR 2011-05.

정석기, 조미희(2011). **수업컨설팅의 이해와 적용.** 원미사.

조벽(2011). **수업컨설팅.** 해냄.

조운주, 최일선(2006). 교육실습생 포트폴리오 구성모형 개발. **유아교육연구, 26**(4), 239-259.

조한무(1999). **수행평가를 위한 포트폴리오 평가.** 교육과학사.

조용개(2009). 교수 포트폴리오 개발을 통한 수업의 효과성 탐색. **교육학연구, 47**(2), 161-190.

조용개, 이은화(2013). **러닝 포트폴리오의 이해와 실제.** 학지사.

최승현, 임찬빈(2006). **수업평가 매뉴얼; 수학과 수업평가 기준.** 한국교육과정평가원 연구자료 ORM 2006-24-5.

최승현(2007). **교육과정 개정에 따른 수학과 내용 교수 지식(PCK) 연구.** 한국교육과정평가원 연구보고서 RRI 2007-3-2.

최돈형, 권동택, 김경철, 김성혜, 김정환, 김진수 외 7명(2010). **교실친화적 교사 양성과정과 교사 임용시험 체제의 연계성 강화 방안 연구.** 한국교육과정평가원 연구보고서 RRI 2010-1.

최창우, Brian, S(2008). 뉴질랜드 초등학교의 포트폴리오 평가에 대한 사례 연구: 초등수학을 중심으로. **수학교육학연구, 18**(1), 63-80.

황혜정(2011a). 수학 교과에서의 교사 지식에 기초한 반성적 수업 평가에 관한 연구. **한국학교수학회논문집, 14**(2), 123-142.

황혜정(2011b). 수학 수업의 교사 지식에 관한 평가 요소 탐색; 교수 학습 방법 및 평가를 중심으로. **한국학교수학회논문집, 14**(3), 241-263.

Conderman, G. (2003). Using portfolios in undergraduate special education teacher education program. *Preventing School Failure, 47*(3), 106-111.

Hill, H. C., Ball, D. L., & Schilling, S. G. (2008). Unpacking pedagogical content knowledge: Conceptualizing and measuring teachers' topic-specific knowledge of students. *Journal for Research in Mathematics Education,* 372-400.

Huba, M. E., & Freed, J. E. (2000). *Learner-centered assessment on college campuses: Shifting the focus from teaching to learning*. Allyan & Bacon.

Pang, J. S.(2009). Good mathematics instruction in South Korea. *ZDM, 41,* 349-362.

Lin, P. J., & Li, Y. (2009). Searching for good mathematics instruction at primary school level valued in Taiwan. *ZDM, 41,* 363-378.

Reiser, R. A. (1994). Examining the planning practices of teachers: Reflections on three years of research. *Educational Technology, 34*(3), 11-16.

Seldin, P. (1997). *The Teaching Portfolio: A practical guide Improved performance and promotion/tenure decision* (2nd ed.), Anker publishing company.

Schulman, L. S.(1986), Those who understand: Knowledge growth in teaching. *Educational Researcher, 15*(2), 4-14.

Takona, J, P & Wilburn, R, J(2004). *Promer to Developing a successful pre-serve teacher portfolio*. Oxford University Press of America.

Wolf, K. & Deitz, M. (1998). Teaching portfolios: Purposes and possibilities. *Teacher Education Quarterly, 25*(1), 9-22.

Wray, S. (2007). Teaching portfolio, community, and pre-service teachers' professional development. *Teaching and Teacher Education, 23,* 1139-1152.

Winsor, J. T., & Ellefson, B. A. (1995). Professional portfolio in teacher education: An exploration of their value and potential. *The Teacher Educator, 31,* 68-74.

제4장

수학 수업 관찰 도구 활용이 예비 수학 교사의 주목하기 능력 향상에 미치는 효과[1)]

김 연(신라대학교)

Ⅰ. 서론

교사교육 양성과정에서 예비 수학교사들의 역량을 개발하는 다양한 방법이 시도되고 있고, 그에 대한 다양한 연구가 보고되고 있다. 예비 수학교사에게 기대되는 역량 중에서 주목하기에 대한 관심이 높아지고 있다(M. Sherin, Jacobs, & Philipp, 2011). 주목하기는 교사들이 수업에서 무엇이 중요한지를 인식하는 한편 학생들의 학습을 지원하는 목적을 충실히 이행하기 위하여 어느 아이디어나 사건에 대해서는 주의를 기울이고 어느 것에 대해서는 주목하지 않는 역량을 말한다(Mason, 2002). 이 역량이 중요한 이유는 교사가 수학 수업에서 무엇에 관심을 두고 어떻게 파악하는가는 수학 수업의 질에 영향을 주기 때문이다(Jacobs, Lamb, & Philipp, 2010).

주목하기 역량은 수업에 대한 경험이 충분하지 않은 예비 수학교사들에게 도전적이라 할 수 있다. 예비 수학교사들은 수업에서 일어나는 중요한 사건에 집중하는 것 뿐만 아니라 주목한 것을 이해하는 것도 어려워 한다(Fernandez, Llinares, & Valls, 2012). 예비 수학교사들은 일반적으로 낮은 수준의 주목하기 역량을 가지고 있다고

1) 본 글은 "김연(2021). 수학 수업 관찰 도구 활용이 예비 수학교사의 주목하기 능력 향상에 미치는 효과, 학습자중심교과교육연구, 21(16), 625-639"을 확장한 것임.

보고되고 있으며, 주목하기가 교사 경력에 의해 취득되기 보다는 학습되어야 한다고 주장한다(Goldsmith & Seago, 2011; McDuffie et al., 2014). 예비 수학교사를 대상으로 주목하기 역량을 키우기 위하여 Guner와 Akyuz(2020)는 수업 실습에 참여하는 네 명의 예비 수학교사들을 대상으로 교사교육자가 수업연구(Lesson Study)을 이용하여 수업의 설계, 실행 반성을 실시하였고, 이러한 접근이 예비 수학교사들의 주목하기 역량을 증진시킨 것으로 보고한다. 또한, Fernández, Llinares와 Rojas(2020)도 수업 실습에 참여하는 다섯 명의 예비 수학교사들을 대상으로 수학 수업에 대한 반성문을 작성하게 하였고, 예비 수학교사들과 교사교육자들이 공유하고 온라인으로 만나서 이를 논의하였는데, 이러한 교사교육이 예비 수학교사들의 주목하기 역량을 증진시켰다고 보고한다. 이러한 연구들은 예비 수학교사의 주목하기 역량의 향상에 분명히 긍정적인 영향을 주었다. 그러나, 이 연구들은 매우 소수의 예비 수학교사들을 대상으로 하며, 교생 실습 기간에 실시된 연구들이다. 즉, 예비 수학교사들의 주목하기에 대한 연구는 여전히 제한적이라 할 수 있다(e.g., Amador, Estapa, de Araujo, Weston, & Kosko, 2017; van den Kieboom, Magiera, & Moyer, 2017). 또한, 주목하기에 관심과 달리 주목하기에 관한 연구가 국내에서는 아직 활발하지 않은 편이며, 교사들의 주목하기 역량을 신장시키기 위한 시도는 더욱 부족한 상황이라고 할 수 있다.

이에 본 연구는 교생 실습 전인 3학년 학생들을 대상으로 수학 수업에 대한 주목하기 역량을 키우기 위하여 수학 수업 관찰 도구를 안내하였고, 이러한 프로그램이 예비 수학교사들의 주목하기 역량의 향상에 효과적인지를 탐구한다. 연구 문제는 다음과 같다: 수학 수업 관찰 도구의 학습이 예비 수학교사의 주목하기 능력을 향상시킬 수 있는가? 이 연구는 예비 수학교사들의 전문성 향상을 위한 예비 수학교사교육에 대한 시사점을 도출하는 것을 목적으로 한다.

Ⅱ. 이론적 배경

주목하기는 수학 교실에서 중요한 사건을 인식하고 주목하는 것으로, 교사의 전문적 역량중 하나로 간주되는 개념이다(Mason, 2002; M. Sherin et al., 2011). Mason (2002)은 주목하기가 ‘세부 사항 식별하기’, ‘동일성과 차이점을 인식하는 것으로써 관계 인식하기’, ‘특정 관계를 다른 상황에서 있을 수 있는 속성의 사례로 간주되는 것으로써 속성 인식하기’, ‘자신이 알고 있다고 생각한 것들의 조합 이상으로 합의된

속성을 기반으로 추론하기' 등 네 가지 방식이 있다고 주장한다. 한편, van Es와 Sherin(2002)은 주목하기가 '교수 상황에서 중요한 사건 확인하기', '맥락으로부터의 지식에 기반하여 사건 추론하기', '특정 사건을 더 넓은 교수학습 원리와 연결하기'의 세 가지 측면으로 이루어진다고 주장한다. 특히, 주목하기는 교사가 수업에서 일어나는 중요한 사건을 단순히 포착하는 것 뿐만 아니라 주목하는 주체의 지식과 이해에 기반하여 그 사건에 대해 추론할 수 있는 능력을 강조한다(van Es & Sherin, 2008). 또한 Jacobs et al.(2010)은 주목하기를 '수업 상황에서 교사가 학생의 수학적 사고와 전략 등의 특정 세부 사항에 주의를 기울이기', '학생의 사고나 전략에서 드러나는 학생의 이해를 해석하고 증거에 기반하여 추론하기', '학생의 수학적 사고와 전략에 대하여 교사가 어떻게 반응할지 결정하기'의 세 가지를 제시한다.

모든 주목하기가 수업을 향상시키는 것에 항상 생산적인 것은 아니다. 교사가 주목하는 대상은 수업의 그 순간에서 매우 선택적이고, 다른 교사가 교실에서 다양한 측면을 주목할 수 있을지라도 그 교사들이 주목한 것이 언제나 도움이되는 것이 아니다(Erickson, 2011). 흔한 예로, 교사는 학생이 과제에 적극적으로 참여하는 것 또는 질문에 답하기 위해 열심히 손을 드는 것을 학생의 이해를 파악하는 지표로 파악한다(Star, Lynch, & Perova, 2011). 교사의 역량으로서 주목하기가 중요한 이유는 수업 중에 교사의 관심을 끌수 있는 다양한 사건이 일어나지만, 학생의 수학적인 사고와 관련한 사건에 주목하는 것이 수학교육에서 매우 중요하기 때문이다(van Es & Sherin, 2010). 교사는 학생의 수학적 사고뿐만 아니라 수학 학습과 관련된 어려움, 실수 및 오개념에 주목해야한다(National Council of Teachers of Mathematics, 1991). 교사가 학생의 사고를 이용하여 수업을 설계할 때 학생들의 수학적 지식과 역량을 향상시키는데 도움이 된다(Ball & Cohen, 1999). 교사는 학생들이 어떻게 사고하는지에 주목하고 그 지식을 이용하면서 자신의 수업 능력을 향상시키게 된다(Borko, Jacobs, Eiteljorg, & Pittman, 2008).

주목하기의 초기 연구에서 Sherin와 van Es(2005)은 수업 영상을 이용한 교육이 현직교사와 예비 수학교사 모두의 주목하기 역량을 향상시키는데 효과적이라고 보고하지만, 현직교사와 예비 수학교사를 비교하지는 않았다. 하지만, Berliner et al.(1988)은 교사 경력이 5년 이상인 교사가 경력이 1년 미만인 교사보다 학생들의 토론이나 행동에 더 주목하였고, 경력이 1년 미만인 교사는 수업의 교과 내용에 주목하지 못하는 경향이 있다고 보고하였다. Star와 Strickland(2008)은 예비 수학교사들이 교실의 교실에서 책상의 배치, 교사가 제시하는 과제와 같은 정적인 대상에 대해 주로 주목하지만, 교사와 학생의 의사소통이나 그 의사소통에서 다루는 수학적 지식과 같은 동적인 대상에 대한 주목은 상대적으로 미흡하다고 보고한다. Callejo와 Zapatera(2017)는 예비 수학교사들이 학생들의 답변을 묘사하고 해석할 때, 그 답변에 대한 수학적 요소들을 파악하고는 하더라도, 파악된 요소들을 학생들의 사고에 대한 이해와 관련하여 판단하지 못하는 경향이 있다고 보고한다. 이윤미와 이수진(2018)은 예비 수학교사들을 대상으로 우수 수업 동영상을 시청하면서 작성한 평가지와 자신의 가상 수업 평가지를 이용하여 예비 수학교사들이 수업에서 무엇을 주목하는지 분석하고 비교하였다. 이 연구는 예비 수학교사들이 자신의 수업에 대해서는 수업 관리에 대해 주목을 많이 할 뿐만 아니라 평가적 진술을 많이 한다고 보고한다. 이진아와 이수진(2019)는 두 예비 수학교사들이 교육실습 중에서 수업의 설계, 실행, 반성의 과정에서 예비 수학교사들이 어떻게 주목하기 역량이 구성, 조직, 변화되는가를 보고한다. 교사의 경력이 수업의 질과 관련이 있는 것은 아니지만(B. Sherin & Star, 2011), 수업에 대한 경험이 충분하지 않은 예비 수학교사들은 수업에서 일어나는 중요한 사건에 집중하는 것을 어려워하고, 심지어 주목한 것을 이해하는 것도 쉽지 않다(Fernandez et al., 2012). 교사의 경력에 따라 그들의 주목하기 역량이 함께 성장하는 것은 아니지만, 수업에 대한 경력이 부족하다는 이유때문에 예비 수학교사들은 일반적으로 낮은 수준의 주목하기 역량을 가지고 있다고 보고되고 있으며, 주목하기가 교사 경력에 의해 취득되지 않기 때문에 주목하기에 대한 학습의 기회가 제공되어야 한다고 주장한다(Goldsmith & Seago, 2011; McDuffie et al., 2014). 예비 수학교사를 대상으로 주목하기 역량을 키우기 위하여 Guner와 Akyuz(2020)는 수업 실습에 참여하는 네 명의 예비 수학교사들을 대상으로 교사교육자가 수업연구(Lesson Study)을 이용하여 수업의 설계, 실행 반성을 실시하였고, 이러한 접근이 예비 수학교사들의 주목하기 역량을 증진시킨 것으로 보고한다. 또한, Fernández et al.(2020)도 수업 실습에 참여하는 다섯 명의 예비 수학교사들을 대상으로 수업을 참관할 때에는 참관록을 작성하도록 하였고 수업을 실행할 때에는 반성으로 작성하도록 하였다. 이렇게 작성된 문서들을 예비 수학교사들과 교사교육자들이 공유하고 온라인으로 만나서 이를 논의하는 것을 다섯 번 실시하였고, 이러한 온라인 포럼이 예비 수학교사들의 주목하기 역량을 증진시켰다고 보고한다.

교사가 무엇을 주목하는가는 그들의 지식(Schifter, 2011)과 가르침에 대한 신념 또는 철학적 입장(Schoenfeld, 2011)에 따라 다르다. 따라서 예비 수학교사가 수학 수업의 중요한 측면을 주목하는데 어려움을 겪고 있다는 점을 감안할 때, 교사가 자신의 능력을 개발할 수 있는 기회와 구조를 제공하여 주목하기 역량을 향상시켜야 한다(M. Sherin & van Es, 2005).

Ⅲ. 자료 및 연구 방법

1. 수학 수업 관찰 도구

본 연구에서 사용한 수학 수업 관찰 도구는 Mathematical Quality of Instruction(이하, MQI)(Learning Mathematics for Teaching, Heather Hill, 2014)이다. Cohen, Raudenbush와 Ball(2003)이 교사, 학생 그리고 수학의 상호 작용을 기본적인 구조로 수업을 개념화 한 것을 이용하여, MQI는 교사의 말과 행동, 학생들의 말과 행동 및 교육과정이나 과제의 내용을 근거로 수업의 수학적 질을 분석한다. 또한, MQI는 수업에서 나타나는 수학의 엄격함과 풍부함을 다면적으로 분석하는데, 특히 RTOP(Sawada et al., 2000)이나 IQA(Boston, 2012)와 달리 교육 방법과 관계없이 수업의 장면에서 수학적 질을 분석한다는 것이 특징이다(Boston, Bostic, Lesseig, & Sherman, 2015). 즉, MQI의 목적은 수업에서 학생들이 접할 수 있는 수학적 내용의 특성을 측정하는 것이다. MQI는 수업이 수학과 연관성이 있음, 수학적인 풍부함, 학생 산출물 및 오류에 대한 교사의 반응, 오류 및 부정확, 의미 만들기와 추론에 학생의 참여 등 다섯 요소로 구성되어 있다. 이 중에서 수학적인 풍부함, 학생 산출물 및 오류에 대한 교사의 반응, 의미 만들기와 추론에 학생의 참여 등 세 가지 요소를 예비 수학교사들에게 안내하였다.

수학적인 풍부함은 학생들에게 제공되는 수학의 깊이를 파악한다. 하부 요소로 연결성(수학적 아이디어나 절차에 관한 여러 가지 표현 연결하기; 다양한 수학적 아이디어 연결하기; 표현과 수학적 아이디어 연결하기), 설명(아이디어, 절차, 단계 또는 풀이방법에 수학적 의미 부여하기, “어떻게”에 관한 설명은 해당하지 않고, “왜”에 대한 설명만 해당함), 다양한 절차 또는 풀이방법(한 문제에 대한 다양한 풀이방법 또는 절차), 예(들)를 이용하여 일반화하기(수학적 사실 또는 절차로 일반화시키기), 수학적 용어(교사가 정확한 수학 용어를 유창하면서도 신중하게 사용하며, 필요에 따라 학생들에게도 그러한 방법으로 수학 용어를 사용하도록 한다)가 있다.

학생 산출물 및 오류에 대한 교사의 반응은 교사가 수학적으로 중요한 학생의 산출물(발언 또는 지필) 또는 수학적 오류를 이해하고 대응할 수 있는가를 파악한다. 수학적으로 중요한 산출물이란 중요한 수학적 아이디어를 담고 있는 질문, 주장, 설명, 풀이방법, 아이디어 등을 뜻한다. 하부 요소로 수업에서 학생 산출물에 대응함(교사는 학생이 말한 것을 이해하고 학생의 발언에서 중요한 수학적 요점을 확인하거나 강조함; 학생의 아이디어에 기반을 두어 수업을 진행함; 수학적 아이디어를 명료하게 함; 유사점과 차이점을 설명함)과 학생 오류 교정함(학생의 오개념을 잘 다루는 교정 상황에 관한 것으로, 문제, 방법, 풀이에 대한 의미를 이해하기 위한 개념적 교정; 학생의 오류와 오개념의 원인을 파악; 학생들의 전형적 오류를 예상하고, 오류를 피할 수 있도록 지도하기)가 있다.

의미 만들기와 추론에 학생의 참여는 학생들이 교실 활동에 얼마나 참여하며, 의미를 만들고 추론하는 과정에 얼마나 기여하는가를 파악한다. 이 요소는 수업 중에는 학생들의 추론, 설명, 질문과 같은 수학적 진술에서 이를 판단할 수 있다. 아이디어, 절차, 또는 해답에 대해 수학적으로 설명하기, 수학적으로 동기 부여된 질문하기, 수학적인 주장 또는 반대 주장 만들기, 다른 표현, 개념, 해결방법들 사이의 연결성 찾기, 규칙성과 추론을 찾고 설명하기를 포함한다. 부록에 제시된 MQI 루브릭의 일부에서 보이는 바와 같이, 각 요소는 0~3점으로 평가된다. 0~1점은 각 요소가 없거나 최소한으로 존재함을 의미하고, 2~3점은 각 요소가 최소 이상으로 관찰되어, 충분하다는 것을 의미한다.

위에서 설명한 MQI 루브릭은 온라인 검색으로 쉽게 다운로드가 가능하다. 그뿐만 아니라 하버드 대학교에서 무료로 제공되는 MQI 온라인 워크숍 수강 후 온라인 평가를 통과하면 MQI 루브릭을 공정하게 사용할 수 있음을 보증하는 자격증을 발급한다. 또한, MQI를 교사교육에 사용하기 위한 유료 워크숍이 있다. 이 두 워크숍을 수강하고 자격증도 있는 강의자가 MQI 루브릭을 Class 2018에게 강의하였다. 강의는 두 가지 형태로 구성되었다. 한 가지는 수학적인 풍부함, 학생 산출물 및 오류에 대한 교사의 반응, 의미 만들기와 추론에 학생의 참여 등 세 가지 요소 각각에 대한 설명을 영상으로 제작하여, 예비 수학교사들의 반복적으로 이 영상을 시청할 수 있도록 하였다. 하버드 대학교의 MQI 온라인 워크숍의 강의 내용과 슬라이드를 [그림 1]처럼 한국어로 번역하여 30여분 분량의 다섯 개의 강의 영상을 제작하였다. 또 다른 한 가지는 실제 수학 수업을 촬영한 영상의 일부와 수학 수업 애니메이션 영상 자료를 이용하여 MQI를 적용하여 평가하는 연습을 병행하였다.[2] 세 가지 요소의 내용을 수업 영상을 시청하고 점수를 부여하는 연습을 하는 방식이였는데, 이는 12주 동안 매주 1시간씩 실시하였다.

---

2) 사용한 수업 애니메이션 영상 링크 주소: https://www.kofac.re.kr/web/contents/resultBoard.do?&schFld=0&schStr=%EC%88%98%ED%95%99&schOpt3=resultBoard&schM=view&page=2&viewCount=10&id=16970&schBdcode=&schGroupCode=

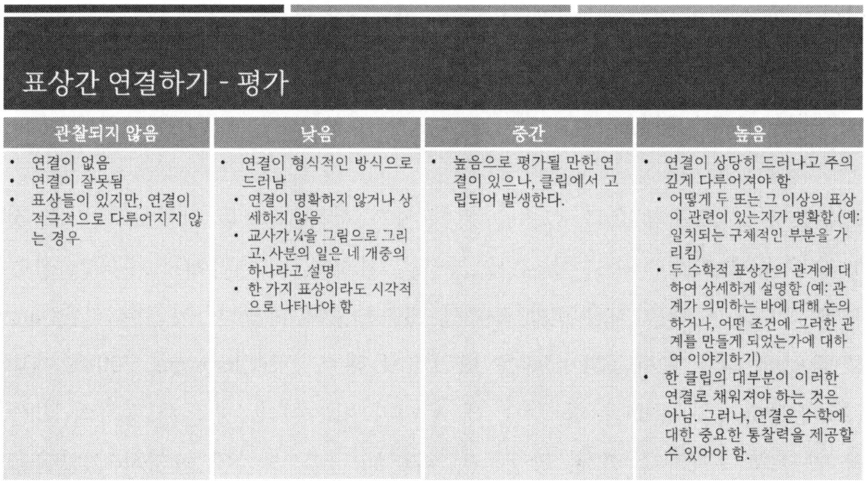

그림 1 MQI 영상 강의에 사용된 슬라이드의 일부

2. 연구 참여자

수학 수업 관찰 도구의 이용이 예비 수학교사들의 주목하기 능력을 향상시킬 수 있는지를 알아보기 위하여 2년에 걸쳐 자료를 수집하였다. 본 연구의 대상 수업은 경상 지역에 위치한 사범대학 수학교육과에서 3학년 필수 과목으로 개설된 '수학교과교재 연구 및 지도법'이다. 2017년도 수업에서는 김남희, 나귀수, 박경미, 이경화, 정영옥(2017)와 2015 개정 수학과 교육과정(교육부, 2015)을 중심으로 일반적인 강의식 수업을 진행하였다. 김남희 외(2017)가 수업의 사례를 담고 있기는 하지만, 수업 장면을 직접 시청하고 이에 대해 논의를 하는 수업은 이루어지지 않았다. 2018년도 수업에서는 김남희 외(2017)의 강의와 수학 수업 관찰 도구의 학습과 실습으로 진행하였다(이하, 각 년도의 학생들 집단을 Class 2017과 Class 2018로 지칭함). 즉, 2017년도 달리 2018년도 수업에서 수학 수업 관찰 도구의 학습과 실습을 이행하였으므로, 본 연구에서 Class 2017은 대조군, Class 2018은 실험군의 역할을 수행한다. 두 집단에서 각각 26명의 학생들이 연구에 참여하였는데, 두 집단의 대학 입학 성적 평균이 유사하고 동일한 수학교육과의 교육과정을 이수하였으므로, 연구 대상으로서 두 집단은 유사하다고 할 수 있다. 단지, Class 2017에서 남학생이 9명이고 Class 2018은 남학생이 14명이였다. 이렇게 본 연구 대상인 Class 2017과 Class 2018은 동일 시점에서 구성된 집단이 아니므로, 이는 본 연구의 제한점이 될 수 있다. 또한, 본 연구의 자료가 2017년과 2018년에 수집된 것이나, 수학 수업 관찰 도구를 교사교육에 이용하는 경우가

흔치 않다는 점에 연구적 시사점이 있다고 할 수 있다.

3. 시청한 수업 영상

수학 수업 관찰 도구의 효과 검증을 위한 사전 검사와 사후 검사로 학기의 첫 번째 주와 마지막 주에 학생들이 수학 수업 영상을 시청하고, 수업에서 주목한 점이나 이와 관련된 각자의 생각을 자유롭게 적어서 제출하도록 하였다. 이러한 서술(narrative)은 수학 수업에 대한 교사들의 이해를 드러내게 해주므로(Chapman, 2008), 예비 수학 교사들의 주목하기의 변화를 파악하는데 용이한 방법이다. 공정한 평가와 학생들 간의 답안 참고를 방지하기 위해, 학생들이 제출한 글을 성적에 반영하지 않음을 학생들에게 주지시켰다.

Class 2017과 Class 2018은 강의의 첫 번째 주에 기댓값의 개념에 대한 수업을 시청하였다. 이 수업은 처음부터 15분까지 교사가 교과서의 내용을 확인하면서 기댓값의 개념을 설명하고, 평균이라는 의미와 연결하면서 기댓값이라는 용어의 의미를 명확하게 하였다. 교사는 교과서에 있는 문제를 이용하여 상금과 당첨 제비의 상황이 이산확률변수와 확률분포표로 전환되는 과정을 [그림 2]의 슬라이드를 이용하여 수학적으로 설명하였다. 이어서 학생들이 주사위를 이용한 게임을 모둠별로 23분까지 하였다. 게임에서 손해를 본 학생은 21명이고 이익을 본 학생은 4명임을 조사하였고, 교사는 게임에서 손해를 본 학생들이 더 많은 이유를 모둠별로 논의하도록 하였다. 약 10분동안 모둠별로 논의를 하면서 학생들은 모둠별 학습지를 작성하였고, 교사는 이를 패드로 촬영하였다. 35분부터 교사는 학생들이 모둠별로 작성한 학습지를 이용하

상금의 평균은?

상금(원)	1000	5000	10000	50000	합계
제비 수(장)	30	40	20	10	100

X	1000	5000	10000	50000	합계
p(x)	0.3	0.4	0.2	0.1	1

$$\frac{1000 \times 30 + 5000 \times 40 + 10000 \times 20 + 50000 \times 10}{100}$$

$$= 1000 \times 0.3 + 5000 \times 0.4 + 10000 \times 0.2 + 50000 \times 0.1$$

$$= 9300(\text{원})$$

그림 2 기댓값의 개념 수업에서 사용된 슬라이드

여, 덜 정교한 아이디어에서 정교한 아이디어의 순서로 공유하였다. 또한, 유사한 학생들의 아이디어를 서로 연결하기도 하였는데, 예를 들어, 확률이 낮다는 것과 손해가 아닐 확률의 의미를 동일하다고 부연하였다. 마지막으로 교사는 게임의 기댓값을 구한 다음, 많은 학생들이 손해를 볼 수 밖에 없었던 수학적인 이유를 설명하였다. 숙제를 제시하면서 수업은 마무리되었다.

한편, Class 2017과 Class 2018은 강의의 마지막 주에 역함수에 대한 수업을 시청하였다. 이 수업은 교사가 $y=-2x+2$의 역함수를 구하는 것을 설명하면서 시작한다. 이 설명에서 이 함수가 일대일 대응을 확인한 후, 함수의 정의역과 공역이었던 집합 X와 집합 Y가 역함수에서는 각각 공역과 정의역이 된다는 것을 강조한다. 역함수를 구하는 두 가지 단계인 x에 대하여 함수식을 정리한 후, y와 x의 문자를 바꾸는 것이 의미하는 바를 설명하였다. 20분 즈음에 학생들은 개별적으로 교과서 문제 $f(x)=3x-2$의 역함수를 구하는 시간을 가졌고, 4분 이후에 교사는 역함수를 구하는 두 가지의 단계의 의미를 다시 한 번 이 문제를 이용하여 설명한다. 앞의 설명에서처럼 함수의 그래프, 집합의 그림 및 함수식 등 다양한 표상을 서로 연결하면서 이용하였다. 30분 즈음에 교사는 학생들에게 역함수를 구하는 두 단계의 의미를 각자 적어보게 하였고, 모둠별로 각자 작성한 것을 서로 공유하는 시간을 갖도록 하였다. 교사는 순회지도를 하면서 학생이 작성한 내용을 확인하기도 하고 구두로 설명해 보게 하는 등 학생들의 이해를 확인하였다. 35분 즈음에 교사는 $f(x)=3x-2$와 그 역함수를 그래프에 그려보는 과제를 제시하고 답을 제시하였다. 수업 40분 즈음에 교사는 수행평가를 위한 과제로 예 만들기 과제를 제시했는데, 이 과제는 임의의 일차함수식을 제시하고, 자신이 제시한 함수의 역함수를 구하도록 하는 것이었다. 또한, 이 과제에는 역함수를 구할 때 왜 x와 y의 위치를 바꾸고, x로 정리하는 것이 필요한지에 대해 생각해보고 정리하는 것이 포함되었다.

두 수업 모두 모둠별 논의와 전체 논의가 의미있게 다루어지고 있다. 또한, 두 수업 모두 교사의 설명이 그러한 논의와 함께 어울어져 있는 구성을 하고 있었기 때문에 학생들의 주목하기 능력을 파악하기 위한 자료로 선정하였다.

4. 자료 분류 및 분석 방법

Class 2017과 Class 2018이 수학 수업을 시청하면서 작성하여 제출한 수업에 대한 기술은 세 가지 관점으로 분류되었다. 우선 Star와 Strickland(2008)을 참고하여, 주목하기의 대상을 다섯 가지 범주로 분류하였다. 교실 환경(Classroom environment)은 교실의 물리적 환경에 관한 것으로, 책상 배치, 교실에 설치된 장비, 학생 수 등에 관한 것이다. 예를 들어, "스마트기기를 통해 토론된 내용 저장" 등이다. 교실 관리(Classroom management)는 교사가 수업에서 일어난 일을 관리하는 방식, 수업 진행의 속도, 학생을 호명하여 발표시키는 방법, 숙제를 관리하는 방법, 교사 행동의 특징(예를 들어, 교사가 교실에서 순회하는 방식, 학생들이 교사의 설명에 집중하도록 하는 방법, 목소리의 크기나 톤)에 관한 것이다. 수학적 내용(Mathematical content)는 그래프, 방정식, 표, 모델같은 수학의 표현, 사용된 예제, 제시된 문제에 관한 것이다. 활동(Activity)는 학생들의 활동에 관한 것으로, 동기 유발, 학습지 풀기, 필기하기, 발표하기 등이나 교사가 제시하는 숙제나 평가에 관한 것이다. "학생들은 교과서의 예제를 보고나서, 이를 적용하는 문제를 풀이하였다"처럼 수업의 활동 또는 그 구조를 언급하는 것도 해당된다. 활동의 대상이 명확하게 제시되었는가를 하위 범주로 분류하였다. 예를 들어, "수업을 시작하면서 돈과 관련된 실생활 문제를 계산기를 사용하여 해결해 본다"는 활동의 대상이 기술되었으나, "숙제 제시"는 활동의 대상이 명확하지 않은 것으로 간주하였다. 의사소통(Communication)은 교사와 학생 또는 학생들 사이의 대화, 답변, 설명, 질문, 피드백 등을 포함한다. 또한 "모둠논의를 하였다."와 같은 상호작용양식도 포함한다. 의사소통의 대상이 명확하게 제시되었는가를 하위 범주로 분류하였다. "역함수를 설명하기 전에 함수의 의미에 대해서 상기시켰다"는 의사소통의 대상이 명확히 기술되었으나, "학생들과 서로 말을 주고 받으며 수업을 진행한다"는 의사소통의 대상이 명확히 기술되지 않은 것으로 간주하였다.

두 번째 관점은 주목하기에서 수업의 수학적 주제나 대상에 대한 고려 여부이다. 예를 들어, "수업 중 음이탈을 수업 환기의 계기로 삼는다"는 수학 주제를 담고 있지 않은 것으로 분류하였고, "중간중간 이전 시간 내용 언급. 특히 기댓값 수업이므로 확률분포표 언급"은 수학 주제를 담고 있는 것으로 분류하였다. 세 번째 관점은 van Es(2011)를 참고하여 수업의 어느 순간에 대한 주목하기 기술과 수업의 전반에 걸친 주목하기 기술로 구분하는 것이다. 예를 들어, "선수학습 회상 단계가 수업의 주 내용과 연결성이 우수하다"는 수업의 구체적인 순간(particular moment)에 대한 것이고, "학생들의 수업 참여도가 높다"는 수업의 구체적인 순간에 관한 것으로 보기 어렵다. 이러한 세 가지 관점에 따른 분류의 예는 〈표 1〉과 같다.

이렇게 분류된 결과로 범주별 빈도수를 수집하였다. 수집된 자료는 카이제곱 검정(Chi-square test)과 피셔 정확 검정(Fisher's exact test)을 실시하여 수업 관찰 도구를 학습한 예비 수학교사 그룹과 그러지 않은 그룹의 동질성을 검정하였다. 기대 빈도가 5 미만인 경우가 전체의 20%를 초과할 때에는 카이제곱 검정 결과가 정확하지 않을

표 1 분석의 사례

사례	수업의 대상		수학적 대상 여부	시기
스마트기기를 통해 토론된 내용 저장	교실 환경		없음	구체적인 순간
수업 중 음이탈을 수업 환기의 계기로 삼는다.	교실 관리		없음	구체적인 순간
왜 $2x+y-2=0$이 역함수를 가지는지 함수의 다양한 방식(대수식, 그래프, 집합 그림)으로 표현했지만(다양한 절차 및 풀이), 역함수의 전제조건인 일대일 대응 판단 시, 각 방식들에 대한 연결성 부족	수학적 내용		있음	구체적인 순간
수업을 시작하면서 돈과 관련된 실생활 문제를 계산기를 사용하여 해결해 본다.	활동	활동 대상 있음		없음
숙제 제시	활동	활동 대상이 명확하지 않음		없음
역함수를 설명하기 전에 함수의 의미에 대해서 상기시켰다.	의사소통	의사소통 대상 있음		있음
학생들과 서로 말을 주고 받으며 수업을 진행한다.	의사소통	의사소통 대상이 명확하지 않음		없음

수 있으므로, 이러한 경우 피셔 정확 검정을 실시하였다. 두 검정 방식이 평균이 아니라 빈도에 의한 집단 간 차이를 분석하므로, 신뢰도의 확보가 어려울 수 있다는 점이 본 연구의 제한점이 될 수 있다.

Ⅳ. 결과

각 개강일 기준으로 Class 2017과 Class 2018의 수학 수업의 주목하기의 차이가 유의미한지 피셔 정확 검정을 실시한 결과가 〈표 2〉에 나타나 있다.[3] 유의 확률이 0.982

3) 카이제곱 검정의 결과는 $X2(4, N=598)=0.394$, $p=.983$이나, 기대 빈도가 5미만인 경우가 20%이므로, 피셔 정확 검정을 실시하였다.

표 2 Class 2017과 Class 2018의 주목하기(수업의 대상) 사전 검사 결과

대상	Class 2017 (%)	Class 2018 (%)	p-value (two-sided, Fisher's exact test)
수학적 내용	3(0.9)	2(0.8)	0.983
교실 관리	103(31.0)	80(30.1)	
교실 환경	21(6.3)	20(7.5)	
활동	63(19.0)	50(18.8)	
의사소통	142(42.8)	114(42.9)	
계	332(100)	266(100)	

표 3 Class 2017과 Class 2018의 주목하기(수업의 대상) 사후 검사 결과

대상	Class 2017 (%)	Class 2018 (%)	X^2 (p-value)
수학적 내용	9(4.5)	24(17.9)	45.340 (<.001)
교실 관리와 교실 환경	41(20.3)	0(0.0)	
활동	26(12.9)	12(9.0)	
의사소통	125(61.9)	98(73.1)	
계	202(100)	134(100)	

로 나타나, 학기 초에는 Class 2017과 Class 2018에는 수학 수업에서 주목하기의 대상에서 차이가 없는 것으로 나타났다. 수학 수업 관찰 도구의 학습이 주목하기 역량에 효과가 있는지 알아보기 위해, 학기 말에 실시한 수학 수업 시청에서 Class 2017과 Class 2018의 수학 수업의 주목하기의 차이가 유의미한지 카이제곱 검정을 실시한 결과가 〈표 3〉에 나타나 있다.[4] 유의 확률이 .001보다 작게 나타나, 수학 수업 관찰 도구의 학습으로 Class 2017과 Class 2018간에는 주목하기에서 대상간 차이가 있는 것으로 나타났다. 〈표 3〉을 자세히 살펴보면, Class 2017은 교실 관리와 교실 환경에 더 많이 주목하고 있으나, Class 2018은 교실 관리나 교실 환경에 주목하기 보다는 수학적 내용과 의사소통에 더 많은 주목을 하고 있음을 알 수 있다. 특히, 사후 검사에서 수학적 내용은 Class 2017은 4.5%였으나, Class 2018은 17.9%로 차이가 크다.

각 개강일 기준으로 Class 2017과 Class 2018의 주목하기의 대상 중 활동에서 그 대상을 명확히 파악하는가의 차이가 유의미한지 카이제곱 검정을 실시한 결과가 〈표 4〉에 나타나 있다. 유의 확률이 0.05보다 크게 나타나, Class 2017과 Class 2018간에는

4) 교실 환경의 빈도가 Class 2017에 1, Class 2018에 0이였으므로, 교실 관리와 교실 환경의 범주를 합쳤다.

표 4 Class 2017과 Class 2018의 주목하기(활동에서 대상을 파악 여부) 사전 검사 결과

활동에서 대상 파악 여부	Class 2017 (%)	Class 2018 (%)	X^2 (p-value)
대상 있음	9(4.5)	24(17.9)	.099 (.753)
대상 없음	41(20.3)	0(0.0)	
계	26(12.9)	12(9.0)	

표 5 Class 2017과 Class 2018의 주목하기(활동에서 대상을 파악 여부) 사후 검사 결과

활동에서 대상 파악 여부	Class 2017 (%)	Class 2018 (%)	p-value (two-sided, Fisher's exact test)
대상 있음	2(7.7)	10(83.3)	.099 (.753)
대상 없음	24(92.3)	2(16.7)	
계	26(100)	12(100)	

수업에서 활동을 주목할 때 대상의 파악의 여부에는 차이가 없는 것으로 나타났다. 수학 수업 관찰 도구의 학습이 주목하기 역량에 효과가 있는지 알아보기 위해, 학기 말에 실시한 수학 수업 시청에서 Class 2017과 Class 2018의 수학 수업의 주목하기의 대상 중 활동에서 그 대상을 명확히 파악하는가의 차이가 유의미한지 피셔 정확 검정을 실시한 결과가 〈표 5〉에 나타나 있다.[5] 유의 확률이 .001보다 작게 나타나, 수학 수업 관찰 도구의 학습으로 Class 2017과 Class 2018간에는 주목하기에서 활동의 대상 파악에 차이가 있는 것으로 나타났다. Class 2017은 활동에 주목할 때 그 대상에 파악하지 않는 경향이 있는 반면, Class 2018은 활동의 대상을 명확하게 파악하는 경향이 있는 것을 알 수 있다. 특히, 사후 검사에서 Class 2017은 활동에 주목할 때 구체적인 대상을 언급하는 경우가 7.7%이지만, Class 2018은 83.3%로 매우 높다.

각 개강일 기준으로 Class 2017과 Class 2018의 주목하기의 대상 중 의사소통에서 그 대상을 명확히 파악하는가의 차이가 유의미한지 카이제곱 검정을 실시한 결과가 〈표 6〉에 나타나 있다. 유의 확률이 0.05보다 크게 나타나, Class 2017과 Class 2018 간에는 수업에서 의사소통에 주목할 때 대상의 파악의 여부에는 차이가 없는 것으로 나타났다. 수학 수업 관찰 도구의 학습이 주목하기 역량에 효과가 있는지 알아보기 위해, 학기 말에 실시한 수학 수업 시청에서 Class 2017과 Class 2018의 수학 수업의 주목하기의 대상 중 의사소통에서 그 대상을 명확히 파악하는가의 차이가 유의미한지

5) 카이제곱 검정의 결과는 $X2(1,\ n=38)=18.38,\ p<.001$이나, 기대 빈도가 5 미만인 경우가 20%이므로, 피셔 정확 검정을 실시하였다.

표 6 Class 2017과 Class 2018의 주목하기(의사소통에서 대상을 파악 여부) 사전 검사 결과

의사소통에서 대상 파악 여부	Class 2017 (%)	Class 2018 (%)	X^2 (p-value)
대상 있음	28(19.7)	32(28.1)	2.015 (.156)
대상 없음	114(80.3)	82(71.9)	
계	142(100)	114(100)	

표 7 Class 2017과 Class 2018의 주목하기(의사소통에서 대상을 파악 여부) 사후 검사 결과

의사소통에서 대상 파악 여부	Class 2017 (%)	Class 2018 (%)	X^2 (p-value)
대상 있음	43(34.4)	90(91.8)	72.921 (<.001)
대상 없음	82(65.6)	8(8.2)	
계	125(100)	98(100)	

표 8 Class 2017과 Class 2018의 주목하기(수학적 주제 고려 여부) 사전 검사 결과

수학적 주제 고려 여부	Class 2017 (%)	Class 2018 (%)	X^2 (p-value)
수학적 주제 고려	48(14.5)	44(16.5)	0.345 (.557)
수학적 주제 없음	284(85.5)	222(83.5)	
계	332(100)	266(100)	

카이제곱 검정을 실시한 결과가 〈표 7〉에 나타나 있다. 유의 확률이 .001보다 작게 나타나, 수학 수업 관찰 도구의 학습으로 Class 2017과 Class 2018간에는 주목하기에서 의사소통의 대상 파악에 차이가 있는 것으로 나타났다. Class 2017은 의사소통에 주목할 때 그 대상에 파악하지 않는 경향이 강한 반면, Class 2018은 활동의 대상을 명확하게 파악하는 경향이 있는 것을 알 수 있다. 특히, 사후 검사에서 Class 2017은 의사소통에 주목할 때 구체적인 대상을 언급하는 경우가 34.4%이지만, Class 2018은 91.8%로 매우 높다.

각 개강일 기준으로 Class 2017과 Class 2018의 주목하기에서 수업의 수학적 주제를 고려하는가의 여부에서 차이가 유의미한지 카이제곱 검정을 실시한 결과가 〈표 8〉에 나타나 있다. 유의 확률이 0.05보다 크게 나타나, Class 2017과 Class 2018간에는 주목하기에서 수학적 주제의 고려 여부에는 차이가 없는 것으로 나타났다. 수학 수업 관찰 도구의 학습이 주목하기 역량에 효과가 있는지 알아보기 위해, 학기 말에 실시한 수학 수업 시청에서 Class 2017과 Class 2018의 수학 수업의 주목하기에서 수업의 수학적 주제를 고려하는 가의 여부에서 차이가 유의미한지 카이제곱 검정을 실시한

표 9 Class 2017과 Class 2018의 주목하기(수학적 주제 고려 여부) 사후 검사 결과

수학적 주제 고려 여부	Class 2017 (%)	Class 2018 (%)	X^2 (p-value)
수학적 주제 고려	77(38.1)	120(89.6)	85.755 (<.001)
수학적 주제 없음	125(61.9)	14(10.4)	
계	202(100)	134(100)	

표 10 Class 2017과 Class 2018의 주목하기에서 시기 구분에 대한 사전 검사 결과

수학적 주제 고려 여부	Class 2017 (%)	Class 2018 (%)	X^2 (p-value)
수업 전반	174(52.4)	140(52.6)	0 (1)
수업의 어느 순간 주목	158(47.6)	126(47.4)	
계	332(100)	266(100)	

결과가 〈표 9〉에 나타나 있다. 유의 확률이 .001보다 작게 나타나, 수학 수업 관찰 도구의 학습으로 Class 2017과 Class 2018간에는 주목하기에서 수학적 주제의 고려 여부에 차이가 있는 것으로 나타났다. Class 2017은 주목하기에서 수학적 주제를 고려하지 않는 경향이 있는 반면, Class 2018은 수학적 주제를 고려하는 강한 경향이 있음을 알 수 있다. 특히, 사후 검사에서 Class 2017은 주목하기에서 수학적 대상을 고려하는 경우가 38.1%이지만, Class 2018은 89.6%로 그 차이가 크다.

각 개강일 기준으로 Class 2017과 Class 2018의 주목하기에서 수업의 어느 순간에 대한 주목하기 기술과 수업의 전반에 걸친 주목하기 기술의 차이가 유의미한지 카이제곱 검정을 실시한 결과가 〈표 10〉에 나타나 있다. 유의 확률이 0.05보다 크게 나타나, Class 2017과 Class 2018간에는 주목하기에서 시기에 대한 차이가 없는 것으로 나타났다. 수학 수업 관찰 도구의 학습이 주목하기 역량에 효과가 있는지 알아보기 위해, 학기 말에 실시한 수학 수업 시청에서 Class 2017과 Class 2018의 수학 수업의 주목하기에서 수업의 어느 순간에 대한 주목하기 기술과 수업의 전반에 걸친 주목하기 기술의 차이가 유의미한지 카이제곱 검정을 실시한 결과가 〈표 11〉에 나타나 있다. 유의 확률이 .001보다 작게 나타나, 수학 수업 관찰 도구의 학습으로 Class 2017과 Class 2018간에는 주목하기에서 수업의 어느 순간에 대한 주목하기와 수업 전반에 주목하는가에 차이가 있는 것으로 나타났다. Class 2017은 주목하기에서 수업 전반에 대한 기술이 많은 반면, Class 2018은 수업의 어느 순간에 주목한 기술이 많음을 알 수 있다. 특히, 사후 검사에서 Class 2017은 수업의 구체적인 순간에 주목하는 경우가 39.6%이지만, Class 2018은 92.5%로 매우 높다.

표 11 Class 2017과 Class 2018의 주목하기에서 시기 구분에 대한 사후 검사 결과

수학적 주제 고려 여부	Class 2017 (%)	Class 2018 (%)	X^2 (p-value)
수업 전반	122(60.4)	10(7.5)	92.428 (<.001)
수업의 어느 순간 주목	80(39.6)	124(92.5)	
계	202(100)	134(100)	

Ⅴ. 결론 및 제언

본 연구는 사범대학 수학교육과 3학년 학생들을 대상으로 수학 수업에 대한 주목하기 역량을 키우기 위하여 수학 수업 관찰 도구를 안내하였고, 이러한 프로그램이 예비 수학교사들의 주목하기 역량의 향상에 효과적인지를 탐구하였다. 연구결과를 토대로 예비 수학교사의 수학 수업 관찰 도구의 학습이 주목하기 역량을 향상시키는데 효과적이라 할 수 있다. 이에 대해 다음과 같이 논의하고자 한다.

첫째, 수학 수업 관찰 도구의 학습은 예비 수학교사들이 교실 관리나 교실 환경과 같은 동적인 대상보다 의사소통이나 의사소통의 수학적 내용에 좀 더 주목하도록 하는데 도움이 된다. 〈표 3〉이 보이는 바와 같이 학기 말에 대조군인 Class 2017이 교실 관리나 교실 환경에 여전히 주목한 반면에, 수학 수업 관찰 도구를 학습한 실험군인 Class 2018은 수학적 내용과 의사소통에 더 많이 주목한다. 또한, 〈표 9〉에 보이는 바와 같이 Class 2018은 Class 2017보다 주목하기에서 수업의 수학적 대상을 고려하는 경향이 높게 나타났다. Star와 Strickland(2008) 예비 수학교사들이 수학 수업에서 수학적 내용에 기반한 주목하기에 다소 미흡하다고 보고하였는데, 수학 수업 관찰 도구의 학습이 이러한 쟁점을 해결할 수 있는 한 가지 방안이 된다고 볼 수 있다.

둘째, 수학 수업 관찰 도구의 학습은 예비 수학교사들이 수업의 구체적인 순간에 대하여 좀 더 명확하게 주목하는 역량을 향상시키는데 도움이 된다. 〈표 5〉, 〈표 7〉와 〈표 11〉이 보이는 바와 같이 학기 말에 대조군인 Class 2017가 수업의 일반적인 인상을 파악한 반면에, 수학 수업 관찰 도구를 학습한 실험군인 Class 2018은 수학 수업의 구체적인 순간을 명확하게 주목하는 역량을 갖게 되었다. Barnhart와 van Es(2015)는 교사들이 수업에 대한 전반적인 인상에 주의를 기울이거나 수업의 명확한 대상을 파악하지 않고 평가하는 경향이 있다고 보고하는데, 수학 수업 관찰 도구의 학습이 이러한 쟁점을 해결할 수 있는 한 가지 방안이 된다고 볼 수 있다.

이러한 연구 결과 및 논의를 근거로 수학교사교육과 주목하기에 관한 연구와 관련하여 다음과 같은 주장을 하고자 한다.

첫째, 수학 수업 관찰 도구는 교사의 중요한 역량인 주목하기을 향상시키는데 효과가 있으므로, 예비 수학교사교육에 이를 적용할 만한 가치가 있다고 할 수 있다. 주목하기 역량은 경력에 취득되기 보다는 학습의 기회가 필요하므로(Goldsmith & Seago, 2011; McDuffie et al., 2014), 이 역량을 학습할 수 있는 기회와 구조를 교사들에게 제공해야 한다(M. Sherin & van Es, 2005). 본 연구는 수학 수업 관찰 도구의 학습이 예비 수학교사들의 주목하기 역량의 학습에 효과가 있음을 보고하고 있으므로, 예비 수학교사들을 위한 교사교육의 교육과정에 반영할 만한 요소라고 할 수 있다. 이는 수업을 위한 수학적 지식의 실제 기반 이론(A practice-based theory of mathematical knowledge for teaching, by Ball, Thames, & Phelps, 2008)을 교사교육에서 실천하는 한 가지 방안이 될 수 있다.

둘째, 교사의 주목하기 역량은 궁극적으로 실제 수학 수업에서 발휘되는 것이 필요하므로, 수업 영상 및 수학 수업 관찰 도구를 이용하여 주목하기를 학습한 교사들이 어떻게 수학 수업에서 주목하기를 실행하는지에 대한 후속 연구가 필요하다. 영상을 이용한 교사들의 역량의 향상은 실제 수학 수업에서 학습된 역량이 잘 발휘되기를 기대하는 것을 전제할 뿐만 아니라, 가르침과 관련된 역량은 다른 사람의 수업에 대한 분석의 능력보다 자신의 수업에 대한 분석 능력을 지향해야 한다. 따라서, 수학 수업 관찰 도구를 학습한 예비 수학교사들의 주목하기 역량의 강화 또는 약화뿐만 아니라 이 역량의 강화를 위한 또다른 현직교사 교육에 대한 연구가 필요하다.

참·고·문·헌

교육부(2015). **교육부 고시 제2015-74호 [별책 8] 수학과 교육과정.** 교육부.

김남희, 나귀수, 박경미, 이경화, 정영옥(2017). **수학교육과정과 교재연구.** 경문사.

이윤미, 이수진(2018). 수업평가와 수업성찰에서 나타나는 예비 중등 수학교사의 주목하기. **학교수학, 20**(1), 185-207.

이진아, 이수진(2019). 중등 수학 예비 수학교사의 수업 과정에서 보여지는 '수학적 주목하기'. **학교수학, 21**(3), 561-589.

Amador, J. M., Estapa, A., de Araujo, Z., Weston, T. L., & Kosko, K. W. (2017). Eliciting and analyzing preservice teachers' mathematical noticing. *Mathematics Teacher Educator, 5(*2), 158-177.

Ball, D. L., & Cohen, D. K. (1999). Developing practice, developing practitioners: Toward a practice-based theory of professional education. In G. Sykes & L. Darling-Hammond (Eds.), *Teaching as the learning profession: Handbook of policy and practice* (pp.3-32). Jossey-Bass.

Ball, D. L., Thames, M. H., & Phelps, G. (2008). Content knowledge for teaching: What makes it special? *Journal of Teacher Education, 59*(5), 389-407.

Barnhart, T., & van Es, E. (2015). Studying teacher noticing: Examining the relationship among pre-service science teachers' ability to attend, analyze and respond to student thinking. *Teaching and Teacher Education, 45*, 83-93.

Berliner, D. C., Stein, P., Sabers, D. S., Clarridge, P. B., Cushing, K. S., & Pinnegar, S. (1988). Implications of research on pedagogical expertise and experience in mathematics teaching. In D. A. Grouws & T. J. Cooney (Eds.), *Perspectives on research on effective mathematics teaching*. National Council of Teachers of Mathematics.

Borko, H., Jacobs, J., Eiteljorg, E., & Pittman, M. E. (2008). Video as a tool for fostering productive discussions in mathematics professional development. *Teaching and Teacher Education, 24*(2), 417-436.

Boston, M. (2012). Assessing instructional quality in mathematics. *The Elementary*

School Journal, 113(1), 76-104.

Boston, M., Bostic, J., Lesseig, K., & Sherman, M. (2015). A comparison of mathematics classroom observation protocols. *Mathematics Teacher Educator, 3(*2), 154-175.

Callejo, M. L., & Zapatera, A. (2017). Prospective primary teachers' noticing of students' understanding of pattern generalization. *Journal of Mathematics Teacher Education, 20*(4), 309-333.

Chapman, O. (2008). Narratives in mathematics teacher education. In D. Tirosh & T. Wood (Eds.), *International handbook of mathematics teacher education: Tools and processes in mathematics teacher education* (pp.15-38). Sense Publishers.

Cohen, D. K., Raudenbush, S. W., & Ball, D. L. (2003). Resources, instruction, and research. *Educational Evaluation and Policy Analysis, 25*(2), 119-142.

Erickson, F. (2011). On noticing teacher noticing. In M. Sherin, V. R. Jacobs, & R. A. Philipp (Eds.), *Mathematics teacher noticing: Seeing through teachers' eyes* (pp.17-34). Routledge.

Fernández, C., Llinares, S., & Rojas, Y. (2020). Prospective mathematics teachers' development of noticing in an online teacher education program. *ZDM, 52*(5), 959-972.

Fernandez, C., Llinares, S., & Valls, J. (2012). Learning to notice students' mathematical thinking through on-line discussions. *ZDM, 44*(6), 747-759.

Goldsmith, L. T., & Seago, N. (2011). Using classroom artifacts to focus teachers' noticing: Affordances and opportunities. In M. Sherin, V. R. Jacobs, & R. A. Philipp (Eds.), *Mathematics teacher noticing: Seeing through teachers' eyes* (pp.169-187). Routledge.

Guner, P., & Akyuz, D. (2020). Noticing student mathematical thinking within the context of lesson study. *Journal of Teacher Education, 71*(5), 568-583.

Jacobs, V. R., Lamb, L. C., & Philipp, R. (2010). Professional noticing of children's mathematical thinking. *Journal for Research in Mathematics Education, 41*(2), 169-202.

Mason, J. (2002). *Researching your own practice: the discipline of noticing.* Routledge.

McDuffie, A. R., Foote, M. Q., Bolson, C., Turner, E. E., Aguirre, J. M., Bartell, T. G., ... Land, T. (2014). Using video analysis to support prospective K-8 teachers' noticing of students' multiple mathematical knowledge bases. *Journal of Mathematics Teacher Education, 17*(3), 245-270.

National Council of Teachers of Mathematics. (1991). *Professional standards for teaching mathematics*. National Council of Teachers of Matheamtics.

Sawada, D., Piburn, M. D., Judson, E., Turley, J., Falconer, K., Benford, R., & Bloom, I. (2000). Measuring reform practices in science and mathematics classrooms: The reformed teaching observation protocol. *School Science and Mathematics Journal, 102*, 245-253.

Schifter, D. (2011). Examining the behavior of operations: Noticing early algebraic ideas. In M. Sherin, V. Jacobs, & R. Philipp (Eds.), *Mathematics teacher noticing: Seeing through teachers' eyes* (pp.204-220). Routledge.

Schoenfeld, A. H. (2011). Noticing matters. A lot. Now what? In M. Sherin, V. Jacobs, & R. Philipp (Eds.), *Mathematics teacher noticing: Seeing through teachers' eyes* (pp.223-238). Routledge.

Sherin, B., & Star, J. R. (2011). Reflections on the study of teacher noticing. In M. Sherin, V. Jacobs, & R. Philipp (Eds.), *Mathematics teacher noticing: Seeing through teachers' eyes* (pp.66-78). Routledge.

Sherin, M., Jacobs, V., & Philipp, R. (Eds.). (2011). *Mathematics teacher noticing: Seeing through teachers' eyes*. Routledge.

Sherin, M., & van Es, E. (2005). Using video to support teachers' ability to notice classroom interactions. *Journal of Technology and Teacher Education, 13*(3), 475-491.

Star, J. R., Lynch, K., & Perova, N. (2011). Using video to improve preservice mathematics teachers' abilities to attend to classroom features. In M. Sherin, V. Jacobs, & R. Philipp (Eds.), *Mathematics teacher noticing: Seeing through teachers' eyes* (pp.117-133). Routledge.

Star, J. R., & Strickland, S. K. (2008). Learning to observe: using video to improve preservice mathematics teachers' ability to notice. *Journal of Mathematics Teacher Education, 11*(2), 107-125.

van den Kieboom, L. A., Magiera, M. T., & Moyer, J. C. (2017). Learning to notice student thinking about the equal sign: K-8 preservice teachers' experiences in a teacher preparation program. In E. O. Schack, M. H. Fisher, & J. Wilhelm (Eds.), *Teacher noticing: Bridging and broadening perspectives, contexts, and frameworks* (pp.141-159). Springer.

van Es, E. (2011). A framework for learning to notice student thinking. In M. Sherin, V. Jacobs, & R. Philipp (Eds.), *Mathematics teacher noticing: Seeing through teachers' eyes* (pp.134-151). Routledge.

van Es, E., & Sherin, M. (2002). Learning to notice: Scaffolding new teachers' interpretations of classroom interactions. *Journal of Technology and Teacher Education, 10*(4), 571-596.

van Es, E., & Sherin, M. (2008). Mathematics teachers' "learning to notice" in the context of a video club. *Teaching and Teacher Education, 24*(2), 244-276.

van Es, E., & Sherin, M. (2010). The influence of video clubs on teachers' thinking and practice. *Journal of Mathematics Teacher Education, 13,* 155-176.

부 록

■ MQI rubric의 일부

Mathematical Quality of Instruction (MQI) 4-point

Linking Between Representations

This code refers to teachers' and students' explicit linking and connections between different representations of a mathematical idea or procedure. To count, these links must occur across different representational "families" e.g., a linear graph and a table both capturing a linear relationship. So, two different representations that are both in the symbolic family (e.g., 1/4 and 0.25) are not candidates for being linked.

For Linking Between Representations to be scored above a Not Present:

- At least one representation must be visually present
- The explicit linking between the two representations must be communicated out loud

For Linking Between Representations to be scored Mid or High, two conditions must be satisfied:

- Both representations must be visually present
- The correspondence between the representations must be explicitly pointed out in a way that focuses on meaning (e.g., pointing to the numerator in 1/4, then commenting that you can see that one in the figure, pointing to the four in the denominator, pointing to the four partitions in the whole. "You can see the 1 in the 1/4 corresponds to the upper left-hand box, which is shaded, showing one piece out of four total pieces...")

¼ 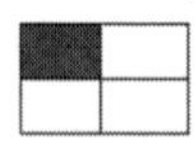

For geometry, we do not count shapes as a representation that can be linked—we consider those to be the "thing itself." However, links can be scored in geometry if the manipulation of geometric objects is linked to a computation, e.g., showing that two 45-degree angles can be combined to get a 90 degree angle and linking that to the symbolic representation 45 + 45 =90.

Note: If links are made but underlying representation/idea is incorrect, do NOT count as linking between representations.

Not Present	Low	Mid	High
No linking occurs. Representations may be present, but no connections are actively made.	Links are present in a pro forma way; For example, the teacher may show the above figure and state that one quarter is one part out of four. These links will not be very explicit or detailed; both representations need not be present.	Links and connections have the features noted under High, but they occur as an isolated instance in the segment.	Links and connections are present with extended, careful work characterized by one of the following features: • Explicitness about how two or more representations are *related* (e.g., pointing to specific areas of correspondence) OR • Detail and elaboration about the relationship between two mathematical representations (e.g., noting meta-features; providing information about under what conditions the relationship occurs; discussing implications of relationship) These links will be a characterizing feature of the segment, in that they may in fact be the focus of instruction. They need not take up the majority or even a significant portion of the segment; however, they will offer significant insight into the mathematical material.

Back to Table of Contents

5

제5장

협력적 수업연구를 접목한 예비 수학교사교육 사례

김희정(고려대학교)

Ⅰ. 서론

레슨 스터디(Lesson Study)로 많이 알려진 '수업연구'는 일본의 '授業研究(Jugyo Kenkyu, 수업연구)'인 교사 공동체 안에서 공동 교재연구, 수업 실행, 수업 반성 등의 형태를 통해 교실 수업을 개선하고 교사의 전문성을 향상한다는 점에서 국제 사회에서 큰 주목을 받고 있다. 국내 학교 현장에서의 수업연구는 전통적인 학교 장학의 형태, 교실 수업 개선을 위한 학교 단위의 교사들의 모임, 전국적인 교사들의 자발적 연구 모임, 또는 교육청이나 교육지원청 등에서 구성을 하되 운영은 교사들 중심으로 진행되는 형태 등으로 다양하게 진행되어 왔다. 수업연구는 그 형태는 다르되, 교실 수업을 향상한다는 공통된 목적을 가지고 운영되고 있다. 수업연구와 관련한 연구에서 강조하고 있는 것은 교사들의 '협력'과 학생들의 '수학적 사고' 및 '수학 학습'으로, 본 연구에서 기반으로 삼고 있는 것은 '협력적 수업연구'이다. 이 장에서는 협력적 수업연구와 관련한 이론과 설계 원리 등을 간략하게 살펴보고, 국내에서 예비 수학교사교육에 접목하여 활용한 사례를 소개한다.

Ⅱ. 협력적 수업연구

1. 레슨 스터디와 수업연구

레슨 스터디(Lesson Study)[1]는 일본에서 100여년의 역사[2]를 지니고 있으며, 교사들이 협력적으로 수업을 위한 교재를 연구하고, 연구한 수업을 실행할 때 많은 교사들에게 공개하는 형식으로 진행되어 왔다. 이러한 일본의 협력적인 수업연구는 1996년 국제 수학·과학 학업성취도 비교 연구인 TIMSS(the Third International Mathematics and Science Study)에서 일본 학생의 높은 학업성취도가 미국 및 서구권 학생들의 낮은 학업성취도와 비교되면서 그 맥락을 탐색하고자 하였던 수학수업 비디오 연구인 1999년 TIMSS Video Study에서부터 관심을 받기 시작했다. 독일, 미국, 일본의 수학수업을 비디오로 녹화하여 분석하고, 각국의 교육 변화 및 개혁(reform)의 맥락을 분석한 책인 *The Teaching Gap*(Stigler & Hiebert, 1999)을 필두로 미국을 비롯한 서구권에서 일본의 레슨 스터디가 일본의 교육 개혁의 중심에 있는 맥락으로 관심을 갖게 되었다. 특히 개인적인 문화가 강하고 수업을 잘 공개하지 않는 미국의 교사 문화와 대비되면서 교사 협력적인 문화의 일본의 레슨 스터디가 미국의 수업을 개선하고 교사의 전문성 신장을 위한 방안 중의 하나로 많은 관심을 받게 되었다. 그리고 2006년에는 미국의 32개주의 125개의 교육구(School Districts)에서 레슨 스터디가 활용되었다(Lewis, Perry, & Murata, 2006). 이후 레슨 스터디는 지속적으로 확장이 되어 미국뿐 아니라 유럽의 여러 나라들 및 싱가포르 등과 같이 전 세계 다양한 국가에서 교사 전문성 신장에 활용되고 있다.

미국에 소개된 일본의 레슨 스터디는 1980년대와 1990년대 일본의 교사 중심 수업이 학생 중심 수업으로 변화하는데 일조하였고(Murata & Takahashi, 2002; Lewis & Tsuchida, 1998), 최근에는 교사 전문성 신장의 강력한 모델로 국제적인 관심을 받고 있다. 레슨 스터디의 기본 아이디어는 하나의 수업 일지라도 교사가 교실수업을 개선할 수 있는 여러 중요한 지점이나 요소가 다수 존재하기 때문에 하나의 수업을 깊이

---

1) 일본의 수업연구가 영어로 번역되어 미국 및 서구권 국가에 소개될 때에는 ‘레슨 스터디’ 용어를 사용하고 있기에, 본 고에서도 일본의 수업연구가 영어로 소개된 맥락을 언급할 때에는 ‘레슨 스터디’라고 지칭하였다.

2) 일본의 수업연구는 메이지유신 직후인 1870년대에 시작되었다는 견해와 1920년대에 시작되었다는 견해가 있다고 한다(이혁규, 2019).

있게 분석하고 연구하고, 실행한다는 것이다.

레슨 스터디의 단계는 한 수업에 대해 (1) 학습 목표 및 수학 문제/과제 설정, (2) 교재 분석 및 연구, (3) 수업 계획, (3) 공개 연구 수업, (4) 협력적인 수업 성찰 및 평가의 순환적 모델로 진행(Fernandez, 2005; Yoshida, 2008)이 되며, 수업 성찰 및 평가 이후, (5) 수업 재구성, (6) 재구성된 수업 실행, (7) 재평가 및 성찰의 단계가 추가가 되기도 한다(Stigler & Hiebert, 1999). 즉, 레슨 스터디는 교사들이 모여 학생들의 학습을 위한 목표를 설정하고 그 학습 목표가 장기적인 관점에서 달성될 수 있도록 협력적으로 연구하고 분석하여 수업을 심도있게 진행하기 위해 계획하여 구성하고, 실행해야 한다. 이때 중요한 점은 수학 수업연구의 핵심이 학생의 수학적 사고를 그 중심에 두고 교재를 연구하고 수업을 계획하고 실행한다는 점과 교사들이 협력적으로 교재연구를 비롯한 연구수업을 진행한다는 점이다(Murata et al., 2016). 이렇게 공동으로 교재연구를 마친 수업은 팀으로 구성된 교사들 중 한명이 공개 연구수업을 하고, 팀 교사들 뿐만 아니라 다른 교사들도 연구 수업을 참관하고 학생들이 학습 목표를 달성을 할 수 있도록 수업을 하였는지를 기록하여, 연구 수업이 끝난 후 평가하고 성찰하는 시간을 갖는다. 이러한 성찰 및 평가는 다음 수업을 더 효과적으로 할 수 있도록 활용된다(Lewis, 2006; Takahashi & Yoshida, 2004).

2. 국내의 수업연구

전술한 일본의 레슨 스터디는 국내의 학교 장학 형태인 수업연구 및 연구수업에서도 나타난다. 한국의 역사 및 한국 교육의 근대사 자료는 전쟁으로 인해 자료가 많이 소실되어 그 기원을 밝히는 연구에 어려움이 많다. 그러나 한국 역시 수업연구가 분명히 존재하여 전통적으로 내려온 것으로 보이고, 이혁규(2019)는 광복 이후 민주주의 진전의 시발점이 된 1987년을 기점으로 하여 그 흐름이 바뀌었다고 본다. 특히 1987년 이전에는 국가교육과정의 개정을 통한 수업 내용과 방법의 변화 시도, 새교육 운동의 전개와 한국교총 중심의 현장교육연구대회로 수업연구와 교수법의 변화를 시도한 것으로 보고 있다. 그러나 새교육 운동은 70~80여명으로 구성된 과밀 학급, 입시 위주의 교육 등으로 인해 큰 변화를 만들어 내지 못하였다. 한국교총 중심의 현장교육연구대회와 문교부의 연구학교 규정은 교사들의 연구 활동에 대해 표창 부여나 승진 점수 등으로 규정하여, 교사들의 현장 연구 활동을 확대하고자 하였다. 이러한 규정은 연구수업이 학생들의 학습 증진이 아닌 교사의 승진을 위한 수단으로 이용되는 부작용도 존재하였지만, 현장 교사에 의한 현장 연구를 추진하여 교실 수업 개선의 목적도 어느 정도 달성하고, 교사들의 교수학습의 개선을 위한 모델을 제공하는 데에도 일조하였다(김종서, 1968; 이혁규, 2019).

민주화가 진전된 1987년 이후의 수업연구는 열린교육 운동과 교사연구모임의 활성화, 그리고 최근의 혁신학교 운동까지 이어지고 있다. 열린교육은 미국과 일본의 아동중심 교육을 참조하여 공교육의 초등학교에서 도입하여 시행하였고, 교사 중심의 수업이 아닌 전인교육을 목적으로 다양한 학습 활동과 형태를 도입하여 수업 실천의 변화를 이끌어내고자 하였다. 1997년 제7차 교육과정 총론에 열린교육 실시가 명시됨으로서 정부 주도의 열린교육과 관련한 대규모 교사 연수 실시, 열린교육 시범학교와 협력학교를 대규모로 지정하여 운영하고, 시도교육청의 장학활동으로도 지정하여 전국적으로 운영되었다(김재웅 외, 2011). 이후 열린교육은 교실수업개선의 용어로 대체되어 교실수업개선 연구대회, 교실수업개선 시범학교 등으로 운영되고 있다. 이러한 흐름의 공통점은 위에서부터의 변화, 즉 정부와 관(官)의 주도 하의 변화를 꾀한 것으로 자발적인 교사들의 자생적 모임과는 다른 점이나 부작용도 존재하였지만 전국적인 수업연구와 연구수업의 확산과 교실수업 개선을 위한 모델을 제공한 점에는 큰 의의가 있다.

이러한 정관 주도의 개혁과는 달리 자발적인 교사연구모임의 확장도 이루어졌다. 1980년대 교육민주화운동과 더불어 전국수학교사모임과 같은 교과연구모임(이혁규, 2019), 2000년대 이후의 수학사랑연구회 ‘교실관찰’ 연구팀(Pang, 2016)과 같은 교사 주도 및 자발적인 협력적 수업연구 공동체가 활성화되었다. 또한 일본의 사토 마나부 교수의 ‘배움의 공동체’의 영향을 받은 많은 자생적인 배움의 공동체 형태의 수업연구모임이 탄생하고 운영되었다. 2009년에 이르러서는 경기도교육청에서 시작된 혁신학교 운동으로, 혁신학교 운동은 교사와 학생의 민주적 학교운영 체제를 그 기조로 하고, 교사들의 전문적 학습공동체 문화를 형성하여 창의적인 수업을 위한 수업연구를 진행하도록 지원해 주었다(이윤미, 2014). 이러한 혁신학교 운동은 이후 전국의 시도교육청으로 확산되어 협력적 교사 전문성 신장, 교사와 학생이 함께 성장하는 민주적인 학교 운영 등과 같이 학교 문화 전반의 변화를 일으켰다.

국내의 수업연구는 일본의 레슨 스터디와 달리 정관 주도의 장학 형태로서 자발적이고 자생적인 수업연구의 문화가 아닌 점에서 진정한 교수학습 개선이 일어나는 가의 문제로 비판을 받기도 했으나, 시도교육청의 정책적 지원을 통해 교재연구와 연구수업의 기틀을 정관 주도로 마련해 주고, 교사들의 자발성과 주체성이 강조된 ‘수업컨설팅’ 또는 교사 ‘전문적 학습공동체’와 같은 형태의 교사 공동체 및 장학의 형태가 지속적으로 운영되고 있다. 이러한 자생적 교사 공동체 및 각 시도교육청의 지원을 받는 교사 공동체에서 진행되고 있는 수업연구는 교사들이 협력적으로 학습 목표 설정과 교재연구 및 수업 설계를 하고, 설계한 수업을 실행하고, 이를 녹화하거나 공개하여 참관 및 관찰하고 성찰하고 수업 나눔을 하는 등 교수학습을 향상시키기 위한 협력적인 수업연구 공동체라 할 수 있다. 즉, 학생의 수학 학습을 위한 목표를 명확히 하고, 이를 위해 교사들이 같이 모여 협력적으로 수업 하나하나 심혈을 기울여 교재와 자료를 공부하고 분석하여 효과적인 수학 수업을 위한 여러 가지 교수전략, 교수 형태, 과제 선정 등의 요소들을 계획하여 실행하고 이를 성찰하여 더 나은 수업을 위한 반성을 하고 수업을 수정하는 핵심적인 특성을 가지고 있다.[3)]

3. 협력적 수업연구의 설계 원리

협력적 수업연구[4)]는 국내에서도 수업연구의 전통에 이어 변화를 거쳐 교사 전문성 신장 및 자발적 배움의 공동체로 자리잡고 있다. 이러한 전통을 가지지 않은 전 세계 많은 국가들도 협력적 수업연구를 교사 전문성 신장 프로그램으로 채택하여 운영하고 있으며, 그 형태는 매우 다양하다. 한 국가에서 성공적인 프로그램이라 할 지라도, 다른 나라에 반영을 할 때에는 그 나라 고유한 문화와 정책의 맥락과 상황에 맞게 변형하여 적용이 된다(Kim, 2019). 또한 협력적 수업연구는 현직 교사들의 전문성 신장과 깊게 관련이 있고, 예비 수학교사교육에 적용할 때에는 또 그 맥락과 상황을 고려하여 변형 및 적용해야할 것이다. 따라서 협력적 수업연구를 각 맥락과 상황에 맞게 반영하기 위한 핵심적인 설계 특성과 그 원리를 수립하는 것이 중요하다. 레슨 스터디와 관련한 교육 정책 연구와 거시적인 연구들에서 정리한 협력적 수업연구의 핵심적인 설계 원리와 교사의 전문성 신장을 포함한 교사 학습에의 함의점은 다음 〈표 1〉과 같다.

협력적 수업연구는 이렇듯 다양한 형태로 변형되어 적용할 수 있으나, 핵심적인 설계 원리는 학습자의 수학 학습 신장을 그 핵심 목표로 삼고, 협력적 수업연구를 해 교사들의 지속적인 배움의 기회가 있어야 한다는 것이다. 즉, 협력적 수업연구를 운영할 때, 교사들은 주 1회, 또는 월 1회 등 모임의 주기는 지속적인 배움의 기회가 있다면

---

3) 일본의 레슨 스터디가 일본의 전통적 교사 중심 수업을 1980~1990년대에 학생 중심의 수업으로 변화하는데 일조를 하였듯이, 국내에서도 2000년도에 교사 중심 수업이 학습자 중심의 수업으로 변화하는데 협력적 수업연구 공동체가 한 요인으로서 그 역할을 한 것으로 보인다.

4) 국내의 전통적인 수업연구와 포괄적인 의미를 지칭할 때에는 '수업연구'로 현대에 이르러 교사의 전문적 공동체 및 협력을 강조하는 의미가 포함된 수업연구를 지칭할 때에는 '협력적 수업연구'로 통일하였다.

표 1 협력적 수업연구의 설계 원리(김희정, 2020, p.1085)

협력적 수업연구의 설계		운영 형태	교사 전문성 신장 및 학습에의 함의점
구성	공동체 모임의 주기	매주, 매달, 격달 등 (교사의 수업 시간에 맞추어야 함)	지속적인 배움의 기회가 있어야 함
	설계자	교사의 자발적 구성~ 행정가/연구자의 설계	교사의 학습 요구, 관심 및 교육과정에 맞도록 구성되어야 함
리더	역할	교사 또는 외부 리더	교사가 본인의 학습에 대한 주체성을 갖을 수 있어야 함 교사와 학교에 관해 충분히 알고 있어야 함 메타인지적 사고를 할 수 있도록 도와주는 역할을 해야 함
	스타일	협력적~지시적	
지식	개인, 자료, 교육과정	개혁적인 수업 장려~ 전통적 수업 방식 장려	수업 변화를 위한 수학 지식과 교수학적 지식을 제공해야 함
연구수업 및 반성적 토론	형태	실제 수업 참관~ 비디오 촬영된 수업 관찰	학습자(학생)의 학습이 핵심이 되어야 함
	참여자	다수의 개인~ 공동체 구성원	

공동체의 구성원인 교사들의 재량에 맡길 수 있고, 공동체의 리더는 공동체의 구성원 중의 한 교사가 될 수도 있으며, 외부 수석교사나 연구원, 또는 장학사 등 외부 리더가 될 수도 있으나, 핵심은 공동체의 구성원인 교사들이 자신들의 전문성 신장과 학습에 대한 주체성을 가지고 참여해야하고, 구성원인 교사들과 그 학교에 대해 충분히 알고 있으며, 교사들의 메타인지적 사고를 통해 학습을 할 수 있도록 도와줄 수 있는 역할을 할 수 있어야 한다. 수업 방식도 개혁적일 수도 있지만, 때로는 전통적인 수업 방식을 장려할 수도 있으나, 수업 변화와 학생들의 학습이 이루어질 수 있도록 돕는 것이 그 핵심임을 반영하여 수업을 구성하고 실행해야 한다. 한편, 분석하고 고안하고 연구한 수업은 공개 연구수업을 진행해야 하는데 그 연구 수업은 실제 수업을 참관할 수도 있고, 비디오로 촬영하여 관찰할 수도 있으나, 연구 수업에서 학습자의 학습이 잘 이루어지고 있는지를 알 수 있어야 한다. 또한 수업을 성찰하고 반성적인 토론을 할 때에는 공동체 구성원만 진행할 수도 있고, 공개 수업에 참관한 많은 교사들 및 행정가들이 참여할 수 있지만, 그 토론에 참여하는 참여자들이 폭넓은 지식을 공유하고 효과적인 수업에 대해서 논의하는 등, 협력적인 지식의 나눔의 장이 되어야 할 것이다. 이러한 협력적 수업연구의 설계원리에 입각하여 교사 연수나 자발적 배움의 공동

체, 그리고 예비 수학교사교육과정 등에 협력적 수업연구를 적용하여 운영한다면 그 형태나 구조가 다소 다양하더라도, 본질적으로 수업 개선과 교사 전문성 신장과 관련해서 성공적으로 운영할 수 있을 것이다.

Ⅲ. 예비 수학교사교육에서 협력적 수업연구 접목 운영 사례

1. 협력적 수업연구를 접목한 강의 설계 원리

협력적 수업연구를 적용하기 위해 전술한 설계 원리(〈표 1〉 참조)에 입각하여 A 대학교 사범대학의 '교육공학과 수학교육' 강의와 '수학교과교수법' 강의를 다음 〈표 2〉와 같이 설계하였다.

표 2 예비 수학교사 강의에 접목한 협력적 수업연구의 설계원리

협력적 수업연구의 설계		다양한 변형	설계 원칙
구성	공동체 모임의 주기	주1회 이상	• 공동교재연구를 통해 지속적인 배움의 기회 창출
	설계자	교수자	• 예비 수학교사의 수업 설계와 실행, 메타인지적 사고를 계발할 수 있도록 설계
리더	역할	예비 수학교사	• 각 예비 수학교사들이 동등한 위치에 있음 • 수업연구를 위한 예비 수학교사 개인이 각각 책무성과 주체성을 가지고 있음
	스타일	협력적	
지식	개인, 자료, 교육과정	수업실천 역량 강조	• 교수자는 예비 수학교사의 수업 역량 신장을 위한 수학 지식과 교수학적 지식을 제공
연구수업 및 반성적 토론	형태	연구수업: 실제 수업 참관 본인수업성찰: 비디오 촬영된 수업 되돌려보기	• 학습자의 수학적 개념 이해 학습을 위한 교수설계 및 실행 장려 • 〈수학교과교수법〉에서는 '효과적인 수학수업을 위한 다섯 가지 필수 측면(TRU Math) 프레임'을 이용하여 동료 수업 및 본인 수업 참관, 분석, 성찰
	참여자	공동체 구성원 (예비 수학교사)	• 참여자들이 폭넓은 지식에 접근할 수 있도록 자료 제공 및 장려 • 효과적인 수업 구성 및 실천을 위한 네트워크 형성 및 협력적 지식 나눔 장려

협력적 수업연구의 설계 원칙 중 예비 수학교사의 학습과 메타인지적 사고, 학습자의 수학학습을 위한 좋은 수업 구성을 목표로 한다는 점에 입각하여 협력적 수업연구의 형태를 자유롭게 설계할 수 있으나, 예비 수학교사를 위한 협력적 수업연구를 적용한 강의 설계는 현장 교사의 경우보다 설계적 다양성이 적다.

2. 협력적 수업연구를 접목한 강의의 세부 계획

협력적 수업연구 설계원리에 따라 강의 및 협력적 수업연구의 전반적 목표와 방향성을 설정한 후, 각 주차별 세부 목표 및 세부 운영 계획을 수립하였다. 〈표 3〉의 경우는 '교육공학과 수학교육' 강의의 수업 세부 계획이고, 〈표 4〉의 경우는 '수학교과 교수법' 강의의 수업 세부 계획이다.

표 3 '교육공학과 수학교육' 강의의 수업 세부 계획(김희정, 2020, p.1087)

수업 단계	단계별 수업 주제	수업 내용
1단계 (1주차~3주차)	수학교육에서 공학 도구의 활용에 대한 이론적 배경 및 활용 방안 탐색	• 수학교육에서 공학 도구의 역할 • 공학 도구를 이용한 수학 수업 설계에 관한 이론과 실제 • 효과적인 수학 수업의 필수 측면에서 바라본 공학 도구를 이용한 수학 수업에 대한 논의
2단계 (4주차~8주차)	수학 교육에서 이용될 수 있는 다양한 공학 도구에 대한 탐색 및 지오지브라 안내 및 활용	• 수학 수업에 활용할 수 있는 다양한 공학 도구 및 앱 탐색 • 탐구형 기하 소프트웨어인 지오지브라 소개 • 각 수학 영역에서의 지오지브라 활용법 탐구(예: 기하, 대수, 통계, 미적분 등)
3단계 (9주차~13주차)	협력적 수업연구 공동체 운영	• 협력적 수업연구 공동체의 이론적 배경 및 진행 방법 안내 • 협력적 수업연구 진행 –협력적 교재 연구 및 피드백 –협력적 수업 설계 및 피드백 –계획된 수업 실행(모의 수업) –수업 실행에 대한 교수 피드백 및 동료 피드백 –수업 실행에 관한 수업 성찰(그룹 논의 및 성찰록 작성)
4단계 (14주차~15주차)	기말고사	• 이론적 탐구와 관련한 지식 평가 • 예비 수학교사의 교수학적 지식 평가 • 공학 도구를 이용한 수학 수업을 위한 교수학적 지식 평가

표 4 '수학교과교수법' 강의의 수업 세부 계획

수업 단계	단계별 수업 주제	수업 내용
1단계 (1주차~3주차)	좋은 수학수업이란? 좋은 수학수업의 구성원리와 이론 탐구	• 좋은 수학 수업과 관련한 국내외 이론 탐구 • 효과적인 수학수업 설계 및 교수법 탐구 • TRU Math 프레임 안내
2단계 (4주차~9주차)	협력적 수업연구 공동체 운영	• 협력적 수업연구 공동체의 이론적 배경 및 진행 방법 안내 • 협력적 수업연구 진행 –협력적 교재 연구 및 피드백 –협력적 수업 설계 및 피드백 –계획된 수업 실행(모의 수업) –수업 실행에 대한 교수 피드백 및 동료 피드백 –수업 실행에 관한 수업 성찰(그룹 논의 및 성찰록 작성)
3단계 (10주차~12주차)	현장교육실습	• 수학교과교수법 강의와 현장교육실습 연계 –학습자 수학적 사고 및 오개념 분석 위한 수업 참관 및 학습자 면담 –학습자 수학적 사고 및 오개념 분석
4단계 (13~15주차)	현장교육실습 및 연구수업 나눔 본인 수업 분석 및 성찰	• 현장교육실습 전반적 및 연구수업 나눔 • TRU Math 프레임을 이용한 비디오 수업 분석 안내 • TRU Math 프레임을 이용한 우수 수업 분석 • TRU Math 프레임을 이용한 동료 수업 분석 • TRU Math 프레임을 이용한 본인 수업 분석

'교육공학과 수학교육' 강의는 서울소재 A대학교 사범대학 수학교육과 3학년 과목으로 수학 교수·학습에서 활용될 수 있는 공학적 도구에 대한 소개와 탐구, 그리고 그 이론적 기반에 대해서 공부한 후, 각 수학 주제 및 단원에서 활용하여 학습자의 수학적 사고력 신장의 깊이를 추구할 수 있는 수업을 구성하는 것으로 설계되었다. 15주의 수업은 크게 4단계로 구분되어 진행이 되었다. 1주차에서 3주차로 구성된 15차시는 수학교육에서 공학 도구의 활용에 대한 이론적 배경을 탐색하고, 공학 도구를 수학수업에 적용하였을 때의 장단점을 탐색하고 논의해보고, 각각의 예비 수학교사의 공학 도구를 접목한 수학수업에 대한 전문가 비전을 계발할 수 있도록 하였다. 4주차에서 8주차에는 수학 교육에서 이용될 수 있는 다양한 공학 도구에 대해 안내하고, 다른 공학 도구나 어플리케이션이 있는지 탐색하고, 지오지브라가 주축이 되었던 초창기의 수업에서는 각 수학 주제 및 영역에서의 지오지브라를 이용하여 수학 내용을 구성하는 시간을 갖기도 했다. 이후 9주차에서 13주차에는 협력적 수업연구 공동체에 관한 이론과 수업연구와 모의수업 계획, 실행, 반성의 전 과정에 대해 안내한 후, 협

력적 수업연구 공동체를 운영하였다. 협력적 수업연구 공동체 운영에 관한 세부 사항은 다음 절에 자세히 기술하였다. 마지막 14주차와 15주차에는 공학도구를 활용한 수업에 관한 이론적인 내용을 정리하고, 예비 수학교사의 교수학적 내용 지식과 공학도구 활용한 수학수업을 위한 교수학적 지식을 평가하기 위한 기말고사를 실시하였다.

'수학교과교수법' 강의는 서울소재 A대학교 사범대학 수학교육과 4학년 과목으로 예비 수학교사의 실제 수업역량의 신장을 위해 교육과정 개편을 통해 2017년 새롭게 개설된 수업이다. 특히 예비 수학교사가 현장교육실습을 나가는 학기에 개설된 수업으로 현장역량의 신장을 위해 현장교육실습과 연계할 수 있도록 다양한 교실수업 참관도구와 참관록을 이용한 수업 분석, 실습 중 실제 중·고등학교 학습자를 면담하여 그들의 수학적 사고와 오개념을 분석하는 등의 시스템을 갖추기 위해 노력하였다. 이러한 교수자의 예비 수학교사교육 비전을 반영하여 강의 1주차에서 3주차에는 좋은 수학 수업에 대한 이론을 안내하고, 예비 수학교사의 철학과 전문가 비전을 수립할 수 있도록 많은 논의를 할 수 있는 실제 수업 영상 자료, 논의 자료 등을 제공하고 실제로 많은 논의를 이끌기 위한 교수법을 적용하였다. 또한 다양한 교실수업 참관도구(분석틀)와 참관록을 이용하여 현장의 수업을 참관하고 분석할 때의 각각의 틀에 대한 장단점과 실제 분석과 참관을 통해 배운 점 등에 대해서 논의하였다. 4주차에서 9주차의 강의 기간 동안에는 협력적 수업연구 공동체를 운영하였다. 이후 10주차에서 12주차에는 예비 수학교사들은 대부분 부속학교[5]에서 현장교육실습을 진행하였고, 실습과 강의를 연계한 과제와 교수자의 현장지도가 진행되었다. 13주차에서 15주차는 강의의 말미로 현장교육실습에서 진행하였던 연구수업에 대한 여러 요소에 대해 공유하고, 그에 대한 성찰이 이루어졌으며, 본인 모의수업을 성찰하고 분석하는 과정을 거쳐 추후 같은 수업을 진행한다고 가정했을 때, 더 보완해야할 점 등에 대해서 계획하고 기술하였다.

3. 협력적 수업연구 공동체 운영

초기의 협력적 수업연구를 접목한 강의에서는 협력적 수업연구의 순환적 단계인 (1) 목표 및 문제 설정, (2) 교재 분석 및 연구, (3) 수업 계획 및 지도안 작성, (3) 연구 수업, (4) 협력적인 수업 나눔 및 성찰로 진행을 했다. 이후에는 수업 성찰 및 평가를 받은 후 본인의 수업 동영상을 재분석하고, 지도안 수정을 하는 수업의 재구성을

5) 대부분 A대학교의 부속 중·고등학교에서 현장교육실습을 진행하였으나, 소수의 인원은 본인의 모교로 나가서 현장교육실습을 진행하기도 하였다.

추가하여 진행하였다.

협력적 수업연구를 진행할 때, 예비 수학교사들은 학생의 수학 학습을 위한 학습 목표를 명확히 하고, 한 차시의 수업을 실행하기 위해 공동체 안에서 협력적으로 교과서 및 교재를 공부하고 추가 자료를 분석하고 재구성하여, 활동지를 만들고, 효과적인 수학 수업을 위한 여러 가지 교수전략, 교수형태, 과제 선정 등의 요소들을 계획하여 모의수업 교수학습 지도안을 구성하였다. 모의수업 지도안 및 활동지, 형성평가지, 파워포인트(ppt) 자료 등의 모의 수업을 위한 모든 자료는 대학의 LMS(Learning Management System)와 구글 드라이브(google drive)를 이용하여 공유하였다. 학과내 경쟁적 분위기가 아닌 협력적인 분위기 및 규범 조성을 위해, 수업을 듣는 모두가 전문적 공동체의 구성원으로 같이 성장하는 것을 그 근본 가치로 삼아 서로의 모의수업 지도안을 포함한 자료, 피드백, 성찰록 등은 모두가 공유할 수 있는 구글 드라이브(google drive)를 이용하였고, 예비 수학교사 개인의 보고서와 학생들 면담자료 등 개인정보 보호가 필요한 자료나 개인의 성과물은 교수자에게만 공개되는 LMS[6]에 탑재하였다.

모의수업 시연의 경우 교수자가 예비 수학교사교육을 시작하였던 초창기(2017년~2018년)에는 비디오 카메라로 직접 녹화하여 사범대학 교수행동시스템에 탑재하였고, 이후 교수자 추적 녹화 로봇인 swivl을 이용하여 녹화하여 클라우드에 저장하는 시스템을 이용하여 녹화하였다. 녹화된 영상은 개인의 신상이 담긴 자료이므로 각 모둠 구성원에게만 따로 전송하여 본인의 수업 분석을 하거나, 추후 성찰할 수 있도록 하였다.

그림 1 협력적 수업연구를 통해 연구한 모의수업을 실행하는 모습

6) 그 당시 대학의 LMS 시스템에는 포럼이나 열린게시판 등 구성원 서로가 접근하거나 공유할 수 있는 시스템이 없어 부득이 하게 구글 드라이브와 LMS의 두 가지 시스템을 이용하는 체계로 운영되었다. 구성원이 서로 공유하고 접근할 수 있는 시스템이 있는 경우, 한 가지 시스템으로 통일하여 운영하는 것도 권장한다.

그림 2 아이패드 2대와 스위블을 이용하여 모의수업을 녹화하여 클라우드에 저장된 모습

코로나19 감염증의 전세계적 대유행 이후에는 대학 강의가 전면적으로 웹엑스(Webex)를 이용한 실시간 비대면 수업을 진행하게 되었다. 따라서, 감염증 유행 첫해인 2020년 강의에서는 예비 수학교사의 모의수업도 비대면 수업 역량을 기르기 위하여 실시간 비대면 온라인 수업을 진행하였고, 2021년 강의에서는 대면과 비대면의 병행 수업 역량을 기르기 위하여 실시간 대면/비대면 병행 모의수업을 진행하였다. 이는 웹엑스(Webex)를 이용하여 녹화[7]되어 개인 교수자에게 제공되었다.

모의수업 실행 직후, 수업자들은 본인의 수업 계획, 목표 및 의도에 대해서 간단히 정리하여 설명한 후, 실행한 수업에 대해서 계획대로 잘 진행이 되었는지 등의 성찰을 간단히 나눈 후, 동료 참관 예비 수학교사들의 생산적인 피드백을 나누는 시간을 가졌다. 참관 예비 수학교사들은 각 강의의 목적에 맞는 참관록[8]을 작성하면서 수업을 참관하였고, 이 중 중요한 점이나 강의의 전체 참여자들이 같이 배울 수 있거나 생각해 보아야 할 점들은 전체 논의로 나누었다. 동료 예비 수학교사들이 작성한 참관록은 구글 드라이브에 업로드하여 공유하였고, 논의 내용 및 피드백 내용은 녹화되어 수업자의 팀 개인별로 전송하였다.

---

7) 실시간 온라인 강의의 녹화는 웹엑스(Webex)의 시스템 한계 및 온라인 수업의 증가로 인한 웹엑스 저장공간의 제한으로 인해 몇몇 모의수업 녹화본이 저장이 되지 않은 문제점이 있었다.

8) '교육공학과 수학교육' 강의에서의 참관록은 전통적인 참관록에 매체활용의 요소가 들어간 참관록을 작성하였고, '수학교과교수법' 강의에서의 참관록은 '효과적인 수학수업의 다섯 가지 필수 측면(TRU Math)'이 바탕이 되는 예비 수학교사용 TRU Math 참관록을 작성하였다.

Ⅳ. 논의 및 제언

레슨 스터디가 전세계적으로 교사 전문성 신장의 효과적인 방안으로 주목을 받으면서 예비 수학교사교육에 접목하여 운영하고 이를 분석한 연구들이 증가하고 있다(예. 김희정, 2020; Bjuland & Mosvold, 2015; Huang, Takahashi, & Ponte, 2019; Murata et al., 2016; Sims & Walsh, 2009). 연구들에서는 레슨 스터디가 현직 교사의 전문성 신장에 효과적일 뿐만 아니라 예비 수학교사교육에서도 매우 성공적이라고 언급하고 있다. 특히, 레슨 스터디의 장점으로는 (1) 수업에 대해 교사들이 협력적으로 논의하고 성찰하면서 장기적인 목표, 특히 학생들의 학습을 위한 목표와 교사 스스로의 전문성 신장에 대한 목표 모두에 대해 깊게 성찰할 수 있고, (2) 교수학습을 신장하기 위해 교재를 연구하고, 논의하고, 수업을 구성하면서 교사들의 '수학 교수를 위한 지식' 또한 확장이 되고, (3) 연구수업을 통해 '교수를 통한 학습(learning from teaching)'이 가능하며, (4) 수업 성찰과 동료교사들의 피드백을 통해 성장할 수 있음을 강조하고 있다.

이러한 장점은 예비 수학교사교육에 접목하였을 때에도 그대로 나타나며, 예비 수학교사들의 수업역량 신장과 협력적 수업연구 문화 조성에 큰 기여를 하였다. 예비 수학교사들의 수업 전문성과 관련하여, 전문가 비전의 신장(김희정, 2020), 노티싱(주목하기) 역량 신장(권나영, 이민희, 2019; 김희정, 2022; 선우진, 방정숙, 2020; 조형미, 이은정, 2021), 적응적 전문성 신장(김희정, 심사중)이 연구되었고, 미국이나 노르웨이, 아이슬란드 및 영국을 비롯한 유럽 국가 등에서 레슨 스터디를 접목한 예비 수학교사교육에서의 수업 역량 신장에 대한 긍정적인 연구 결과가 지속적으로 보고되고 있다(예: Baldry & Foster, 2019; Bieda, Cavanna, & Ji, 2015; Bjuland & Mosvold, 2015; Gunnarsdóttir & Pálsdóttir, 2019; Lewis, 2019).

또한, 협력적 수업연구의 문화로 사범대학의 한 두 개의 강의에서 뿐만 아니라, 학과내 혹은 사범대학 전체에서 수업을 연구 대상으로 삼아 지속적으로 분석하고, 공부하고, 실행하고, 성찰하는 문화 및 동료와의 협력적인 문화 조성에도 기여하고 있다. 국내 대학입시의 경쟁적 분위기가 대학 입학 후에도 이어지는 경우도 있으며, 특히 공교육 교사가 되기 위한 중등교사 임용시험까지도 경쟁시험이기에, 자칫 협력적인 분위기보다는 경쟁적인 분위기가 조성될 수 있다. 그러나 한편으로는 우리나라의 사범대학 수학교육과의 학과 분위기는 타 단과대에 비해, 소규모 인원수로 구성되어 대체로 서로 협력적이고 친화적인 분위기도 존재한다. 따라서, 사범대학 수학교육과의 강의에 접목한 협력적 수업연구는 강의 이외에도 다양한 맥락에서 협력적인 연구 분위기가 학과내 문화로 자리잡을 수 있도록 교수자로서 강의 내외에서도 협력과 나눔의 가치를 장려하고 지도하였다. 이러한 협력적 연구 및 성찰의 문화적 규범은 추후 부속학교에서 현장교육실습을 진행할 때에도 지속되어 서로의 수업을 참관하고 피드백을 주고, 연구수업시에도 동료 교사로서 서로의 수업에 도움을 주는 보조교사로 활동하는 등의 문화가 이어져, 실제적으로 현장에서의 수업 역량을 향상할 수 있었고, 실제로 현장교육실습 지도시에 부속학교 학교 현장실습 담당 선생님의 협력적 수업연구와 관련한 긍정적인 평가[9]를 받기도 하였다.

그러나 예비 수학교사교육에서 모의수업만을 가지고 협력적 수업연구를 진행하는 데에는 한계점과 도전적인 과제가 여전히 남아있다. 협력적 수업연구의 중요한 목적 중 하나는 교사의 수업역량 신장 뿐만 아니라, 실제 수학 학습자의 학습 과정 및 수학적 사고의 신장인데, 실제 학생이 없는 모의수업 만으로는 이러한 목표를 달성했는지의 여부를 판단하기가 쉽지 않다. 많은 연구들에 의해 밝혀진 효과적인 수학 교수의 원리와 이론, 그리고 사례들에 입각하여 진행하여 예비 수학교사의 수업역량의 신장을 꾀하고 있지만, 실제 개별 학습자들의 상황이 모두 다르기에, 이에 대한 반응 및 대응까지는 예비 수학교사에게 고려가 쉽지 않을 수 있다. 또한 실제 학습자들의 수학적인 사고가 매우 다양하며, 이에 대한 현장 연구가 예비 수학교사 뿐만 아니라 현장 교사에게도 필요하다. 예비 수학교사에게는 실제 교실에서의 교수경험이 적기 때문에 더욱 학습자들이 어떠한 수학적 아이디어나 전략을 가지고 있는지, 어느 지점에서 어려워하고, 어떠한 오개념 패턴을 가지고 있는지 등에 대한 정보가 매우 적어, 이에 대한 '반응적 교수(김희정 외, 2017)'를 진행하기가 쉽지 않다. 이러한 한계점을 보완하기 위해, 본 교수자의 현장교육실습 학기에 운영된 '수학교과교수법' 강의에서는 실제 현장교육실습과 연계하여, 학생들의 수학적 사고와 오개념을 이론적으로 정리하고, 실습 중에 실제 학생들을 면담하여 한 수학 단원에 대한 수학적 사고와 오개념 등을 분석하는 활동을 하였다. 그러나 예비 수학교사가 4주간의 현장교육실습에서 경험하고 배워야 하는 것들은 수학적인 내용과 수학 교수를 넘어선, 매우 많은 요소들이 존재하므로, 한 번의 4주간의 현장교육실습에서 한 강의의 연계만으로는 한계점을 보완하기가 쉽지 않을 수 있다. 이러한 한계점의 체계적인 보완을 위해서는 예비 수학교사의 현장 교육실습과 연계하여 현장 교육실습 지도교사와의 협력적 수업연구를 진

9) 2019년 5월 부속여자중학교 현장교육실습 지도교수로서 현장교육실습 담당 교사와의 연구수업 세미나 평가회.

행하는 방안, 또는 실제 현장교사들이 참여하고 있는 협력적 수업연구 공동체에 예비 수학교사가 참여하는 방안 등이 있다. 사범대학의 예비 수학교사교육에서 현장 교육 실습을 확장하는 방안이 국가적인 차원에서 논의되고 있는데, 현장 교사들과 예비 수학교사들의 협력적인 수업연구 운영과 같은 방안과 예비 수학교사의 장기적인 수업역량 신장에 대한 목표를 재고려하여 보완될 수 있기를 제언한다.

참·고·문·헌

권나영, 이민희(2019). 중등 예비 수학교사의 활동 일지에서 살펴본 노티싱의 특징. **한국학교수학회논문집, 22**(1), 63-80.

김종서(1968). **현장 연구법의 이론과 실제.** 배영사.

김재웅, 오은순, 윤희정(2011). 열린교육 정책에 대한 교사집단의 불순응에 관한 연구. **열린교육연구, 19**(1), 219-238.

김희정(2020). 예비 수학교사의 공학도구활용 수업에 관한 전문가 비전 변화 탐색. **학습자중심교과교육연구, 20**(4), 1079-1106.

김희정(2022). 예비 수학교사의 수학적 사고 중심 수업에 관한 노티싱 역량 탐색. **수학교육, 61**(2). 339-357.

김희정(심사중). 포스트 코로나 시대의 교사교육: 예비 수학교사는 코로나19 위기에 온라인 모의수업에 어떻게 적응하는가?

김희정, 한채린, 배미선, 권오남(2017). 수학교사의 주목하기와 반응적 교수의 관계: 모든 학생의 수학적 사고 계발을 지향하는 수업 상황에서. **수학교육, 56**(3), 341-363.

이윤미(2014). 여는 글: 혁신학교의 성과와 과제. **교육비평,** (33), 12-30.

이혁규(2019). 한국의 수업연구 역사에 대한 일 견해. **교육문화연구, 25**(2). 57-82.

선우진, 방정숙(2020). 예비 초등 교사는 학생의 수학적 사고에 어떻게 반응하는가?. **수학교육학연구, 30**(4), 751-772.

조형미, 이은정(2021). 변수 개념에 대한 중등 예비 수학교사들의 노티싱. **E-수학교육 논문집, 35**(3), 257-275.

Baldry, F., & Foster, C. (2019). Lesson study in mathematics initial teacher education in England. In R. Huang et al. (Eds.), *Theory and practice of lesson study in mathematics* (pp.577-594). Springer.

Bieda, K. N., Cavanna, J., & Ji, X. (2015). Mentor-guided lesson study as a tool to support learning in field experiences. *Mathematics Teacher Educator*, *4*(1), 20-31.

Bjuland, R., & Mosvold, R. (2015). Lesson study in teacher education: Learning from a challenging case. *Teaching and Teacher Education*, *52*, 83-90.

Fernandez, C. (2005). Lesson study: A means for elementary teachers to develop the knowledge of mathematics needed for reform-minded teaching?. *Mathematical Thinking and Learning*, *7*(4), 265-289.

Gunnarsdóttir, G. H., & Pálsdóttir, G. (2019). Developing learning communities through lesson study. In R. Huang, A. Takahashi, & J. P. da Ponte (Eds.), *Theory and Practice of Lesson Study in Mathematics* (pp.465-483). Springer.

Huang, R., Takahashi, A., & de Ponte, J. P.(2019). *Theory and practice of lesson study in mathematics: An international perspective*. Springer.

Kim, H. (2019). Ask again, "why should we implement what works in successful countries?" *Proceedings of the 43rd conference of the International Group for the Psychology of Mathematics Education. 1.*(pp. 79-82). Pretoria, South Africa: PME.

Lewis, C., Perry, R., & Murata, A. (2006). How should research contribute to instructional improvement? The case of lesson study. *Educational Researcher, 35*(3), 3-14.

Lewis, J. M. (2019). Lesson study for preservice teachers. In R. Huang, A. Takahashi, & J. P. da Ponte (Eds.), *Theory and Practice of Lesson Study in Mathematics* (pp.485-506). Springer.

Lewis, C. C., & Tsuchida, I. (1998). A lesson is like a swiftly flowing river: How research lessons improve Japanese education. *American Educator*, *22*(4).

Murata, A., & Takahashi, A. (2002). Vehicle to connect theory, research, and practice: How teacher thinking changes in district-level lesson study in Japan. *Proceedings of the Annual Meeting of the North-American Chapter of the International Group for the Psychology of Mathematics Education*. Retrieved from: https://files.eric.ed.gov/fulltext/ED471780.pdf.

Murata, A., Fabrega, J., Gillingham, D., Kim, H., Madkins, T., Mcgee, A., & Shareff, B. (2016). Case of preservice elementary mathematics lesson study: Teacher visions and learning process to teach. In *Annual Conference of American Educational Researchers Associations*.

Pang, J. (2016). Improving mathematics instruction and supporting teacher learning in Korea through lesson study using five practices. *ZDM: The International*

Journal on Mathematics Education, 48(4), 471-483.

Stigler, J. W., & Hiebert, J. (1999). *The Teaching Gap: Best Ideas from the World's Teachers for Improving Education in the Classroom.* Simon and Schuster.

Takahashi, A., & Yoshida, M. (2004). Ideas for establishing lesson study communi ties. *Teaching Children Mathematics. 10*(9), 436-443.

Yoshida, M. (2008). Exploring ideas for a mathematics teacher educator's contribution to lesson study: Towards improving teachers' mathematical content and pedagogical knowledge. In G. M. Lloyd & O. Chapman (Eds., Vol. 2), *International handbook of mathematics teacher education* (pp.85-106). Brill Sense.

제6장

예비교사를 위한 수업 탐구대회: 교육대학교 사례를 중심으로

김진호(대구교육대학교)

Ⅰ. 서문

“전국교대 예비교사 좋은 수업 탐구대회(이하 좋은 수업 탐구대회로 표기)”는 2011년부터 지금까지 시행하고 있다(전국교육대학교총장협의회 & 한국교원단체총연합회, 2011).[1] 이 좋은 수업 탐구대회는 전국 10개 교육대학교, 제주대 교대 재학 중인 예비교사와 한국교원대 초등교육과에 재학 중인 예비교사(학년 구분 없음) 중 각 대학교에서 교내 선발 과정을 거쳐서 선발된 예비교사가 참여하는 대회이다. 이 좋은 수업 탐구대회는 수업 실연 부문과 수업 비평 부분으로 이루어져 있다. 수업 실연과 수업 비평 대회를 하는 취지는 각각 기존 현장에서 우수 수업이라 일컫는 구태의연하고 정형화된 수업의 틀(전국교육대학교총장협의회 & 한국교원단체총연합회, 2011)을 탈피하고 교육의 차세대 주자로서 전국 초등 예비교사의 수업에 대한 성찰과 실천의 장을 제공해 주고, 수업에 대해 고민하는 예비교사가 수업하는 기술을 넘어 수업을 보는 안목을 기르고 자신의 수업에 대해서도 더 깊은 성찰을 할 수 있는 기회를 제공해 주

1) 최근 코로나19 팬데믹으로 인해서 2020년부터는 전국 규모의 좋은 수업 탐구대회는 개최되지 않고 있다. 대신에 소규모로 개최되고 있다. 예를 들어, 대구교육대학교, 진주교육대학교, 부산교육대학교가 모여서 지역 대회로 치러졌다.

는 데 있다(전국교육대학교총장협의회 & 한국교원단체총연합회, 2012).

이 좋은 수업 탐구대회를 실시하기 시작한 시기인 2011년은 2007 개정 교육과정에 따라 수업을 진행하던 시기로, 제7차 교육과정에 따라 학습자 중심 수업을 실행한 지 거의 10년이 지나갈 즈음이다. 하지만 이즈음에 초등 교사들이 실천하는 수업을 분석한 논문들 그리고 그들의 신념을 알아본 논문들에 따르면, 여전히 교사 중심 수업을 하는 교사들이 주류를 이루고 있었다. 설진성(2013)은 "초등 교사들은 구성주의 교수·학습 원리에 대하여 매우 생소해하였고, … 현재 초등학교 공교육 풍토는 교사 중심 교수·학습이 주류라고 인식하고 있어서 교사들이 변화해야겠다는 계기를 느끼지 못하는 것으로 판단하였다.(p.164)"고 보고하고 있다. 즉, 좋은 수업이 무엇인가에 대한 정의는 다양할 수 있겠지만, 좋은 수업이란 교육과정에 충실한 수업이라고 정의할 수도 있고, 모든 학생이 참여하는 수업이라고 정의할 수도 있을 듯하다. 설진성이 기술하듯이, 초등 교사들이 주로 사용하는 교수법이 교사 중심 수업이라면, 교사 중심 수업을 측정하기에 적합한 준거틀로 수업을 분석하면 "나름대로" 좋은 수업이라고 분석 결과가 도출될 수 있을 것이다. 하지만 현시대는 학습자 중심 수업을 강권하고 있다는 점에서 초등 교사들이 하는 수업을 학습자 중심 수업이란 관점에서 분석하면 "당연히" 좋은 수업이란 분석 결과를 내리기는 어려울 것이다. 집합론을 창시한 조지 칸토어가 "무지 보존의 법칙"이란 말을 했듯이, 이 대회는 어쩌면 아직 교직에 진입하지 않은 예비교사들이 이 대회를 통해서 기존 수업 관습에 얽매이지 않은 채 독창적인 수업을 실천하면서 현시대가 요구하는 새로운 수업을 실천하는 데 필요한 관점들을 배우고 익힐 수 있는 장이다.

본 고는 지금까지 개최된 좋은 수업 탐구대회의 수집 가능한 자료[2)]들을 통해서 이 대회 전반을 검토하고, 이 대회 그리고 관련한 교육대학교의 각과 교재연구 및 지도법 강의와 관련한 몇 가지 제안을 하고자 한다.

---

2) 본 고를 작성하면서 사용한 "좋은 수업 탐구대회" 관련 자료의 확보는 대구교육대학교 초등교육연수원에서 본 사업을 담당하는 신숙희 선생님이 도움이 매우 컸다. 신 선생님의 자료 수집 과정에서 도움과 담당자로서의 경험에서 얻은 사적 지식을 바쁜 와중에서 공유해 주었기 때문에, 이 원고의 많은 부분을 작성할 수 있었다.

Ⅱ. 좋은 수업 탐구대회: 수업 실연을 중심으로

1. 교내 선발 과정 및 지도

각 대학은 좋은 수업 탐구대회의 수업 실연 부분에 참가할 예비교사를 선발하여 선발된 명단을 대회 본부에 제출한다. 각 대학의 수업 실연 학생 선발 방법은 각 대학의 재량에 맡겨져 있다. 좋은 수업 탐구대회를 실시한 후 발간한 각 보고서를 검토해 본 결과, 제2회, 제3회, 제6회 보고서만 "수업 대회 준비 분석" 절을 설정해서 각 대학에서 좋은 수업 탐구대회 참가 학생들을 선발하는 과정을 표로 제시하고 있다(〈표 1〉은 제6회 보고서의 표이다. 전국교육대학교총장협의회 & 한국교원단체총연합회, 2016).

〈표 1〉로부터 다양한 사실을 알 수 있다. 첫 번째, 대부분 대학교는 전국 대회 참가 학생을 선발하기 위해서 교내 대회의 개최 그리고 학과 추천이란 두 가지 방법을 활용하고 있다. 전자의 경우 교내 모든 학생에게 기회가 주어지는 반면에, 후자의 경우 각 대학교가 참가하는 교과목을 전공하는 학생들에게만 참가 기회가 갈 가능성이 크다. 예를 들어, 수학 과목에 참여하는 대학의 경우, 학과 추천으로 참가 학생을 정하면, 해당 학과는 수학교육 심화 학생들을 추천할 가능성이 크지만, 교내 선발대회를 할 경우, 전교생에게 동등한 기회가 주어진다. 또 다른 경우는 대구교육대학교의 경우처럼 교내 선발대회를 실시하는데, 교내 선발대회 신청 학생이 적은 경우는 해당 학과의 추천을 받는 것이다. 대구교육대학교의 경우, 수학 교과 수업 실연 대회는 많은 예비교사가 신청하지만, 수학교육 심화가 아닌 다른 심화를 전공하는 예비 수학교사가 신청도 많이 하고 이들이 대학 대표로 선발되는 경우가 많았다. 두 번째, 지면의 제한 때문에 제2회, 제3회, 제6회 보고서에 제시된 모든 수업 대회 준비를 제시할 수 없지만, OO 교육대학의 경우 해마다 대학의 대표 예비교사를 선발하기 위한 방법을 변경하고 있다(〈표 2〉 참고).

표 1 수업 대회 준비 분석

학교명	교내 대회	학과 추천	지도 여부	학생 참여도	비고
경인 교대	○		부설초 선생님들의 지도가 있었음 각 교과목별 지도교사를 지정하여 학생지도	각 학과에서 희망자 접수를 받아 원하는 학생들을 선발하여 대회 참가	교내 대회 실연과목은 전국대회 배정과목으로 정함
공주 교대		○	학과 교수님들의 지도가 있었음 실연부문 과목 지도교수를 지정하여 학생 지도	각 학과에서 희망자 접수를 받아 원하는 학생들을 선발하여 대회 참가	
광주 교대	○		해당 교과목별 지도위원 선정하여 지원	각 학과에서 희망자 접수를 받아 원하는 학생들을 선발하여 대회 참가	교내 대회 실연과목은 전국대회 배정과목으로 정함
대구 교대	○	○	해당 교과목별 지도위원 선정하여 지원	각 학과에서 희망자 접수를 받아 원하는 학생들을 선발하여 대회 참가 출전과목과 참가자 전공 심화 과목이 다르기도 함	교내 대회 실연과목은 전국대회 배정과목으로 정함
부산 교대		○	수업실연부분은 지도교사 및 지도교수를 지정하여 지도 수업비평문은 과목별 지도교수 선정하여 지도	각 학과에서 희망자 접수를 받아 원하는 학생들을 선발하여 대회 참가	
서울 교대	○		수업실연 부문은 파견교사 및 부설초등학교 교사를 지정하여 지도 수업실연과 수업비평 부문 모두 교내대회 심사진이 지도교수가 되어 지도	전공심화 과목에 관계없이 참가희망자 신청	교내 대회 실연과목은 전국대회 배정과목으로 정함
전주 교대	○		학과교수 및 부설초등학교 교사들의 지도가 있었음	교내대회 공고를 통하여 학과, 학년 제한 없이 참여	교내 대회 실연과목은 전국대회 배정과목으로 정함
제주대		○	해당 교과목별 지도위원 선청하여 지도	참가희망자 신청 출전과목과 참가자 전공심화 과목이 다르기도 함	
진주 교대	○		학과교수 및 부설초등학교 교사들의 지도가 있었음	교내대회 공고를 통하여 학과, 학년 제한 없이 참여	교내 대회 실연과목은 전국대회 배정과목으로 정함
청주 교대		○	해당 교과목별 지도위원 선정하여 지도	각 학과에서 희망자 접수를 받아 원하는 학생들을 선발하여 대회 참가	
춘천 교대	○		수업연구 그룹을 모집하여 특강 및 지도 해당 교과목별 지도위원 선정하여 지도	각 학과에서 희망자 접수를 받아 원하는 학생들을 선발하여 대회 참가	교내 대회 실연과목은 전국대회 배정과목으로 정함
한국 교원대		○	해당 교과목별 지도위원 선정하여 지도	참가희망자 신청 출전과목과 참가자 전공심화 과목이 다르기도 함.	

표 2 특정 대학의 선발 과정

학교명	교내 대회	학과 추천	지도 여부	학생 참여도	비고
2회	○	×	• 실연 및 비평부분 해당 교과목 지도교수를 선정하여 학생 지도.	• 교내 수업실연 경연 대회를 통해 수상자들 중심으로 대회 출전 학생 선발.	• 비평문참가자는 교내대회와 과목이 달라 전국대회 비평과목으로 전환
3회	○	×	• 학과 교수님들의 지도가 있었음. • 부설초 교사선생님들의 지도가 있었음. • 실연부분의 경우 각교과목 지도교수(교사)를 지정하여 학생 지도. • 비평부분의 경우 각교과목 지도 교수를 지정하여 학생지도.	• 희망자 접수를 받아 원하는 학생들을 선발하여 대회에 참가	• 교내 대회 실연 과목은 전국탐구대회 배정 과목으로 정함.
6회	○	×	• 부설초 선생님들의 지도가 있었음. • 각 교과목별 지도교사를 지정하여 학생지도.	• 각 학과에서 희망자 접수를 받아 원하는 학생들을 선발하여 대회 참가	• 교내 대회 실연과목은 전국대회 배정과목으로 정함

위의 대학의 경우, 관련 학과 교수들이 초기에는 학생 지도에 참여하였으나 제6회 대회부터는 학생 지도에 참여하지 않음을 알 수 있다. 〈표 2〉의 '제2회 비교란'의 문구를 토대로 판단해 보건대, 이 대학교의 비평문 참자가는 교내 대회 때 전국 대회에서 비평문을 작성할 교과목을 대상으로 비평문 작성을 하였음을 알 수 있다. 반면에 대구교육대학교의 경우, 교내 대회 중 비평문 참가자들은 대구교육대학교에 배정된 수업 실연 교과목을 대상으로 수업 비평문을 작성하였다. 그 이유는 이 학생들이 수업 비평문을 작성하기 위해서 참관해야 하는 수업이 실제 수업이 되기 위해서 수업실연에 참가하는 참가자들의 수업을 대상으로 비평문을 작성해 보는 것이 도움이 될 수 있기 때문이다.

세 번째, 각 대학교는 교내 대회나 학과 추천으로 선발된 학생들을 대상으로 부설초 교사 또는 각 과목별 지도교사, 학과 교수, 해당 교과목별 지도위원, 파견교사 등의 다양한 자원이 지도를 실시하고 있음을 알 수 있다. 이런 지원은 대회 개최의 취지에 부합한다. [부록 1]에 좋은 수업 탐구대회 시 예비교사들의 수업을 평가할 요소를 공개하는 상황에서 해당 학과 교수 및 지도교사는 이 요소들을 참고하여 지도를 할 것으로 기대된다(아래 2. 전국 대회 준비 절 참고). 기존 수업틀에 얽매이지 않으면서 창의적인 수업이 강조되고 있는 현 교육계의 조류는 모든 교육구성원들이 눈여겨 볼 필요가 있다.

이와 같은 선발 과정을 다음 절에서 대구교육대학교의 사례를 통해서 좀 더 구체적으로 살펴보도록 한다.

(1) 교내 선발 과정: 대구교대의 경우

대구교육대학교의 경우, 1학기 학사일정이 마무리된 후인 7월 중순[3] 즈음 교내 좋은 수업 탐구대회를 대학 홈페이지 중 공지 게시판에 공지한다.[4] 신청 방법은 〈표 1〉에 나타나 있듯이 교내 대회 및 학과 추천을 병행하고 있지만, 실질적으로는 이 공지에 따라 대구교육대학교에 재학 중인 2~4학년 예비교사들이 자발적으로 참가하고자 하는 교과목을 지정해서 신청한다. 신청 결과를 담당 부서에서 확인 후, 신청한 예비교사가 없는 교과목이 발생하면 해당 학과에 학과 추천을 의뢰한다. 수학 교과가 대구교육대학교에 배정된 경우, 다수의 학생이 수학교과를 신청하는 경향이 있어서, 아직 단 한 번도 학과에서 참가자를 추천해 본 적은 없다. 제6회 대회까지는 교내 대회에 참가 신청한 예비교사들은 2차에 걸친 심사를 받았다. 1차 수업 실연은 참가자가 자유로이 정한 학년, 학기, 단원, 차시의 내용에 대한 수업계획안과 수업 실연 동영상을 함께 제출한다. 수업 동영상은 동료 예비교사들을 대상으로 하는 모의수업 형식을 띤다. 동영상의 분량은 20분 이상이다. 예비교사들이 제출한 모의수업 동영상을 심사하는 심사진의 구성은 다양한 접근[해당 학과 교수, 현장 교사(수석교사·연구 교사), 수업 비평문 작성 참가자들; 해당 학과 교수와 현장 교사(수석교사·연구 교사); 현장 교사(수석교사·연구 교사); 해당 학과 교수와 현장 교사)을 하였다. 가장 최근에는 해당 학과 교수와 현장 교사로 구성된 심사위원진이 수고를 하였다. 심사위원진이 대체로 대표 예비교사로 선발된 학생들이 전국 대회 참가를 준비하는 동안 그들을 지도하는 지도위원을 겸임하기 때문에 현장 교사만으로 심사위원을 선정하기 보다는 교수와 교사를 혼합해서 심사위원진을 구성한다. 1차 수업 실연 경연을 통과한 예비교사들을 대상으로 2차 수업 실연 대회를 9월 중에 실시한다. 2차 수업 실연 대상자들은 대구부설초등학교에서 수업 실연을 실시 한 후, 최종 입상자를 선정하고, 이중 대상자를 학교 대표로 지정한다. 2차 수업 실연 대회를 할 때, 참여 예비교사들은 전국대회에서 지정된 학년, 학기, 단원, 차시를 대상으로 수업을 실시한다. 전국대회 참가자로 선정

3) 본 절에서 언급한 일정은 교내 학사 일정에 따라 해마다 시기는 약간의 변동이 있다.

4) 참고로, 수업 실연 부분은 초등학교 3~6학년 개설 10개 교과(국어, 도덕, 사회, 수학, 과학, 실과, 체육, 음악, 미술, 영어)에 각 4명의 예비교사가 참여한다. 즉 전국 대회는 40명의 예비교사가 참여한다. 12개교에 3과목씩 배정하여 과목당 1명씩 출전하고, 40명의 출전자 수를 맞추기 위해 가나다순 4개교에 영어 교과를 추가 배정하며, 매년 이 추가 배정되는 4개교는 순환된다.

된 학생들을 대상으로 멘토(해당 학과 교수, 현장교사)를 지정하여 코칭 및 지도받을 수 있는 기회를 부여한다. 이와 관련한 자세한 내용은 2. 전국 대회 준비 절을 참고하기를 바란다.

위와 같은 과정은 제6회 때까지 유지되었었다. 하지만, 제6회 교내 대회를 위한 1차 수업 실연 대회 참가 접수가 저조하여 3차에 걸쳐 연장 접수(학과 추천 포함)를 실시하였으나, 참가 학생이 여전히 저조하여 당초 계획된 교내 대회 일정은 부득불 변경할 수 밖에 없었다. 또한, 1차 수업 실연 대회가 늦추어짐에 따라 학생들 입장에서 2차 교내 대회를 위한 수업계획안 작성 기간 및 지도할 시간이 부족하고, 대구교대 부설초등학교와 일정 협의가 어려운 상황이 되었다. 대구교대에서 이후 실시된 교내 대회에서 이 2차 수업 실연 대회는 더 이상 실시되지 않고 있다. 좀 더 많은 학생이 참여해서 풍성한 대회가 될 수 있도록 홍보 및 교내 대회 일정 등 학생들이 불편해하는 요인들을 개선할 필요가 있다.

(2) 교내 심사평

앞서 언급한 바와 같이 그리고 [부록 1]에 언급한 바와 같이, 본 대회의 취지에 맞게 심사해야 본 대회의 취지가 살아날 것이다. 그런 점에서, 심사자들의 심사평을 살펴보는 것은 의미가 있다. 최근에 대구교육대학교에 배정된 교과목 중 하나가 수학이었을 때, 교내 수업 실연에서 최고점을 받은 참가자의 수업 실연에 대한 두 심사위원의 심사평은 〈표 3〉과 같다.

〈표 3〉으로부터 몇 가지 특징을 찾을 수 있다. 첫 번째, 심사 위원들은 수업 실연

표 3 교내 수업 실연 대회 심사평

교과	심사위원	심사평
수학	A	1. 제시된 학습문제와 적합한 활동이 구성되어 있어 학습 목표 도달도가 좋을 것으로 예상됨. 2. 학습 주제와 관련된 이야기를 구성하여 학생의 흥미와 학습 활동을 자연스럽게 유도한 점이 좋음. 3. 학습 문제를 도입할 때 단원명을 이용하여 맞추는 활동은 자연스럽지 못하며, 시간 배분의 오류가 있음.
	B	1. 창의적인 스토리텔링이 흥미를 유발할 수 있는 수업이었음. 2. 흥미 있는 활동들로 학생의 사고 활동을 자극하는 수업이었음. 3. 차시 전체를 스토리텔링과 다양한 활동으로 수업의 구성과 흐름을 자연스럽게 진행하였음. 4. 수업 도중에 학습 목표를 환기시켜 학습목표에 잘 도달되도록 도와줌. 5. 개념을 이해하는데 적절한 좋은 수업이었음.

평가 요소를 참고하여 심사평을 작성하였다. 하지만 조금 세밀하게 들여다보면, 심사 위원 B는 [부록 1]에 있는 평가 요소 5가지에 맞추어 각 요소별로 심사평을 한 반면, 심사 위원 A는 3가지 요소만을 평가하고, 처음 두 가지 요소에 대한 심사평을 작성하지 않았다. 두 번째, 심사 위원들은 예비교사의 수업 실연을 평가할 때 교수자의 교수 행위 중심으로 심사평을 작성하였다. 수업에는 교수자도 있는 반면에 학습자도 있으므로, 심사 위원들은 모의수업에 참여한 학생들의 반응을 토대로 각 요소별 심사평 또한 작성할 필요가 있다. 교수자가 아무리 좋은 의도 그리고/또는 효과적인 관행을 사용하더라도 학생의 이해에 도움이 안 되었으면 그 수업은 좋은 수업이라 할 수 없다. 따라서 심사평은 교수학습이란 측면에서 평가요소에 따라 작성될 필요가 있다.

2. 전국 대회 준비

담당 교수와 지도교사는 교내 대회에 참여한 예비교사들이 수업 실연을 할 때 심사를 하면서 전국 대회에 나가서 좋은 결과를 낼 수 있는 학생들을 선발하는 경향이 있다. 즉, 심사 위원들은 예비교사들이 보이는 수업의 질도 평가하지만 각 예비교사의 태도, 적극성, 의지 등도 함께 관찰하고 짧은 면담 등을 통해 대학을 대표해서 전국 대회에 참가할 예비교사를 선발한다. 교내 대회를 거쳐서 전국 대회에 참가할 예비교사들이 정해지면, 담당 기관은 과목별로 전국 대회 출전할 학생을 지도해 줄 해당 학과 교수 또는 지도교사를 지정한다. 최소 몇 시간 지도해야 한다는 것은 정해져 있지 않으며, 과목별로 선발된 예비교사, 지도교사 또는 교수가 일정을 조정하여 지도한다. 이 지도 과정은 일정하게 정해진 것은 없고, 교수, 교사, 예비교사의 협의로 결정된다. 또한 이 지도 과정에 수업 지도안 작성, 수업 재구성, 모의수업 등 어떤 내용을 포함할 것인지 여부도 이 협의로 결정된다. 실제로 이들은 지도 방식 또한 이메일, 면대면, 전화 등 다양한 기법들을 혼합해서 이들 삼 주체의 상황에 맞추어 유기적으로 활용한다.

[부록 2]는 과학 과목을 담당한 교수의 "수업 실연 학생 지도 결과보고서"이다. 이 부록은 담당 교수가 2019년 9월 9일부터 2019년 11월 2일까지 9회에 걸쳐서 선발된 예비교사를 지도하였고, 지도 내용에 따라 과학관, 상록교육관, 초등학교 교실 등 다양한 장소에서 지도하였음을 보여준다. 이 결과보고서들에 진술된 내용을 보면 담당 교수가 이 지도 활동에 쏟아부은 열정을 볼 수 있다. 이 결과보고서들 그리고 담당 교수와의 짧은 인터뷰를 통해서 알게 된 내용은 다음과 같다. 담당 교수는 [부록 1]에

있는 평가 기준표의 관점과 항목들을 고려하여 지도하고자 하였다고 한다. 이 담당 교수는 예비교사가 "틀에 박히지 않고, 창의적인 수업을 할 수 있도록 돕는데 주안점을 두고 지도를 하고자 하였다"고 한다. 실제 전국 대회를 마치고 이 예비교사는 전국 대회에 참여한 다른 대학교의 예비교사들도 [부록 1]의 수업 평가 기준으로 인해서 교과서에서 제시하지 않는 다른 교구들을 활용하는 수업을 했다고 담당 교수에게 전했다고 한다. 다시 수업계획안으로 돌아가도록 하자. 담당 교수는 2회차부터 4회차까지 여러 차례의 지도에서 과학 교과서에서 접근하지 않은 화산모형 틀을 제작하고 실험하기를 지도하였고, 지도안 작성은 지도교사가 주로 하고, 담당 교수는 조언하였다. 또한 이들 삼 주체는 이들이 준비하고 있는 것이 새로운 도구를 사용함으로서 기존 수업을 탈피했음을 보이고자 한 것이 아니라 기존 모형이 아닌 다른 모형들을 사용해서도 원래 의도한 학습목표를 학생들이 달성할 수 있음을 보이는 데 초점을 둔 협업을 하였다. 그리고 전국 대회에 참가하는 예비교사의 입장에서 매우 값진 지도는 바로 자신에게 지도교사의 학급에서 예비 수업을 할 수 있는 기회였다. 머릿속으로 사고 실험한 수업과 실제 학생들을 대상으로 진행하는 수업은 천양지차이다. 이 수업 시연을 통해서 선발된 예비교사는 수업 중에 발생할 수 있는 수업 지도안을 작성하면서 한 사고 실험 중 다양한 예측 가능하지 못한 수업 사태들(물론, 현직교사들은 쉽게 다룰 수 있는 상황)에 직면할 수 있었고, 이런 상황들에 대처할 수 있는 교수법도 담당 교수와 지도교사로부터 배울 수 있었다.

모든 담당 교수들이 이처럼 열정을 가지고 선발된 예비교사를 지도한 것은 아니다. 지도 횟수가 2회에 그치기도 하고, 지도교사의 여건에 따라 수업 시연을 실행하지 못하는 경우도 있다. 좀 더 특수한 경우이기는 하지만, 선발된 예비교사가 3학년이고, 이 전국 대회 준비 기간이 3학년 학생들의 교생 실습 기간이고, 이 학생의 실습학교가 부설초이면, 세밀한 지도가 이루어지기도 한다. 이 경우 부설초는 교과별 수업 전문 교사들이 있고, 교생 지도교사가 있어서 선발된 예비교사는 다양한 자원들로부터 지도를 받고, 자연스럽게 수업 실연을 해 볼 수 있는 기회를 갖는다.

3. 전국 대회

(1) 좋은 수업 탐구 대회에 참여한 예비교사들의 수업 분석: 미술 교과 수업을 중심으로

좋은 수업 탐구대회에 교과별로 참여하는 모든 예비교사는 동일한 단원과 동일한 차시에 대한 수업을 준비해서 대회에 참여한다. 앞서 언급한 바와 같이, 좋은 수업 탐구대회에 참가하기 위해서 각 대학에서 선발된 40명의 예비교사들은 교과별로 4명씩, 지정된 수업 실연 학교에서 1교시부터 4교시까지 학급을 바꾸어 가며 수업을 진행한다. 이 전국 대회에서 예비교사들이 실행한 수업을 대상으로 한 소수의 연구(김상준, 김미남, 2015; 조용훈, 2017; 최창우, 2015)가 있다. 이들 연구물들 중에서, 김상준과 김미남이 네 명의 예비교사들이 수행한 미술 수업을 분석한 연구물에 나타난 예비교사들의 수업의 특징을 살펴보도록 한다.

김상준과 김미남(2015)는 "제4회 좋은 수업 탐구대회" 중 미술 교과 수업을 분석하고 다음과 같은 몇 가지 특징을 발견하였다. 첫 번째, 참여 예비교사들은 자신들의 수업이 공개되어 평가받을 것이기 때문에 다양한 수업 매체들을 준비한다. 하지만 이들 연구자는 예비교사들이 사용하는 일부 자료들은 수업 진행에 적절한 정보와 동기유발을 위해 효과적으로 기능할 수 있지만, 다른 더 많은 수업자료들은 오히려 학생들의 학습을 방해하는 게 아닌가 하는 판단을 하였다(p.43). 이는 앞 절에서도 언급된 바 있다. 전국 대회를 준비하는 과정에서 예비 수업을 실시해 보는 등 체계적인 준비 과정의 필요성이 있음을 확인할 수 있다. 두 번째, 미술 교과 수업을 한 네 명의 예비교사들의 수업 중 수업 시간의 많은 부분이 교사의 질문과 그에 대한 학생의 대답으로 진행되었다(p.46). 예비교사들이 주로 사용한 수업 관행은 "가능한 단순한 질문을 던져, 가능한 많은 학생이 답을 즉각적으로 할 수 있게 하는 것", "학생의 응답에 대해 교사는 학생의 대답을 그대로 반복하여 말하거나, 들었다는 신호를 보내는 짧은 추임새나 혹은 별 반응 없이 다른 아이들을 다시 호명하는 식의 피드백을 주기"이었다. 연구자들은 이들 네 명의 예비교사는 IRE 형 발문 중심으로 수업을 하였다고 진술하고 있는 것으로 판단해 보건대(p.48), 이들 예비교사는 학생 간 상호작용 및 의사소통을 촉발하는 발문은 거의 사용하지 않고 있음을 알 수 있다. 세 번째, 이들 연구자는 네 명의 예비교사들이 한 수업을 분석하면서 '너무' 친절한 미술 교사로 그들을 지칭했다. 한 예비교사의 경우 자신이 학생들에게 요구한 활동을 학생들이 거의 즉각적으로(학생들에게 사고할 시간을 충분히 주지 않음) 수행하지 못하자 자신이 대신 학생들의 작품을 만들어주기까지 하였다. 더군다나 학생들이 예비교사에게 도움을 요청하지도 않았음에도 말이다(pp.49~50). 이런 수업 관행에 대해서 연구자들은 "단순히 수업 내용이나 교육과정에서 명시하고 있는 형식적 목표를 달성하기 위해 교사가 무한정 친절을 베풀 필요는 없었을 것이다. 학생들이 문제 상황에 직면하고 해결 방법들을 찾는 과정에서 이루어지는 시행착오와 도전들이 오히려 좋은 수업이 목표로 하는 학습자의 중요한 '학습'이자 '배움'의 과정일 것이기 때문이다."고 진술하고 있다. 즉,

겉보기에 형식적 목표를 달성하는 것처럼 보이는 수업이 좋은 수업이 아니라는 것에는 모두가 동의할 것이다. 따라서 [부록 1]에 있는 평가 요소 중 하나인 "이 수업의 학습 목표는 잘 도달되었는가?"가 의미하는 바가 무엇인지에 대한 깊은 고민이 필요해 보인다. 제시된 평가 기준이 유불여무(有不女無)가 되어서는 안 된다. 즉, 수업 중에 학습목표를 다루기는 했지만, 학생들 편에서 학습은 발생하지 않을 수 있는 수업이 단지 학습 목표를 수업 중에 다루었다고 좋은 수업이라고 평가할 수는 없다. 위와 같은 수업에 대해서 김진호(2021)는 한 학급에 있는 학생들은 서로 다른 지적 능력을 갖추고 있기 때문에 동일한 학습목표를 달성할 것을 목표로 실행하는 수업은 부적절한 수업일 것이다고 주장한다. 즉 연구자들의 의견과 같이 분석 대상이 된 예비교사들의 수업이 좋은 수업인지에 대해서는 의문이다. 네 번째, 앞과 같은 맥락에서 예비교사들은 수업의 도입단계와 마무리 단계에서 학습목표를 강조하고 있었다. 하지만, 연구자들은 "좋은 수업 탐구대회에 참가한 예비교사들은 자신들이 수업 도입부에서 그렇게도 정성 들여 학생들에게 확인시키고 강조한 학습목표와 상관없는 혹은 연계성 없는 수업 내용을 준비하고 실행하고 있었다"(p.54)고 진술하고 있다. 덧붙여, 연구자들은 예비교사들이 수행한 미술 수업은 "학습자들의 최종 표현물들은 연구 대상 미술 수업들이 이 학습목표 성취보다는 형식적으로 학습목표를 '제시'하는 일에 더 집중하고 있었다는 것을 분명하게 보여주었다"고 진술하고 있다. 학습목표를 교사는 중요하게 다루고자 하지만, 학생들이 이 학습목표를 성취하였다고 단언할 수 없는 수업이다.

앞서 언급한 논문에 나타난 예비교사들이 수행한 미술 수업의 특징에 대해서 논의를 측면들을 수학 수업의 측면에서 논의해보도록 하자. 첫 번째, 예비교사들은 다양한 수업 자료를 사용한다. 연구자들이 언급하듯이, 수학 수업 역시 다양한 수업 자료를 사용할 필요성은 물론 있다. 초등학생들은 구체적 조작기에 있으므로 그들은 자신들이 수행한 활동들을 토대로 구성적 정신 활동을 할 수 있다. 즉, 학생들의 구성적 정신 활동을 돕기 위해서 수업 자료를 사용할 필요가 있다. 그런데 이때 고민할 것이 있다. 학생들의 지적 능력은 모두 다르므로 동일한 과제라 하더라도 그들이 그들에게 주어진 과제를 수행하기 위해서 그들이 고안해낸 방법 전략 등은 다를 수밖에 없다. 학생들은 동일한 프로그램으로 프로그램된 로봇이 아니다. 그렇다면 학생들은 저마다 서로 다른 수업 자료를 자신이 선택할 수 있는 권한을 부여받아야 한다. 교사가 모두 동일한 수업 자료를 선택해서 제공해 주는 것이 수업 자료가 아니라 학생들이 그들의 필요에 따라서 선택하는 것이 수업 자료이어야 한다. 두 번째, 예비교사들이 주로 사용하는 발문이 IRE형 발문이다. 예비교사들이 이런 발문들을 주로 사용한다는 것은 시급히 개선되어야 할 부분이다. 제7차 교육과정 이후로 최근의 2015 개정 교육과정에 이르기까지 교육과정 속에서 교사들에게 요구하는 발문은 IRE형 발문, 깔때기형 발문, 선택형 발문, 예/아니오형 발문이 아니라, 메타인지를 요구하는 발문, 동료 학습자의 사고를 이해할 것을 요구하는 발문 등이다(강완, 장윤영, 정선혜, 2011; 구순란, 2000; 노은지, 2015; 조영준, 신항균, 2010). 학습목표가 정해져 있는 수업을 할 때는 그 학습목표에 도달하기 위해서 어쩔 수 없이 전자의 유형에 속하는 발문들을 교사들이 할 수밖에 없다. 세 번째, 학습목표의 강조이다. 예비교사들이 수행한 수업을 심사위원들이 심사할 때 사용하는 심사 기준 중의 하나가 "기존의 정형화 된 수업 틀에 대한 편견 없이 수업 목표 달성을 위한 창의적이고 참신한 수업자의 아이디어에 초점을 두고 심사한다.([부록 1] 참고)"이다. "정형화된 수업 틀"에서 벗어나는 수업은 아마도 "학습목표를 진술하지 않으면서 수업하는 것" 또는 "적어도 기존의 학습목표 관점과는 다른 관점에서 설정된 학습목표를 달성하는 수업을 하는 것"이다. 그런데 "수업 목표 달성"을 위한 "창의적인 수업"이라고 하는 것이 상당히 모순된다고 하지 않을 수 없다. 전자는 지나치게 파격적인 수업일 수 있고 후자를 토대로 하는 수업에 대해 좀 더 논의해보고자 한다. 앞서도 간단하게 언급한 바 있지만, 제7차 교육과정 이후로 개정된 교육과정들은 줄곧 "개인차를 고려한 수업"을 언급하고 있다. 이때 말하는 "개인차"가 학생들의 다양한 측면에서의 개인차를 지칭할 수 있겠지만, 우리나라 교육과정의 철학이 "구성주의"라는 점을 상기해 볼 때, 이 "개인차"는 학생들의 지적 능력이란 측면에서의 "개인차"란 점이 부각되어야 할 것이다. 다시 말해서 학생들의 지적 능력이 개인차가 있음을 인정하면, 교사가 정한 또는 교과서에서 정해 준 "학습목표"를 학생들이 이해하기 위한 수업을 진행하는 것은 매우 부적절하다 하지 않을 수 없다. 극단적으로 말해서 학생들의 지적 능력이 모두 다 다르기 때문에 교사는 아마도 학생 수만큼의 학습목표를 설정하고, 그들마다 서로 다른 성취를 달성하는 수업을 해야 할 것이다. 하지만 관습적으로 이루어지는 수업에서의 학습목표란 그 학급에 있는 모든 학생이 다 함께 성취하기를 기대하는 것이다. 그런 학습목표를 설정한 수업이 성공적일 수 없다는 것은 자명해 보인다. 따라서 합리적인 학습목표는 수업을 통해서 각 학생마다 서로 다른 지적 성장과 발달을 성취하는 것이다.

(2) 수업 지도안 및 심사평

예비교사들은 좋은 수업 탐구대회에 참여하기 위해서 각 교육대학교에서 교내 예선을 거쳐서 각 교육대학교의 대표로 선정된 후에 대회본부로부터 전달된 각 교과의 단원 및 차시에 대한 수업계획안을 작성한다(자세한 내용은 앞의 "2. 전국 대회 준비"

절을 참고하기 바란다). 매 대회마다 “전국교대 예비교사 좋은 수업 탐구대회 종합보고서”를 발간하는데, 대구교육대학교에서 실시한 제4회 대회 때부터 보고서에 각 교과별 교육부 장관상을 받은 예비교사의 “수업 실연 계획안”을 수록하고 있다. 제3회 대회까지는 교과별 수업 실연에 대한 심사위원들의 “심사평”과 심사위원군별 순위가 꺾은선그래프로 제공되어 있다. 아래 제시한 〈표 4〉는 최근의 좋은 수업 탐구대회 중 수학교과에서 교육부장관상을 받은 예비교사의 수업 실연을 위한 수업계획안이다. 그리고 〈표 5〉는 〈표 4〉의 수업 실연에 대한 심사위원들의 심사평이다.

표 4 최근에 수학 교과에서 교육부장관상을 받은 예비교사의 수업계획안

<table>
<tr><td>교과</td><td>수학</td><td>단원</td><td>4. 사각형</td><td>일시</td><td>2019.11.18.</td><td>수업자</td><td>○○○[5)]</td></tr>
<tr><td>주제
(차시)</td><td colspan="3">사다리꼴의 개념 알아보기(5/11)</td><td>대상</td><td>4학년</td><td>장소</td><td>4-2교실</td></tr>
<tr><td>학습
목표</td><td colspan="7">• 내용: 사다리꼴의 개념과 성질을 설명할 수 있다. (의사소통 역량, 추론 역량)
• 과정: 사다리꼴의 공통점을 찾아 분류하고 여러 가지 사례에서 사다리꼴의 성질을 귀납적으로 추론할 수 있다. (추론역량, 정보처리역량)
• 태도: 여러 가지 도형을 분류하는 탐구과정 속에서 수학 학습에 대한 흥미와 적극성을 가질 수 있다. (창의·융합역량, 태도 및 실천역량)</td></tr>
<tr><td>교수·
학습
자료</td><td colspan="4">사다리꼴 범례 자료, 사다리꼴 변형 교구, 칠교판,
투명모눈판, 각도만들기세트, 지오보드</td><td>교수·
학습모형</td><td colspan="2">개념형성모형</td></tr>
</table>

<table>
<tr><th>학습
단계
(분)</th><th>주요활동
(학습형태)</th><th>교수·학습활동</th><th>♧역량
(하위요소)</th><th>자료(○)
평가(▷)
유의점(*)</th></tr>
<tr><td>문제
파악
(3‘)</td><td>동기유발
(전체)

학습문제
확인
(전체)</td><td>◎ 스토리텔링을 통해 동기유발하기
• 캐릭터의 문제상황 파악하기
[친구들이 도형의 방에 갇혔습니다. 　가 자신이 누구인지 맞추면 방을 나갈 수 있게 해 준다고 합니다. 이 도형이 무엇인지 알아내서 친구들을 도와줍시다.]
–친구들이 방을 탈출하게 도와주고 싶다.
–무슨 도형인지 궁금하다.
◎ 학습문제 확인하기
• 공부할 문제를 알아보고 ②에 정리하기
–공부할 문제를 적고 확인한다.
[♣ (　　　　)에 대해 알아보기]</td><td></td><td>① 영화 『인사이드 아웃』 각색

② 학습장</td></tr>
<tr><td>범례
제시 및
범례분류
(10‘)</td><td>범례관찰
(개별)</td><td>◎ 범례 살펴보기
• ③의 도형들을 관찰하여 특징 찾기
–사각형이 4개, 삼각형 1개, 오각형 1개 있다.
–각의 크기와 개수가 다른 도형들이 있다.</td><td></td><td>③ 범례 조작자료(정례와 반례)
*브레인스토</td></tr>
</table>

5) 수업자의 이름은 ○○○으로 익명처리한다.

		〈사다리꼴의 범례〉 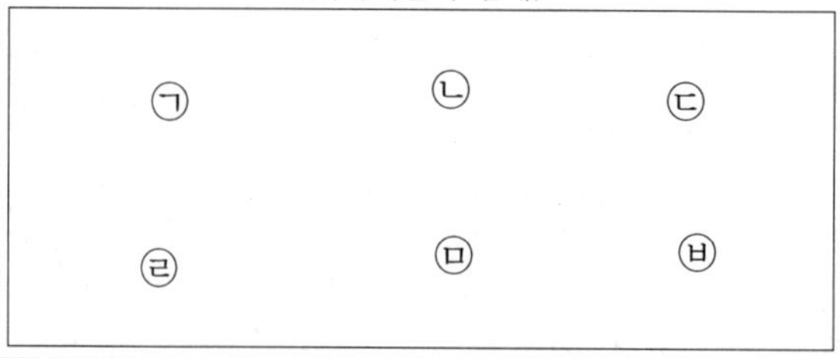 		밍을 통해 생각난 것을 바로 이야기하도록 한다.
	속성에 따른 범례 분류 (개별) ↓ (모둠)	◎ 기준을 정하여 도형 분류하기 • 기준을 정하여 기준에 맞는 것과 기준에 맞지 않는 것으로 분류하기 – 자신이 정한 기준으로 6가지의 도형을 분류하여 학습장에 붙인다. • 모둠원들과 의견나누기 – 의견을 나누고 분류결과를 친구들과 공유한다. • 분류 결과 발표하기 – 〈분류1〉: 사각형인 도형(㉠, ㉢, ㉣, ㉤)과 그렇지 않은 도형인(㉡, ㉥)이다. – 〈분류2〉: 평행한 변이 한 쌍 있는 도형(㉠, ㉢, ㉣, ㉤)과 그렇지 않은 도형인(㉡, ㉥)이다.	♤정보처리 (자료와 정보 정리 및 분석)	▷평가(과정) (도형의 공통점을 찾아 분류할 수 있는가?) ▷평가(태도) (도형을 분류하는 과정에서 흥미를 느끼고 적극성을 보이는가?)
개념화 (6‘)	공통설질 찾기 (모둠)	◎ 정례의 공통성질 찾기 • ㉠, ㉢, ㉣, ㉤의 공통점 찾기 – 모두 사각형이다. – 평행한 변이 한 쌍이라도 있는 사각형이다. – 사다리 모양으로 생겼다.	♤추론(관찰과 추측)	*칠판에 정례만 붙여둔다. ▷평가(과정) (사다리꼴의 성질을 귀납적으로 추론할 수 있는가?)
일반화 (14‘)	이름 짓기 (개별)	◎ 공통점이 드러나게 도형의 이름 짓기 • ㉠, ㉢, ㉣, ㉤와 같이 평행한 변이 한 쌍 있는 사각형의 이름 짓기 – 평행한 변이 한 쌍 있어서 한평사각형이다. – 물고기 꼬리처럼 생겨서 물꼬사각형이다. ◎ 사다리꼴의 개념 약속하기 • ㉣를 통해 개념을 약속하고 학습장에 정리하기 평행한 변이 한 쌍이라도 있는 사각형을 사다리꼴이라고 합니다. ◎ 동기유발 문제 해결하기 • 가 무엇인지 확인하기 – 평행한 변이 한 쌍이 있으므로 사다리꼴이다. ◎ 사다리꼴 개념 다지기 • ㉤에서 모든 사다리꼴 찾기 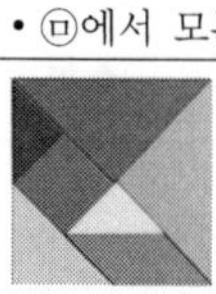 칠교판을 이용하여 여러 가지 사다리꼴을 찾아보고 어떤 방법을 사용하여 사다리꼴을 찾았는지 설명해봅시다. • 사다리꼴을 쉽게 찾을 수 있는 방법 이야기하기 – 먼저 평행한 선들을 찾아보았다. – 평행한 선을 공유하는 여러 도형들을 서로 붙였을 때 쉽게 사다리꼴을 찾을 수 있었다.	♤창의·융합(독창성) ♤의사소통 (자신의 생각표현, 타인의 생각	㉣PPT(사다리꼴의 개념) *학습문제의 를 ‘사다리꼴’로 수정한다. ㉤ PPT, 칠교판 ⑥교사 제작 교구(자석을

<table>
<tr><td></td><td></td><td>– 평행한 두 직선 사이에 있는 사각형들은 다 사다리꼴이었다.
• ⑥을 통해 개념 연결하기
– 사다리꼴 교구의 꼭짓점을 이동시켜도 한 쌍의 변이 평행하므로 직사각형과 정사각형은 모두 사다리꼴이다.</td><td>이해)</td><td>이동하여 사다리꼴의 성질을 파악할 수 있는 교구)</td></tr>
<tr><td>적용
(7')</td><td>형성평가
(개별)</td><td>◎ 형성평가하기
• ⑦을 통해 사다리꼴인 도형과 그렇지 않은 도형 찾기
– 형성평가 문제를 해결하고 답을 확인한다.</td><td>♤의사소통(수학적 표현의 이해)</td><td>⑦형성평가문제(사다리꼴을 찾기)</td></tr>
<tr><td></td><td>수준별
학습
(모둠)</td><td>◎ 형성평가 결과에 따라 수준별 학습하기
<table>
<tr><th>구분</th><th>보충</th><th>심화</th></tr>
<tr><td>대상</td><td>• 형성평가 문제를 해결하지 못한 경우</td><td>• 형성평가 문제를 해결한 경우</td></tr>
<tr><td>활동</td><td>• 형성평가 문제를 교사와 함께 해결하기</td><td>• 둠에서 ⑧을 사용하여 문제 만들기</td></tr>
</table></td><td></td><td>▷평가(내용)
(사다리꼴을 찾고 개념을 설명할 수 있는가?)</td></tr>
<tr><td></td><td>실생활
적용(전체)</td><td>◎ 실생활에서 사다리꼴 모양 찾기
• 주변에서 찾을 수 있는 사다리꼴 찾기
– 축구골대, 칠판이 있습니다.</td><td>♤창의·융합(수학 외적 연결 및 융합)</td><td>⑧투명모눈판, 각도기만들기 세트</td></tr>
<tr><td></td><td>학습한
내용
정리하기
(전체)</td><td>◎ 학습내용 정리하기
• 알게 된 점 이야기하기
– 평행한 변이 한 쌍이라도 있는 사각형이 사다리꼴임을 알게 되었다.
– 직사각형과 정사각형도 사다리꼴에 속한다는 것을 알게 되었다.</td><td>♤태도 및 실천(가치 인식)</td><td>*보충학습 시 지오보드를 이용하여 사다리꼴의 성질을 교사와 재탐구 한다.</td></tr>
<tr><td></td><td>과제 제시
(전체)</td><td>◎ 과제 제시하기
• ⑨를 보고 사다리꼴 모양의 건물이나 장소 찾아오기</td><td></td><td>⑨사다리꼴 모양의 건물과 장소</td></tr>
</table>

표 5 수학 수업 실연 심사평 분석 자료

우수한 점	
심사위원 A	Aa3₀₁ 발성이 좋고 수업 진행이 우수함. Aa6₀₁ 맨인블랙의 사다리꼴 로고로 흥미롭게 시작함. Aa2₀₁ 각 조마다 다양한 활동주제를 준비했음. Aa6₀₂ 학생들에게 분류기준을 정하게 하면서 평행선의 유무, 수직의 유무, 직각의 유무 등 다양한 답변이 유도되었음. Aa4₀₁ 한 쌍이라도 평행해야 한다는 개념에 충실함. Aa4₀₂ ○× 문제 맞추기로 학생들에게 사다리꼴의 개념을 다시 한 번 확인해 줌으로 전체적으로 개념이 잘 정리됨. Aa4₀₃ 수업 전 평행, 평행선의 개념을 상기하게 하여 사각형의 분류 기준으로 이어질 수 있게 활동이 이루어짐. Aa2₀₂ 학생과 유연한 사고 작용이 돋보임. Aa3₀₂ 예상치 못한 학생의 반응에 유연하게 대처하는 모습을 보임.

	Aa6$_{03}$ 평행, 사각형이라는 사다리꼴의 최근류, 종차를 정리하는 활동으로 정의를 완성함, 사다리꼴의 정의에 주목할 수 있는 교구를 활용함.
심사위원 B	Ba3$_{01}$ 정형화된 틀이 있는 차분한 수업 운영이 돋보이는 수업. 모둠별로 분류해 볼 수 있는 기회를 제공하는 부분이 인상적임.
	Ba1$_{01}$ 사다리꼴이라는 이름을 처음부터 제시하지 않고 학생들이 다양한 이름을 생각해보게 한 후 제시하여 획일적인 사고 과정 대신 창의적 사고 기회를 주는 점이 좋았음.
	Ba4$_{01}$ 다양한 매체를 활용하여 수업에 투입 및 적용하여 학생들의 이해도 증진에 도움을 줌.
	Ba3$_{02}$ 지오보드 사용 시 유의점을 자세히 안내하며, 다양한 교구를 투입함에도 혼란스러움 없이 수업을 운영함.
	Ba4$_{02}$ 학습내용을 실생활에서 적용하여 찾아보는 활동을 통해 수학의 실용성에 대해 이해를 도움.
	Ba3$_{03}$ 학생들의 호기심 및 흥미 유발에 효과적인 미션을 활용한 도입 및 수업 전개를 학생들이 적극적으로 수업에 참여하는 모습이 돋보였음.
	Ba6$_{01}$ 다양한 코너를 마련하고 코너별로 서로 다른 내용의 활동을 제시하여 다양한 경험을 할 수 있는 기회를 제공함.
	Ba3$_{04}$ 인상적인 요소와 융합한 수업을 전개하고, 미션 수행과 연계하려는 시도가 칭찬할 부분임.
	Ba4$_{03}$ 학급 전체가 힘을 합해 완성한 미션과 힌트로 퍼즐조각을 맞춰 사다리꼴을 완성함.
	Ba6$_{02}$ 교사의 상황을 활용하여 문제 상황을 제시함으로써 호기심을 유발하는 도입 부분이 인상적임.
	Ba4$_{04}$ 수업 중 사다리꼴의 개념을 이해하고 있는지 여러 차례 확인하는 과정을 거쳐서 확습 목표인 사다리꼴에 대해 이해하기를 효과적으로 달성함.
	Ba3$_{05}$ 수업규칙에 대해 명확하고 간결하게 설명하고 제시하여 수업 흐름이 매끄럽고 원활하게 함.
	Ba6$_{03}$ 다양한 모양이 포함된 칠교판을 일관되게 수업도구로 활용하여 추후 도형 학습에 도움이 되는 개념 제시에 도움을 줌.
	Ba6$_{04}$ 다음차시 수업과 연계한 학습내용 확인 및 전개로 계획성 확보가 가능해짐.
	Ba3$_{06}$ 적절한 어조와 표현으로 차분하고 유연하게 수업을 운영하는 모습이 인상적임.
	Ba2$_{01}$ 학생들이 각자의 기준에 따라 사각형을 분류해보도록 기회를 제공하고 분류한 사각형의 이름을 지어주는 활동을 제시하여 학생들이 호기심과 함께 적극 참여하는 즐거움을 갖는 모습을 보임.
	Ba4$_{05}$ 카톡 알림을 통해 궁금증을 유발하고 미션을 해결하면서 자연스럽게 학습 목표에 도달할 수 있도록 수업 활동을 구성함.
	Ba4$_{06}$ 학생들의 발표, 활동 내용에 대해 긍정적 피드백을 제공하여 참여도를 제공하는 효과가 있음.
	Ba4$_{07}$ 칠교판 전체 중 일부를 활용하여 사다리꼴을 만들 수 있는 다양한 방법을 함께 찾아봄으로써 사다리꼴에 대한 이해도를 높임.
	Ba1$_{02}$ 평행선과 자석, 고무줄을 활용하여 사다리꼴의 여러 모양을 함께 확인하였는데, 평행과 사다리꼴의 개념을 연결하는데 창의적이고 효과적인 방법임.

	Ba2$_{02}$ 모둠별 활동 후 어떻게 만들었는지 확인하고 학급 전체와 공유함.
	Ba3$_{07}$ 수준별 활동이 가능하도록 준비 및 안내함.
	Ba6$_{05}$ 스토리텔링을 통한 동기유발이 학생들의 학습에 대한 흥미도를 향상시키는 점이 좋았음.
	Ba3$_{08}$ 수업 내 교사의 상황에 알맞은 표정과 몸짓으로 부드럽고 유연한 수업 진행함.
	Ba1$_{03}$ 이름 짓기 활동을 통하여 학생의 창의력, 사고력 촉진을 유도한 점이 좋았음.
	Ba6$_{06}$ 학습동기 유발시 모둠별 실물자료를 제공하여 학생의 관심도 향상에 도움을 줌.
	Ba3$_{09}$ 수업 중 교사의 차분한 태도와 돌발 상황에 따른 교사의 침착한 태도가 좋았음.
	Ba4$_{08}$ 실물 도형 자료를 통한 분류활동을 통하여, 명세적인 사각형 개념을 이해하고, 변의 평행을 인지하도록 하여 학습 목표인 사다리꼴의 이해를 도출한 점이 좋았음.
	Ba4$_{09}$ 수업 활용 내 지오보드, 칠교판 등의 구체적 조작 자료를 활용하여 학생의 이해도를 높임.
	Ba4$_{10}$ 단순하고 구체적인 과제 수행으로 수업 목표 도달에 쉽게 이름.
	Ba6$_{07}$ 동영상 자료를 활용하여 스토리텔링 동기유발을 하여 학생 학습흥미 유발에 효과적이었음.
	Ba4$_{11}$ 구체적 실물 도형을 제시하고 학생들이 직접 분류하고 기준을 찾게 하며 학습 활동을 유도하고 학습활동 중 지속적으로 학습 문제를 인지하게 하여 학습목표 도달에 용이하게 함.
	Ba2$_{03}$ 학습상황에 적절한 발문을 통하여 학생 스스로 사고할 수 있는 기회를 제공하고, 결론을 추론할 수 있도록 하는 수업 방법이 좋았음.
	Ba6$_{08}$ 학습활동에 적합한 평가활동을 수립하고 수업 중 적절히 평가를 실시한 점이 좋았음.
심사위원 C	Ca6$_{01}$ 생활 속 사례를 스코리텔링으로 들려주며 학생들의 학습동기를 효과적으로 유발함.
	Ca3$_{01}$ 교사의 표정, 몸짓과 고른 시선처리 등 PCK가 돋보였으며, 수시로 궤간 순시하며 피드백하는 과정이 적절함.
	Ca1$_{01}$ 학생들이 활동을 해결해야 할 코너별 미션 중심으로 진행하여 모든 학생들이 흥미를 갖고 모두 참여하였으며 활발한 협력적 배움이 일어남.
	Ca3$_{01}$ 미션 해결 과정에서 은연중에 과정평가가 이루어졌으며, 학습 내용이 심화 발전됨. 특히 해결 과제를 통해 학생들의 배움이 교실 공간에서부터 일상생활 속으로 확장되어 삶으로 이어지는 모습을 볼 수 있었음.
	Ca4$_{01}$ 모호성을 띤 동기 유발을 통해 자연스럽게 학습목표에 접근하는 모습이 신선함.
	Ca1$_{02}$ 학생수준을 고려한 동기유발로 학습목표를 자연스럽게 인지시켰으며, 편안하고 안정된 교사의 표정과 적절한 발문과 피드백이 돋보임.
	Ca6$_{02}$ 2015 개정 교육과정에서 강조한 기능을 수업 속에 잘 녹려내려고 고민한 흔적이 많이 보임.
	Ca3$_{02}$ 모둠 도형판, 지오보드 등을 활용해 조작 활동을 많이 하려고 노력했고, 교사의 제시와 수업을 이끄는 모습이 능숙함.
	Ca6$_{03}$ 미션을 해결하며 다양한 활동을 통해 사다리꼴을 찾고, 만들고 활용하는 재미있는 수업이었음.
	Ca4$_{02}$ 처음으로 사다리꼴이 나와 성질을 분류하기를 통해 알아가도록 하는 성취기

	준을 잘 녹였음. Ca6$_{04}$ 학생들이 기준을 정해 사각형을 분류하게 하고 학생들이 과제를 점검하게 하는 등 학생 중심의 수업이 되도록 노력하는 모습이 보임. Ca6$_{05}$ 모둠 자석, 칠판, 영화 음성이 가미된 미션 PPT 등 학생들의 흥미를 유발하거나 가시성 좋은 자료를 잘 활용했음. Ca3$_{03}$ 사다리꼴의 정의를 활용해 평행사변형이나 정사각형이 왜 사다리꼴인지 학생들에게 생각할 수 있도록 발문해 준 점도 인상 깊었음. 특히 보조 칠판에 평행선을 그려주고 자석을 이동하며 사다리꼴의 정의를 활용해 성질을 설명하는 부분은 매우 인상적이었음.
미흡한 점	
심사위원 A	Ab3$_{01}$ 동기부여에서 따라 자르기로 여러 가지 모양의 사각형을 도입한 점은 좋았으나, 조각의 개수가 많고 크기가 작아 도형의 특징이 강조되기 어려움. Ab2$_{01}$ 분류하기의 기준을 찾는 과정이 다소 주입식으로 이루어짐. Ab4$_{01}$ 사다리꼴 모양의 이름 짓기 시간이 짧고, 한 쌍이라도 평행한 변이 있어야 함을 더 강조해야 했다는 점이 아쉬움. Ab4$_{02}$ 각 조마다 다른 주제를 준비하여 다양성의 시도는 좋았으나, 혼란스럽고 특히 각의 크기, 칠교판 여러 조각 활동들은 이번 차시의 수업목표와는 거리가 있는 활동임. Ab3$_{02}$ 5학년에서 다루는 난이도였고, 활동 시작 전에 안내가 미흡하여 자칫 혼란을 부추길 수 있음. Ab4$_{03}$ 창의적이고 융합적인 수업을 위해 다양한 노력이 돋보이나 주제는 만족시키지 못함. Ab4$_{04}$ 학생들이 직접 사다리꼴을 찾아 동그라미 친 것은 좋았으나, 평행한 한 쌍의 변을 확인해 주지 않아 아쉬웠음. Ab4$_{05}$ 사각형=사다리꼴의 오개념을 심어줄 수 있으니 조심해야 함. Ab4$_{06}$ 도입 때 평행이 등장함에도 개념을 상기하지 않음. Ab4$_{07}$ 사각형의 정의로 수렴하지 않고, 윗변, 아랫변, 높이 등 5학년의 내용을 도입하여 오히려 오개념을 유도하는 경향이 있음. Ab2$_{03}$ 활동에 대한 평가가 거의 고려되지 않고 피드백이 잘 이루어지지 않음. Ab4$_{08}$ 전혀 융합될 수 없는 내용과의 융합을 시도함. Ab4$_{09}$ 정의가 중요한 수업이므로 정의를 앞에 적어주고 상기하는 활동이 필요함. Ab4$_{10}$ 다각형 분류 활동에서 제시된 사각형이 모두 사다리꼴의 정례만 있고 반례가 없어 공통성을 추상화하기 어려워 보임.
심사위원 B	Bb3$_{01}$ 활동 수 및 내용이 너무 많아 시간이 다소 부족하고, 학습 목표 달성과 깊은 연관성이 없이 활동이 포함된 점이 아쉬움. Bb4$_{01}$ 수업목표를 명확하게 인지하고 수업 단계별 활동을 계획하려는 노력을 해 봤으면 하는 조언을 해주고 싶음. Bb4$_{02}$ 보다 명시적으로 학습목표를 제시하여 학생들의 학습목표에 대한 인지도를 높이지 못한 점이 아쉬움. Bb3$_{02}$ 학습 수행의 양이 다소 많아서 과제를 적절히 완벽하게 수행하지 못한 학생이 있어 아쉬움. Bb4$_{03}$ 수업 마무리 시 사다리꼴에 대한 보다 명확한 수학적 개념 정립이 되지 못한 학생이 있어 아쉬움.

	Bb3$_{03}$ 학습목표에 대한 명확한 제시가 이루어지지 않아 학생들이 학습 주제를 확실히 인지하지 못함. Bb4$_{04}$ 학습활동의 구성이 학생들의 흥미를 유발시킬 수 있는 다양한 활동으로 구성되어 있었으나, 학습목표와 직접적 연관이 없는 활동이 있었고, 수행해야 하는 학습의 양이 너무 많아 수업종료까지 마무리를 하지 못한 학생이 있었음. 학습활동의 내용 및 양의 선택이 아쉬움. Bb1$_{01}$ 과제수행의 난이도가 학생 평균수준에 맞추어 진행하여 개인차에 따라 수업 도달도의 격차가 나지 않음. 개별 수준에 따라 학습 수행을 할 수 있는 과제 제시가 되지 않아 아쉬움. Bb4$_{05}$ 칠교판 사용이 사다리꼴의 개념을 익히는 데 효과적인 도구로써 쓰일 수 있었는가에 대한 재고가 필요함. Bb4$_{06}$ 보다 다양한 사각형의 형태를 관찰하는 것이 보다 효과적이었을 것으로 보임.
심사위원 C	Cb1$_{01}$ 수업디자인 방향이 대체로 기존 수업 형태의 틀을 벗어나지 못하고 있어 새로운 디자인에 대한 연구와 노력이 아쉬움. Cb4$_{01}$ 학생들의 협력적인 배움과, 배움이 아이들의 삶으로 연계되지 못한 점도 아쉬움. Cb4$_{02}$ 전체적으로 교사와 학생이 상호작용해 가며 학습목표에 도달해 가는 형태로 수업이 진행되어 학생 상호간의 피드백과 협력적 배움이 아쉬움. Cb4$_{03}$ 학생의 흥미와 수준에 알맞은 다양한 학습 자료의 활용이 아쉬우며, 배움이 평가, 피드백 되는 과정에서 배움의 도약과 삶으로의 연결이 부족함. Cb4$_{04}$ 학생 스스로 공통점과 차이점을 찾거나, 기준을 탐구해보고 조작하는 방법을 탐색해 보도록 해도 좋을듯 함. Cb4$_{05}$ 용어(윗변, 아랫변, 높이, 이상) 중 일부는 5-6학년 군에서 다뤄지는 내용으로 교과서에서 제시된 개념과 다른 어휘를 사용한 점이 의도가 궁금함. Cb2$_{01}$ 사다리꼴의 정의를 활용해서 왜 사다리꼴인지 아닌지 학생들이 직접 설명하도록 하면 좋겠음.

(3) 심사평에 대한 의견

위의 〈표 5〉는 수학 교과 수업 실연한 네 예비교사의 수업 실연 중 1등급 수상자의 수업 실연에 대한 3인의 심사 위원들의 심사평이다. 본 고는 이 수업 실연을 직접 참관할 수 없는 상태이기 때문에 이 3인의 심사 위원의 심사평이 담고 있는 의미를 중심으로 이 수업 실연을 [부록 1]에 있는 수업 실연 심사 기준을 토대로 간접 분석해 보고자 한다. 따라서 이 의견은 그 수업을 있는 그대로 반영한 것이라고 할 수 없겠지만, 또한 다른 시각으로 볼 수도 있음을 의미하기도 한다. [부록 1]에 있는 5가지 평가 요소를 순서대로 나타난 횟수에 따라 코딩을 하였다. 따라서 Aa$_{101}$에서 'A' 심사 위원을 의미하고, a와 b는 각각 각 심사 위원의 평가 중 우수한 점과 미흡한 점을 나타낸다. 영문 소문자 다음에 있는 한 자리 수는 평가 요소를 의미한다. 즉, 1은 "이 수업은 창의적인가", 2는 "이 수업은 학생의 사고 활동을 자극하는가"를 의미한다. 3-5는 다

표 6 평가 기준표의 평가 요소에 따른 심사평의 반응 분포

심사자	평가 \ 평가 요소	수업의 창의성	학생들의 사고 자극	수업의 구성과 흐름	학습 목표 도달	좋은 수업	기타	평별 합	합
A	우수한 점	0	2	2	3	0	3	10	25
	미흡한 점	0	3	2	10	0	0	15	
B	우수한 점	3	3	9	11	0	8	34	44
	미흡한 점	1	0	3	6	0	0	10	
C	우수한 점	2	0	3	2	0	5	12	19
	미흡한 점	1	1	0	5	0	0	7	
평가요소별 합 및 총합		7	9	19	37	0	16	88	

음 세 가지 평가 요소를 의미한다. 그리고 6은 이 다섯 가지 평가 요소에 포함되지 않는 기타 요소(예를 들어 동기부여)이다. 다음에 있는 두 자리 수 아래 첨자는 그 요소가 나타난 횟수를 의미한다. 위의 〈표 5〉에 있는 심사 위원들의 심사평을 앞서 설명한 코딩체계에 따라 분류하여 정리한 것이 〈표 6〉이다.

〈표 6〉은 3인의 심사 위원이 수업 실연 부분 1등급 수상자의 수업 실연에 대해 수행한 심사평을 평가 요소별로 보여준다. 3인의 심사 위원이 한 심사평은 모두 88가지였다. 이중 "좋은 수업 요소"와 관련한 심사평은 없었다. "학습 목표 도달 요소"와 관련한 심사평이 37회로 가장 많았다. 그리고 "수업의 창의성 요소"와 관련한 심사평이 7회로 적었고, "학생들의 사고 자극 요소"와 "수업의 구성과 흐름 요소"와 관련된 심사평이 각각 9회와 19회 있었다. 또한 심사 기준에는 없는 요소들에 대한 심사평도 심사 위원들은 했는데 이는 16회였다. 심사 위원 B의 심사평의 횟수는 44고, 심사위원 C의 심사평의 횟수는 19이다. 즉, 평가자간 심사평의 횟수에 있어서 차이가 심각하게 큼을 알 수 있다. 또한, 심사 위원 A의 심사평 중 평별 합 행을 보면, 우수한 측면(10회) 보다 미흡한 측면(15회)에 대한 심사평이 많다. 적어도 1등급을 받은 예비교사의 수업 실연에 대한 심사평이면 그 수업의 우수한 측면에 대한 심사평이 더 많아야 하지 않을까 한다. 물론 수업의 질에 대한 평가가 양적 측면만으로 평가될 수 없다는 것은 인지하지만 그럼에도 불구하고 양적으로 미흡한 점이 우수한 점 보다 많은 심사평을 받은 수업이 1등급을 받는 심사제도는 점검이 필요해 보인다. 이런 결과로부터 다음과 같은 몇 가지 제안을 할 수 있을 듯 하다. 첫 번째, 심사 기준에 없는 수업의 측면에 대해서도 심사평을 할 수는 있겠지만, 심사 기준에 있는 요소들과 관련된 심사평의 횟수가 많아야 할 듯 하다. 두 번째, 일부 평가 요소는 심사평이 없기도 하다는 결과로부터, 심사 위원들은 심사평을 작성할 때 심사 기준에 나와 있는 평가

요소별로 충실하게 평해 줄 필요가 있다. 세 번째, 평가자간 심사평의 횟수가 차이가 크다는 연구 결과로부터 평가자간 심사평의 횟수의 적절한 균형이 필요해 보인다. 네 번째, 세 번째 제안으로부터 파생하는 것으로, 3인의 심사 위원이 역할을 분담해서 평가 요소 중 특정 평가 요소를 중점적으로 평가하고 평을 작성하는 방안도 있을 수 있다. 모든 심사 위원이 모든 요소에 대해서 심사 위원들이 모두 심사평을 작성할 필요는 없을 듯하다. 다섯 번째, 심사 위원 심사평이 우수한 측면과 미흡한 측면으로 나누어진다는 점에서 우수한 측면에 대한 심사평이 현저히 적은 심사 위원이 있었는데, 이는 대상 수업에 대한 의구심(미흡한 점이 많은 수업이 어떻게 대상 수업으로 선정되었는가?)을 "좋은 수업 탐구대회" 참가자들에게 불러일으킬 소지가 있을 수 있다는 점에서, 우수한 측면에 대한 심사평이 각 심사 위원별로 많아야 하지 않을까 한다. 심사 위원들의 심사평을 양화시켜서 그 특징을 간단히 살펴보고 몇 가지 제안을 했다. 이제는 심사 위원들의 심사평에 대한 질적 분석을 하고자 한다.

첫 번째, 심사 위원 한 사람이 같은 수업을 보고 우수한 점과 미흡한 점에 대한 심사평을 했는데, 한 수업 장면에 대해 동시에 우수한 점과 미흡한 점을 기술하는 경향이 있다. Aa_{402}를 보면, 이 학급에 있는 학생들은 나름 개념을 잘 이해해서 학습 목표에 도달했을 것 같다. 그런데, 심사 위원 A는 Ab_{401}~Ab_{410}에 걸친 심사평을 통해서 이 학급에 있는 학생들은 학습 목표에 도달하지 못했을 수도 있음을 염려한다. 학습 목표와 관련한 심사 위원 B의 심사평 중 우수한 측면에 대한 심사평들(Ba_{401}~Ba_{410}; 예를 들어, Ba_{410}: 단순하고 구체적인 과제 수행으로 수업 목표 도달에 쉽게 이름)을 보면, 분명 이 학급에 있는 학생들은 학습목표에 도달했을 것으로 기대된다. 반면에 심사위원 B는 Bb_{401}~Bb_{405}에 걸친 심사평을 통해서 이 학급에 있는 학생들이 학습 목표에 도달했을까를 염려한다. 이 진술을 뒷받침하는 심사평의 좋은 예는 Bb_{403}(수업 마무리 시 사다리꼴에 대한 보다 명확한 수학적 개념 정립이 되지 못한 학생이 있어 아쉬움)이다. 두 번째, 심사 위원들은 본 대회에서 제시한 심사 기준에 따라 수업 실연을 한 예비교사들의 수업을 심사할 필요가 있다. 즉 일부 심사평을 보면, 심사 기준으로 심사 위원들에게 전달된 심사 기준에 부합하지 않는 심사평들이 있다. 예를 들어 보자. [부록 1]의 수업 실연 심사의 심사 기준 중 첫 번째 기준은 "기존의 정형화 된 수업 틀에 대한 편견 없이 수업 목표 달성을 위한 창의적이고 참신한 수업자의 아이디어에 초점을 두고 심사한다."이다. 이 심사 기준 중 "기존의 정형화 된 수업 틀에 대한 편견 없이" 그리고 "수업 목표 달성을 위한" 그리고 "창의적이고 참신한 수업자의 아이디어"로 구분해 볼 수 있다. 따라서 심사평에는 이 세 요소에 대한 심사 위원의 의견이 반영되어 있어야 할 것으로 기대된다. "기존의 정형화 된 틀에 대한 편견 없이"란 말이 의미하는 바가 무엇인지 명확하지 않지만, 기존의 정형화된 수업 틀에서 요구하는 수업 행위에 종속되지 않으면서 수업자의 독창적인 수업 행위가 있어야 한다는 것을 의미한다. 예를 들어, 모든 학생이 다 같이 학습할 것을 목적으로 학습목표를 제시하는 것이 일반적인데, 학생들마다 다른 학습 목표를 학생들이 학습할 것을 목적으로 하는 수업, 단차시 수업이 아닌 연차시 수업, 수학적 성취기준 뿐만 아니라 6가지 역량 모두를 학습목표로 설정한 수업 등이 "기존의 정형화 된 수업 틀에 대한 편견 없이"란 구절에 어울리는 심사평이 될 듯 하다. 조금 더 부연 설명을 하면, 2015 개정 수학과 교육과정(교육부, 2015, p.235) 중 "태도 및 실천 능력"을 함양하기 위한 교수·학습으로 추천하는 사항 중 하나가 다음이다.

> 학생 스스로 (학습) 목표를 설정하고 학습을 수행하며 학습 결과를 평가하는 자주적 학습 습관과 태도를 갖게 한다.

"학생 스스로 학습 목표를 설정하기"는 이미 2015 개정 교육과정에서 강조하는 사안임에도 불구하고 수학 교과서를 활용한 수업에서 학생들이 학습할 내용 즉 학습목표는 수학 교과서에 이미 제시되어 있거나, 교사가 선정하는 것이 일반적이지 교육과정 문구처럼 학생들이 학습 목표를 선정하는 수업의 예는 극히 드물다. 학생들이 스스로 학습 목표를 설정할 수 있는 기회를 학생들은 박탈당하고 있다. 아마도 이 교육과정의 문구 그대로, 약 20여 명의 학생이 있는 학급에서 각 학생이 스스로 학습 목표를 설정하고 학습을 수행하는 수업을 실행하는 수업의 풍경은 수학 교과서를 활용해서 수업할 때 벌어지는 수업 풍경과는 사뭇 다르다고 하지 않을 수 없다. 아마도 사람들은 이런 수업이 있다면 이 수업을 창의적인 수업이라고 하지 않을 수 없을 것이다. 세 번째, 심사 위원들의 심사평에 대한 양적 측면에서도 논의한 바 있듯이, 심사 위원에게 주어진 평가 요소에 충실한 평가를 해야 한다. 예를 들어, 평가 요소 중 "이 수업은 창의적인가?"란 요소의 하위 요소로 "이 수업을 통해 학생의 창의성을 신장시킬 수 있는가?"가 있다. 총 88건의 심사평 중 수업의 창의성 요소와 관련된 심사평은 7건이었고, 이 7건 중에 이 하위 요소와 관련된 심사평은 없었다. 모든 심사평이 예비교사가 행위의 주체인 상태로 진술하고 있다. 하지만 이 항목은 명확하게 학생의 반응 중심으로, 예비교사의 발문에 따른 학생들의 반응을 중심으로 심사평이 이루어져야 할 것이다. 심사 위원들도 수업을 심사할 때 심사의 대상을 교사의 교수 행위에서 학습자들의 학습 행위로 이동할 필요가 있는 것이다. 네 번째, 심사 위원들을 내용 중심의 학습목표 뿐만 아니라, 역량 중심의 학습목표도 심사를 하고 평을 남겨야 한다.

이 역량의 성취와 관련해서 학생들이 학습이 발생했는지를 평가하는 심사평은 없었다. 그런데 수업을 한 예비교사는 〈표 5〉를 통해서 자신은 역량을 함양하기 위한 수업도 실천할 것임을 명시하고 있다. 교육과정에서 강조하는 6가지 역량도 학생들이 수업을 통해서 학습할 내용인 것이고, 수업을 평가할 때 이 역량을 학생들이 성취하였는지, 수업 중에 역량과 관련된 활동들이 명백히 실천되고 있었는지를 평가할 필요가 있다.

Ⅲ. 제언

제7차 교육과정에서 구성주의를 바탕으로 한 학습자 중심 수업을 실천하고자 하는 선언은 우리나라 교육이 객관적 인식론을 토대로 실천되던 교사 중심 수업에서 패러다임적 전환을 하자는 선언이었다. 그리고 우리는 수시 개정 교육과정 체제를 유지하고 있다. 즉, 우리나라의 교육철학은 여전히 구성주의라는 것이다. 지금 이 시기는 신 패러다임을 선언한 지 약 20여 년이 지난 시기이므로, 현재는 아직 구 패러다임에 적합한 관행에서 신 패러다임에 적합한 관행으로 옮겨가는 과도기라고 할 수 있다. 신 패러다임에 적합한 관행을 아마도 "기존 관습에 얽매이지 않고"란 문구로 표현한 것이 아닌가 싶다. 기존 관습에 얽매이지 않는 참신한 새로운 수업을 강조하는 예비교사들을 대상으로 하는 좋은 수업 탐구대회 개최는 시기적으로 적절하다 할 수 있을 듯 하다.

그 취지에 맞게 각 교육대학은 교내 대회 또는 학과 추천 과정을 거치고, 선발된 예비교사들을 교수와 교사가 지도하는 과정을 거치는 것은 예비교사들의 경험은 자신들이 현직교사가 되어 창의적인 수업을 실천하는 데 큰 자산이 될 것이다. 더불어 교내 대회에서 선발되지 못한 예비교사들 또한 기존 관습에 얽매이지 않는 수업을 시도해 볼 생각을 할 수 있다. 서두에서 설진성(2013)이 밝히고 있듯이, 기존 관습에 얽매이는 수업을 하는 교사가 다수인 상황에서, 혼자서 용감하게 용기를 내어 참신한 수업을 시도하기는 매우 어렵다(김진호, 이진경, 2008). 예비교사들의 기존 관습에 얽매이지 않는 이 수업 경험이 실제 그들이 현직교사가 되었을 때 주변의 보이지 않는 압력에 굴하지 않고 자신의 수업을 할 수 있는 자양분이 될 것이다. 그럼에도 불구하고 앞서 진술한 것처럼 몇 가지 문제점들도 발견되었다. 이미 진술한 내용들을 참고하면서 몇 가지 제안을 하고자 한다.

첫 번째, 좋은 수업 탐구대회에 출전하는 예비교사들을 지도하는 교수는 순수학문을 전공하는 교수보다는 교과교육을 전공하는 교수이어야 할 것이다. 그 이유는 미국에서 일고 있는 수학전쟁(박성선, 2008)에서 나타나듯, 수학자들은 기존 수업 관행을 옹호하는 경향이 있기 때문이다. 두 번째, 각 대학에서 실시하는 교재연구 및 지도법 강의가 바뀌어야 한다. 이 강좌를 통해서 예비교사들은 기존 관습에 얽매이지 않는 수업을 경험해야 한다. 예를 들자면, 교사가 학습목표를 선정하는 것이 아니라, 앞서도 진술한 바처럼 교육과정에서 명시되어 있듯이, 여러 명이 있는 교실에서 그 여러 명의 학생들이 각자 학습할 내용을 선정해서 학습하는 수업을 탐구하는 것이다. 이때, 실제로 어떤 과제를 사용할 수 있는 것인지, 어떤 교수법을 사용해야 하는 것인지, 한 차시는 몇 분으로 설정해야 하는지, 단차시 수업을 할 것인지 연차시 수업을 할 것인지 등을 강의 중에 다룰 수 있다. 더 나아가 현직 교사들 중에 이런 혁신적인 수업을 하는 교사가 있으면 이들 교사들의 수업을 동영상으로 또는 실제 참관할 수 있는 기회를 갖는 것도 이 강좌의 학습 내용이 될 수 있다. 세 번째, 교재연구 및 지도법 강의에서 중요하게 다루어야 하는 내용이 “지식”이어야 한다. 왜냐하면 객관적 인식론에서 주장하는 지식의 참거짓이 중요한 것이 아니라, 이제는 급진적 구성주의는 이런 객관적 지식을 부정하고 있으며 사회적 구성주의는 사회적 합의가 중요하다고 하기 때문이다. 이 지식에 대한 이해는 객관적 인식론을 토대로 한 지식관을 갖고 있으면서 기존 관습에서 벗어난 수업을 하기는 매우 어려울 듯 하다. 네 번째, 앞서도 언급한 바 있지만, 좋은 수업 탐구대회를 지도하면서 예비수업의 실천까지가 지도의 마지막 단계이어야 한다.

참 · 고 · 문 · 헌

강완, 장윤영, 정선혜(2011). 수학 수업 발문유형 분석 및 대안 탐색-신임교사 사례 연구. **초등수학교육, 14**(3), 293-302.

교육부(2015). 초등학교 교육과정. 교육부.

구순란(2000). **우리나라 초등학교 수학교실에서 이루어지는 교사의 발문 분석**. 인천교육대학교 교육대학원 미간행.

김상준, 김미남(2015). 예비초등교사의 '좋은 수업 탐구대회' 참가 수업 분석을 통한 '좋은 미술수업'에 대한 인식 탐구. **조형교육, 54,** 23-58.

김재춘, 박소영, 김재현, 변효종, 최손환(2007). **교실 수업 개선을 위한 교수·학습 활동의 이론과 실제**. 교육과학사.

김진호(2021). **학생들이 즐거운 수학교실: 1학년 2학기 연산 수업**. 교육과학사.

김진호, 이진경(2008). 한 초임교사가 실천 해 본 학습자 중심 수업. **과학수학교육연구, 31**, 77-94.

노은지(2015). **초등학교 수학수업에 나타난 교사발문 분석**. 경인교육대학교 교육전문대학원 미간행 석사학위논문.

박성선(2008). **수학 전쟁**. 교우사.

설진성(2013). **활동 이론(Activity Theory)에 근거한 초등교사의 구성주의 교육 실천 분석**. 경희대학교 대학원 미간행 박사학위논문.

전국교육대학교총장협의회 & 한국교원단체총연합회(2011). **제 1회 전국 교대 예비 수학교사 '좋은 수업' 탐구대회**. 광주교육대학교 초등교육연구원.

전국교육대학교총장협의회 & 한국교원단체총연합회(2012). **제 2회 전국 교대 예비 수학교사 '좋은 수업' 탐구대회: 종합보고서**. 경인교육대학교 교육연구원.

전국교육대학교총장협의회 & 한국교원단체총연합회(2016). **제 6회 전국 교대 예비 수학교사 '좋은 수업' 탐구대회: 종합보고서**. 서울교육대학교.

조영준, 신항균(2010). 초등학교 수학교실에서 나타난 수학적 의사소통 유형 분석. **한국초등수학교육학회지, 14**(3), 681-700.

조용훈(2017). 예비교사 좋은 수업 탐구대회의 비평적 고찰-국어 수업 교과서 재구성을 중심으로. **학교와 수업연구, 2**(1), 123-141.

최창우(2015). 좋은 수업 탐구대회를 통해서 본 예비교사들의 수업 사례. **과학수학교육연구, 38**, 75-95.

부 록

[부록 1] 수업 실연 심사 기준

■ 수업 실연 심사

① 기존의 정형화 된 수업 틀에 대한 편견 없이 수업 목표 달성을 위한 창의적이고 참신한 수업자의 아이디어에 초점을 두고 심사한다.

② 다음의 5가지 평가 요소에 근거하여 수업에 대해 간략히 총평을 기술하고 급간을 참고하여 총점을 매긴다. (100점~76점)

③ 창의적 체험활동 교과의 경우, 교수 부분 심사는 과학·미술 교수가 1조가 되어 평가한다.

평가요소	※ 급간
▷ 이 수업은 창의적인가? －수업 구성이 창의적인가? －이 수업을 통해 학생의 창의성을 신장시킬 수 있는가? ▷ 이 수업은 학생의 사고 활동을 자극하는가? ▷ 이 수업의 구성과 흐름은 자연스러운가? ▷ 이 수업의 학습 목표는 잘 도달되었는가? ▷ 이 수업은 좋은 수업인가?	A (100점~96점) B (95점~91점) C (90점~86점) D (85점~81점) E (80점~76점)

[부록 2] 수업 실연 학생 지도 결과보고서

(2-a) 수업실연 학생 지도 결과 보고서(1차)

<table>
<tr><th>과목</th><td>과학</td><th>지도 학생</th><td>영어교육과 ○○○</td><th rowspan="2">비고</th></tr>
<tr><th>일시</th><td>2019년 9월 19일 (목)
18:00~19:00</td><th>장소</th><td>과학관 310호</td></tr>
<tr><th>지도내용</th><td colspan="3">※ 좋은 수업 탐구대회 수업실연을 위한 지도
1. 수업 실연 주제에 맞는 실험을 재구성하기 위한 아이디어를 제공함. 현재 초등학교에서 이용하고 있는 화산폭발실험에서 부족한 부분의 아이디어를 공유함.
2. 수업 시작 동기유발을 위하여 거꾸로수업을 활용하거나, 수업 전체를 하나의 이야기로 끌고가는 형식의 수업을 할 수 있도록 의견을 교환함.
3. 기타 VR이나 스마트기기를 활용한 수업진행에 대해 다양한 매체를 활용하는 방법을 모색함.
4. 앞으로 진행되는 일정에 맞추어 지도일정을 계획함.</td><td></td></tr>
</table>

(2-b) 수업실연 학생 지도 결과 보고서(2차)

<table>
<tr><th>과목</th><td>과학</td><th>지도 학생</th><td>영어교육과 ○○○</td><th rowspan="2">비고</th></tr>
<tr><th>일시</th><td>2019년 9월 20일 (금)
10:00~11:00</td><th>장소</th><td>과학관 310호</td></tr>
<tr><th>지도내용</th><td colspan="3">※ 좋은 수업 탐구대회 수업실연을 위한 지도
1. 화산폭발실험을 함께 진행함.
2. 예비실험을 통해 실험의 재구성방법을 모색하고, 돌발상황에 대해 대비할 수 있도록 지도함.
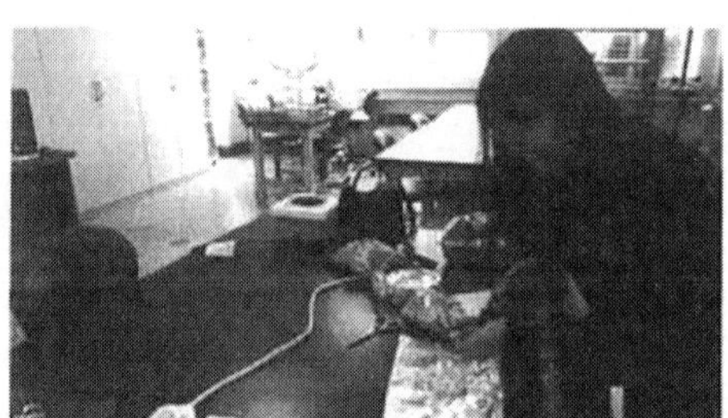
[그림 1] 화산폭발 실험준비</td><td></td></tr>
</table>

[그림 2] 폭발실험 결과 예시

(2-c) 수업실연 학생 지도 결과 보고서(3차)

과목	과학	지도 학생	영어교육과 ○○○	비고
일시	2019년 9월 23일 (월) 11:00~12:10	장소	과학관 310호	
지도내용	※ 좋은 수업 탐구대회 수업실연을 위한 지도 1. 교과서에서 제시하는 방법을 배제한 화산모형 틀을 만들기 위해 다양한 재료를 활용하여 틀 만들기 시도함. 2. 찰흙을 이용한 모형을 이용했을 경우, 아래 입구를 막으니 열 전도율이 떨어져 실험 시간이 많이 소요되었음. 3. 찰흙으로 만든 모형에 아래 입구를 뚫어 사용한 결과 마시멜로가 직접적으로 호일에 닿아 빨리 타버려 분출에 실패하였음. 4. 아이클레이를 이용하였을 경우, 아이클레이가 타면서 이상한 냄새가 나서 학생들과 함께하는 실험재료로는 부적절하다고 판단됨. 5. 알지네이트, 실리콘 등을 이용한 모형를 제작을 위해 다음 일정을 계획함.			

(2-d) 수업실연 학생 지도 결과 보고서(4차)

과목	과학	지도 학생	영어교육과 ○○○	비고
일시	2019년 9월 27일 (금) 11:00~12:30	장소	과학관 301호	
지도내용	※ 좋은 수업 탐구대회 수업실연을 위한 지도 1. 알지네이트를 사용하여 모형틀을 제작함. 2. 모형틀의 두께조정을 위한 틀 제작함. 3. 작성된 과정안 수정을 지도함. 4. 수업 시작을 위한 영상촬영을 위해 일정 조정.			

<table>
<tr><td></td><td>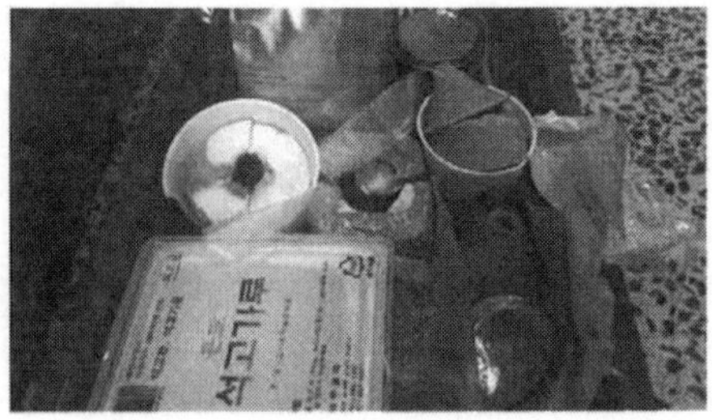
[그림 1] 화산 석고 모형틀 제작 재료</td><td></td></tr>
</table>

(2-e) 수업 실연 학생 지도 결과 보고서(5차)

<table>
<tr><td>과목</td><td>과학</td><td>지도 학생</td><td>영어교육과 ○○○</td><td rowspan="2">비고</td></tr>
<tr><td>일시</td><td>2019년 10월 7일 (목)
10:00~12:00</td><td>장소</td><td>과학관 310호
상록교육관 516호</td></tr>
<tr><td>지도내용</td><td colspan="3">※ 좋은 수업 탐구대회 수업실연을 위한 지도
1. 석고 모형틀 제작 완성.
2. 수업 시작의 동기유발을 위하여 영상 촬영
-발리에서 일어난 화산영상을 전하는 뉴스앵커의 모습을 촬영함.
-기자단(4학년 4반)에게 영상을 전하여 최종 형성평가에서 기사로 써의 기사문을 작성하도록 수업할 계획임.
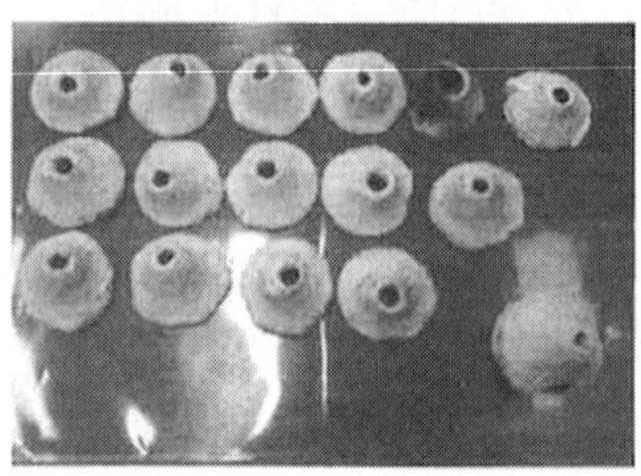
[그림 1] 석고모형틀 제작

[그림 2] 영상촬영</td><td></td></tr>
</table>

(2-f) 수업 실연 학생 지도 결과 보고서(6차)

과목	과학	지도 학생	영어교육과 ○○○	비고
일시	2019년 10월 10일 (목) 18:00~20:00	장소	과학관 301호	
지도내용	※ 좋은 수업 탐구대회 수업실연을 위한 지도 1. 1차 수업실연 실시 –실제 수업실연에 대해 수정할 부분을 논의함. –수업 시나리오 상세 작성 지도. –동대구초등학교 이지호 선생님 참석. 2. 실험기구 최종 확정 –화산모형틀에 은박컵을 사용하여 실제 수업에서는 학생들이 마시멜로와 식용색소만 넣을 수 있도록 제작하여 시간을 단축하도록 함. 3. 일정 논의 –동대구초등학교에서 실제 수업시연을 해보기로 계획함. –수업시연 요청 공문 발송 예정임.			

(2-g) 수업실연 학생 지도 결과 보고서(7차)

과목	과학	지도 학생	영어교육과 ○○○	비고
일시	2019년 10월 11일 (목) 11:00~12:00	장소	과학관 310호	
지도내용	※ 좋은 수업 탐구대회 수업실연을 위한 지도 1. 기자단의 기사문, 실험설계 관련한 수업자료 제작 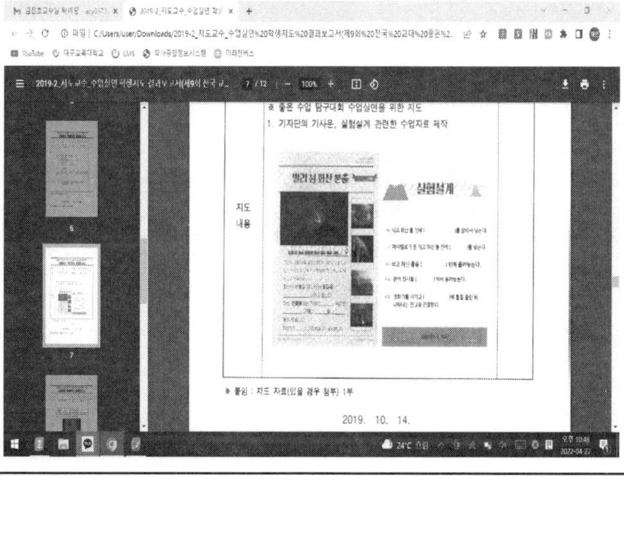			

(2-h) 수업 실연 학생 지도 결과 보고서(8차)

과목	과학	지도 학생	영어교육과 ○○○	비고
일시	2019년 10월 23일 (수) 18:00~19:00	장소	과학관 301호	
지도내용	※ 좋은 수업 탐구대회 수업실연을 위한 지도 1. 중크롬산암모늄을 이용한 화산분출 영상촬영. 이 물질은 발암물질이며, 실제 화산분출처럼 폭발하는 성질이 있어서 학생들이 직접 실험하는 데는 무리가 있음. 따라서 화산재의 분출을 보여주는 영상을 보여주기 위하여 촬영함.  [그림 1] 중크롬삼암모늄을 활용한 폭발 실험 동영상 촬영본				

(2-i) 수업실연 학생 지도 결과 보고서(9차)

과목	과학	지도 학생	영어교육과 ○○○	비고
일시	2019년 11월 1일(금) 09:00~12:00	장소	동대구초등학교 과학실	
지도내용	※ 좋은 수업 탐구대회 수업실연을 위한 지도 1. 동대구초등학교 4학년 3반을 대상으로 실제 수업을 시연함. 2. 대회에 참가하기 전 실제 수업과 같이 진행하여, 발생할 수 있는 돌발상황에 대비하기 위한 전략수립. 3. 실제 시험에서 부족한 부분을 보완하기 위한 논의 실시함. 4. 수업과정을 비디오로 촬영하여 수업자세, 용어사용, 동선을 논의함.				

제 7 장

교대의 교육실습 사례

김상룡(대구교육대학교)

Ⅰ. 서론 및 이론적 배경

21세기의 요구에 부응하기 위해서 학교는 훨씬 더 다양한 배경을 가진 많은 수의 학생들을 성공적으로 가르쳐야 한다. 그리고 학교는 학생들로 하여금 도전적인 배워야 할 내용들에 대해 이전에 했던 것보다 몇 배나 더 효율적으로 성취하도록 도와주어야 한다. 이것은 교사가 학생들을 이해해야 하고 가르칠 과목과 교수법을 깊이 알고 있어야 할 뿐만 아니라 학생들이 학습하는 다양한 방법에 대해서도 이해하고 있어야 한다는 것을 의미한다. 즉, 학습자들과 함께 수학하고 그들의 이해에 관심을 가지고 지속적으로 관찰하고 함께 학습하며 반성적인 실천가가 되어야만 한다는 것을 의미한다.

학교 교육의 핵심적인 교육활동은 교수·학습이다. 교수·학습 활동을 효율적으로 전개하기 위해서는 교과의 본질과 목표에 부합하는 지도가 이루어져야 한다. 좋은 수학 수업이란 자기주도적 학습 능력을 신장시키고, 학생 수준에 맞게 교육과정을 재구성하여 학생과 교사 간의 상호작용이 잘 이루어지고 수학적 문제해결력을 신장시키며, 필수적인 수학과 기본개념을 알 수 있도록 지도하는 것을 포함하여 수학적 역량을 발휘할 수 있도록 돕는 데 있다(김상룡, 2017).

따라서 이러한 의미의 교육이 실현되기 위해서는 교사의 자질이 보증되고 현장에서 질적 향상이 실현되고 실천되어야만 한다. 이를 뒷받침하기 위해서 예비 수학교사의 올바른 자질을 갖추도록 해야 함은 매우 중요한 문제임이 분명하다.

이러한 관점에서 볼 때, 교육대학교에서 실시하는 예비 수학교사교육의 꽃에 해당하는 교육실습의 사례를 중심으로 살펴보는 것은 매우 중요한 것임에 틀림 없다.

교육이 교사의 자질을 넘지 못한다는 것은 주지의 사실이다. 이 말은 교육의 질이 교사의 자질에 비례한다는 것을 의미한다. 많은 초등 교사의 수학적 능력에 대해 개괄적으로 살펴보면, 수학지식 부족, 과정 이해 부족, 구체적 조작 미경험 등을 들 수 있다.

교사의 주요한 자질들은 교수에 대한 능력과 학생에 대한 이해 능력이 충분히 갖추어져야 하며, 그 내용은 다음과 같다.

교수에 대한 능력

적절한 교수가 실행되기 위해서는 목표의 구체화, 기본 사상의 이해와 맥락적 이해, 형식만 도입하는 것이 아닌 실제를 도입해야 하며, 한 사례를 완전한 정착시까지 실행할 수 있어야 하고 필요성을 인식하여 주어진 사례에 대해 모방하고 성과를 얻고 그 성과를 수정하여 정착시킬 수 있는 능력을 가져야만 한다(김상룡, 2017).

따라서 교사교육은 지식을 효과적이고 전문적인 활동으로 변형하도록 돕는 과정이다. 이러한 교육에는 두 가지 관점이 고려된다. 이론적 지식과 실제적 전문적 지식이다. 이론적 지식은 추상적이고 일반적으로 접근 가능한 형태를 지니며, 실제적 전문적 지식은 맥락의존적이고 적절한 맥락 내에서만 실제적인 행동으로 변형될 수 있다. 이것이 균형을 이루고 잘 조화되도록 해야 할 것이다. 교육실습이 이론적 지식과 실제적 전문적 지식을 이어주는 매개역할을 수행해야 하며, 나아가 수업 실제 상황에서 활용할 것으로 전환되어야 한다.

교사들은 다음과 같은 사실을 실제 학습에서 실행할 수 있어야만 할 것이다. 학생들로 하여금 주어진 상황에서 수학적 아이디어를 옳게 이해하고, 주장하고 그리고 의사소통하도록 할 수 있어야 하며, 학생들의 지적인 영역에 제공되는 모든 것에 대해, 건설적인 방식으로 비판(예를 들면, “그것이 참인가? 어떻게 알았는가?, 예를 들어 설명할 수 있는가? 반례는, 증명은?” 등의 사고)하도록 마음의 습관을 바꾸는 것을 포함하여 의구심과 탐구심을 기르도록 해야 할 것이다. 즉 교사들은 단순한 수학지식을 의미 없이 전달해 주는 것이 아니라 수학으로 세상을 보는 독특한 방법, 수학을 사고

하는 스타일을 형성시켜 주어야 할 것이다. 교사는 교직을 천직으로 여기고 끊임없는 반성 속에 진보한다면 교사 자신은 물론 학습자 모두가 진정한 삶을 교실에서 이루어 낼 수 있을 것이다(김상룡, 2003). 이 또한 교육실습생이 유념하고, 지도교사의 안내 아래 성취되도록 노력해야 할 사항들이다.

학생에 대한 이해 능력

교사가 수학을 긍정적으로 보는 것은 학습자의 수학학습에서 중요한 의미를 갖는 다. 수학을 싫어하는 교사들은 수학을 가르칠 때 덜 열심히 덜 효과적으로 가르칠 뿐만 아니라 시간도 덜 쓸 것이다. 또한 학습자에 대한 올바른 이해에 기초를 둔 조력자, 안내자로서의 역할도 충실히 할 수 없을 것이다(김상룡, 2003).

학생에 대한 이해 능력은 시간, 학생의 발달 상황 인식 및 평가, 교재관 및 문제 제기능력으로 나누어 살펴보고자 한다. 이 모든 것은 학생의 눈높이로 학생 개개인에 대한 이해가 필요하며, 학생에게 필요한 내용을 적절하게 선정하고 학습자에게 알맞은 학습방법을 제공하는데 필수적이다(김상룡, 2003).

이러한 점에 기초하여 대구교육대학교에 실시하는 교생 실습과 1-1-3매칭 교생 실습 제도에 대해 소개하고자 한다.

Ⅱ. 대구교육대학교 교생 실습 관련 교육프로그램

1. 교육실습에 대한 음미

교육실습은 일정한 기간 동안 일선 학교에 나가 직접 교육활동을 체험해 보는 교직 과정(출처: 표준국어대사전)을 뜻한다. 곧, 교육실습은 교직 과정을 이수하는 학생들이 교육에 대한 지식과 이론을 바탕으로 교육현장에 직접 참여하게 함으로써 각종 실습을 통해 『교사교육(Teacher education)』을 올바르게 익히게 하는 것이다. 교육실습생은 교육실습을 통해 교대에서 배운 교육이론과 지식을 토대로 현장 교육활동에 참여한다. 교육실습 기간 동안 수업기술 능력 및 업무 수행능력을 배양함으로써 교육현장에 대한 이해를 키우고, 교사의 전문성 확립 및 교사로서 품성을 체득하는 시간을 갖는다.

교육실습은 새로운 출발이고 행복한 도전이며 지도교사와 예비 수학교사가 함께 성장하는 과정이다. 교사의 교육관, 학생관, 직업관, 학습관은 학생들의 학습과 인간적 성장에 직접적인 영향을 미친다. 긍정적, 적극적인 생각을 갖고 학생을 지도하는 교사와 부정적, 소극적인 사고방식으로 교육활동을 하는 교사가 학생들에게 미치는 교육적, 인간적 영향이나 성과는 크게 달라진다. 따라서 교육실습생들은 교육실습 현장체험을 통해 교육이론을 탐구하는 계기를 갖고, 학생을 지도하는 경험 속에서 예비 수학교사로서의 자세와 역할을 바로 세우는 실습체험이 필수적이다.

이러한 취지 아래 각 학년당 400여명의 재학생들로 구성된 대구교육대학교에서는 참관실습(교육 봉사 활동으로 60시간), 농어촌실습(2주), 수업실습 Ⅰ(2주), 수업실습 Ⅱ와 실무실습(4주)으로 총 4학점으로 구성하여 운영하고 있다(대구교육대학교 요람). 전체 교육실습의 목적으로, 첫째, 학생들의 교육현장에 대한 실제적 경험을 통하여 교육 연구에 대한 관심과 의욕을 높이며 전반적인 교육과정 운영의 실제를 체득하며, 둘째, 교직에 대한 통합적 이해를 증진시킴으로써 초등교사로서의 기본적 자질 향상에 기여한다.

본 대학에서 실시하는 교육실습 모두에 대해서, 실습 전 지도교수들의 실습 시 유의사항 및 실습에 대한 안내를 하고, 실습 중에도 적극적으로 학생들의 요청에 대한 상담을 실시하며, 학생이 담당하는 교과목 교수·학습 지도안에 대해 지도하고, 실습 후, 실습 경험 나누기 및 피드백 기회를 갖는다.

이에 대해 사항별로 알아보면 다음과 같다.

2. 1,2학년 봉사(기존에는 참관실습으로 운영됨)

초등 현장에 대한 이해를 높이기 위해 실시하는 참관실습은 장차 초등학교 교사가 될 교육실습생이 처음 경험하는 실습으로 교육활동의 실제를 확인하거나 교실 내외에 있는 학생들의 활동을 객관적으로 관찰하게 된다. 주요 활동은 잘 보고 많이 듣는 관찰을 위주로 하는 것이다. 이 과정에서는 학교경영, 학급경영, 학생지도 등에 관련된 교직 업무의 기초적이고 전반적인 이해를 높여 교직에 대한 이해와 교직에 대한 자기 자신의 진로 결정을 보다 분명하게 할 수 있도록 돕는다. 나아가 학교교육활동과 학생들의 생활에 직접 참여하는 교직 경험을 통해 학교와 학급경영 및 교사가 수행하는 교육활동의 실제와 지역사회의 교육적 기능을 파악하는 기회를 줌으로써 교육실습의 다음 단계인 수업실습을 준비시킨다. 주요 활동은 교사로서 수행해야 할 직무 수행능력을 습득하고 학생들을 바르게 이해할 수 있도록 하는 것이다. 이 과정에서는 학급 경영에 대한 이해 증진, 학급 담임의 역할 이해, 교수·학습의 계획과 수업의 진행 과정 및 평가의 과정에서 교사가 수행해야 할 기능 파악, 학생의 학습 상황 실태와 학습 이외의 생활 세계를 개인적 또는 집단적으로 파악할 수 있는 기회 마련, 학교의 행사와 행사 교육에 대한 의의와 교육적 가치 파악 등을 위주로 한다.

이러한 취지를 최대한 반영하여, 1-2학년 전체 교대생들을 대상으로 동시간 대에 실시하던 기존 참관 2회(1학년, 2학년 각 1주씩)에서, 교대생과 연결된 초등 현장과 협의에 따라 이루어지는 교육 봉사(교육청과 MOU 체결 후 각 초등학교와 매칭하여 30시간 2회를 실시하고 있음) 60시간으로 운영되고 있으며, P/F이다. 주요 활동은 부진아지도, 초등교사의 업무보조(유인물 복사, 자료작성, 학생생성자료 검토 및 피드백 활동 등)를 하며, 이를 통해 초등학생들을 직·간접적으로 이해하고 추후 이루어지는 교육실습의 기초소양을 개별적으로 쌓는 과정이다. 기존의 참관실습의 취지와 내용을 충실히 수행하도록 운영하려 대학과 초등현장이 함께 노력을 경주하고 있다.

3. 농어촌수업실습(3학년 1학기: 2주 동안 실시)

3학년 1학기 5~6월에 걸쳐 실시하는 농어촌 교육실습은 농촌 초등학교의 실정을 이해하고, 숙식을 하면서 농촌 학생들의 일상을 바탕으로 봉사하는 교육자의 자질을 기르고자 하는 데 목적이 있다.

월요일 실습생 모두를 버스로 배정된 학교로 출근시키고, 월요일부터 목요일까지 4일 동안 배정된 학교에서 마련해 준 숙박 업소에서 숙식을 해결하며, 금요일 오후 교대까지 퇴근하며, 이를 2주 반복하여 실행하고 있다.

실습지도 내용으로는 다음과 같다.

- 농어촌 학교 및 학급의 전반적인 특성파악
- 학생의 개인적 집단적 관심 및 욕구를 비롯하여 학생에 대한 폭넓은 이해
- 농어촌 지도교사의 교수 방법 및 학급경영방법, 생활지도방법, 창의적 체험 활동 교육과정의 지도 방법 이해
- 수업이 진행되는 과정과 교사-학생 간의 역동적 상호작용 관계를 이해
- 학교와 지역사회의 활동과 관련된 기능 이해 등

교생 실습 2주 차에 대학교수들의 격려차 방문하여 실습학교의 실습 상황과 교생들

의 애로사항을 취합하여 대학에 건의한다. 모든 경우는 아니지만, 일부 학교에서는 대학교수들에게 농촌 학생들을 대상으로 하는 교생의 교실 수업 참관을 하기도 한다.

처음 정식적으로 실행하는 교생 실습에서 앞선 내용과 더불어 주요 지도내용을 살펴보면 다음과 같다.

- 기본 소양 지도: 말, 행동, 자세, 교육 현상의 해석, 공무원의 봉사 자세
- 학생연구: 학습 행동 관찰, 교우관계와 좌석 배치 등 관찰
- 학교, 학급 환경: 구조, 시설에 대한 관찰
- 학급경영 관찰 및 보조
  - 수업 전 학생지도: 아침 자기 주도적 학습, 역할 분담 활동
  - 조회와 종회의 운영: 조·종회 운영, 예습과제 제시, 가정연락 등
  - 교수·학습활동 참관 및 보조: 교수 행동 영역별 참관(목표 진술, 교수 계획 소집단 협력학습, 발문, 판서, 자료 활용, 학습관리), 보조교사로서 활동, 교과별 수업 참관, 방과 후 학교보조
  - 농어촌 학교의 지역사회 교육환경 관찰

실습에 참가하는 교생들의 주요 평가 관점은 다음과 같다.

- 근무 태도: 근무 태도 상황, 실습에 임하는 자세
- 교직 인성: 교직 사명 및 열성, 품행 및 교양, 인간관계 및 신망
- 교과 지도: 보조교사로서의 태도, 성실성 및 학습 자료제작
- 창의적 체험 활동: 창의적 체험 활동의 보조교사로서의 태도, 성실성 및 학습자료 제작
- 생활지도 및 학급경영: 생활지도계획, 활동의 실제, 학급교육계획, 학급 경영 실제
- 연구 활동: 지도·공개 수업 참여, 연구협의회 참여, 사례연구 활동

4. 수업실습 I (3학년 2학기: 2주 동안 실시)

(1) 수업실습 I 의 성격

수업실습은 교육실습에서 가장 핵심적인 단계이다. 교육실습이 교생과 초등 학생과의 만남에서 의미를 가진다고 볼 때, 그러한 만남 중에서 수업실습은 교육적으로 가장 밀도 높은 순간들이다. 수업실습은 학생지도 전반에 관한 구체적인 계획과 실천에

관한 내용이 담겨 있기 때문이다. 교육실습생은 직접 수업을 해 보면서 교사로서 자질, 자기 자신의 장단점을 파악할 수 있다. 교생은 자신의 수업에 대한 학생의 반응을 체험할 수 있다. 수업실습과정 중에 교과수업 외에 창의적 체험 활동, 방과후 학교, 생활지도 및 학급경영 등이 부분적으로 다루어진다.

11월경 3학년 학생 전체를 대상으로 2주간 수업실습(Ⅰ)을 진행한다. 학생들은 대학 홈페이지를 이용하여 본인이 원하는 학교를 선정하여 실습이 이루어진다. 이때 1-1-3 맞춤형 교육 실습도 병행된다.

(2) 수업실습Ⅰ의 목적

(1) 교육(교과수업, 창의적 체험 활동, 생활지도, 학급경영) 계획을 수립하는 능력을 기른다.
(2) 교육과정의 전체 구조를 이해하고, 다루려고 하는 단원의 위계를 파악한다.
(3) 수업의 흐름을 이해하고, 거기에 적절한 학습 내용과 방법을 선정 조직하는 능력을 기른다.
(4) 계획에 차질이 없는 수업을 전개하는 능력을 기른다.
(5) 수업의 진행에 개재되는 여러 변인 상호 간의 역동적인 관계를 체계적으로 이해한다.
(6) 학생에 대한 이해와 태도를 심화시킨다.
(7) 창의적 체험 활동, 방과후 학교, 생활지도 활동을 계획 수행할 수 있는 능력을 기른다.
(8) 학급 담임교사로서의 자질을 스스로 평가하며, 타인으로부터 평가받는 기회를 가진다.
(9) 평가의 결과를 반성적으로 숙고함으로써 반성적 실천가로서의 교사자질을 함양한다.

(3) 수업실습Ⅰ의 내용

수업실습Ⅰ은 교과교육 강좌의 심화 과정으로 특정 교과교육 실습에 중점을 둔다. 그러므로 교과교육 담당 교수가 교육실습을 주도적으로 운영하고, 실습학교와 현장교사는 보조적 역할을 수행하게 된다. 그러나 교과교육 담당 교수가 모든 실습학교에 걸쳐 주도적 역할을 담당하기에는 현실적인 어려움이 있으므로 현장교사와 긴밀한 협조체제가 필수적이라고 할 수 있다. 그러므로 수업실습Ⅰ은 특정 교과에 대한 교수와

표 1 수업실습Ⅰ의 주요 내용

<table>
<tr><th>영역</th><th>주요 지도 내용</th><th>지도 방법</th></tr>
<tr><td>교육 실습과
교과교육의 이해</td><td>• 교과교육원리의 재확인
• 교과 구조에 대한 재인식</td><td rowspan="5">• 지도강화
• 교생담당교사 수업참관
• 비디오분석
• 수업협의회 참가
• 수업 참관록 작성
• 교생 대표 수업참관
• 교생 수업 실연
• 실습 일지 작성</td></tr>
<tr><td>교과수업설계</td><td>• 수업설계과정의 이해, 학습자에 대한 이해, 과제분석, 수업목표설정, 수업 내용의 계열화, 수업방법선정, 수업자료개발, 평가전략 및 평가도구의 개발 등
• 수업계획의 제요소 확인, 실제 계획 수립</td></tr>
<tr><td>교과수업관찰 및 분석</td><td>• 실제 수업에 대한 이해
• 교과수업이 얼마나 그 교과답게 가르쳤는가</td></tr>
<tr><td>교과교육의 실제</td><td>• 직접 수업 실연
• 체계적인 내면화의 기회</td></tr>
<tr><td>교과교육의 성찰과 반성</td><td>• 원리와 실제에 대한 성찰적 검토
• 상호교류를 통한 교과수업의 본질에 대한 사회적 합의과정</td></tr>
</table>

현장교사와의 지도하에 소집단별로 공동수업안을 구성하여 시연하고 상호 간의 활발한 토론을 통해 수업에 대한 평가와 반성을 함으로써 교과교육자로서의 자신의 정체성을 확립하고 전문적 실천을 수행할 수 있도록 하는데 실습의 초점을 둔다. 수업 주요 지도내용은 〈표 1〉과 같다.

5. 수업실습Ⅱ 및 실무실습(4학년 1학기: 4주 동안 실시)

(1) 수업실습Ⅱ 및 실무실습의 성격

수업실습Ⅱ는 수업실습Ⅰ에서 터득한 교과수업의 원리와 실제를 다른 모든 교과에도 적용해 보는 과정이다. 이 과정을 통해 교육실습생은 예비 초등교사로서 초등학교 전교과목을 지도할 기회를 가진다. 따라서 수업실습Ⅱ의 기본원리는 반복, 심화, 확산의 경로를 거친다. 아울러 교과지도 외에 창의적 체험활동, 생활지도와 학급경영의 과업도 수행해 볼 기회를 제공한다. 수업실습Ⅱ는 교과교육자로서 자신의 정체성을 확립하고 전문적 실천을 수행할 수 있는 토대마련에 그 초점이 있다. 수업실습Ⅰ이 교과교육 담당교수에 의해 주관된다면, 수업실습Ⅱ에서는 실습학교의 지도교사가 중심적인 지위를 가진다. 그렇다고 해서 교과교육 전공교수가 배제되는 것은 아니다. 수업 실습 지도를 위해 지도교사와 교과교육 전공 교수간의 긴밀한 상호협력체제가 필요하다.

실무실습이란 지금까지 실습한 참관실습과 수업실습의 토대 위에 교사가 교육상 수행해야 할 실무를 체험해 보는 최종 단계의 실습이다. 따라서 실무실습은 교직에 복무하는 교사가 갖추어야 할 기본적 자세와 제반 학습 업무, 학교 사무, 공문서 처리 등 참관실습에서 다루지 않았거나 가볍게 다룬 업무의 경험을 쌓는 실습이다. 이 단계의 실습은 수업을 직접 담당해 봄은 물론이고 학급경영이나 전교 행사에 필요한 제 장부의 기록, 작성, 과외활동 지도, 성적물의 처리, 직원협의회 참가 등 광범위한 일에 걸친 실습이 이루어진다. 따라서 실무실습은 초임교사가 당면하는 교육현장에서 겪어야 할 딜레마를 미리 가상하고 이를 독자적으로 판단해서 실제로 문제 해결을 함으로써 얻을 수 있는 총제적 교육실습의 성격을 갖는다. 물론 이 경우 학급지도교사의 도움을 전적으로 배제하는 것은 아니지만 지금까지 교육실습 단계와는 매우 다른 방식으로 진행되어야 한다. 교육실습생 나름대로의 학급경영 스타일을 창출해서 이를 한시적으로 학급 학생들에게 적용해 볼 수 있게 해야 한다. 단순히 실무나 사무처리에만 강조를 두는 것보다는 총체적인 교수자, 학급경영자로서의 교사상의 형성에 초점을 두어야 한다. 그러므로 이 단계의 교육실습은 교육실습생의 창의성과 독자성을 최대한 존중하는 지도교사의 자세를 강조해야 한다.

5월경 4학년 학생 전체를 대상으로 4주간 수업실습(Ⅱ) 및 실무실습을 진행한다.

수업실습(Ⅰ)과 마찬가지로 학생들은 대학 홈페이지를 이용하여 본인이 원하는 학교를 선정하여 실습이 이루어진다. 이때 1-1-3 맞춤형 교육실습도 병행된다.

(2) 수업실습Ⅱ 및 실무실습의 목적

(1) 교육(교과수업, 창의적 체험 활동, 생활지도, 학급경영) 계획을 수립하는 능력을 기른다.
(2) 교육과정의 전체 구조를 이해하고, 다루려고 하는 단원의 위계를 파악한다.
(3) 수업에 흐름을 이해하고, 거기에 적절한 학습 내용과 방법을 선정 조직하는 능력을 기른다.
(4) 계획에 차질이 없는 수업을 전개하는 능력을 기른다.
(5) 수업의 진행에 개재되는 여러 변인 상호 간의 역동적인 관계를 체계적으로 이해한다.
(6) 학생에 대한 이해와 태도를 심화시킨다.
(7) 창의적 체험 활동, 방과후 학교, 생활지도 활동을 계획 수행할 수 있는 능력을 기른다.
(8) 학급담임교사로서의 자질을 스스로 평가하며, 타인으로부터 평가받는 기회를

가진다.

(9) 평가의 결과를 반성적으로 숙고함으로써 반성적 실천가로서의 교사자질을 함양한다.

(10) 교육자의 자세에 대하여 배우고 실습한다.

(11) 교수·학습 내용과 관련하여 주간·월간·연간 계획서를 작성하고 각 계획서와 관련한 단원 전개안을 작성한다.

(12) 학습지도 및 평가와 관련한 교사의 실무를 체계화한다.

(13) 학급의 업무처리 실무 즉, 담임교사로서의 실무실습을 터득한다.

(14) 학교의 사무처리 및 관리실무 실습 역시 교사들이 직접 수행하거나 또는 직접 수행을 하지 않되 내용을 숙지해야 될 내용을 담는다.

(15) 창의적 체험 활동 등 기타 지도 활동을 실습한다.

(3) 수업실습Ⅱ 및 실무실습의 내용

수업실습Ⅱ의 내용은 교과수업설계의 원리와 실제 이해, 교과수업관찰 및 분석의 실제 이해, 교수-학습원리 및 지도기술 습득, 생활지도, 학급경영, 창의적 체험 활동 지도기술 습득, 교과교육의 성찰과 반성 연습을 포함하며 다음 표에 자세하게 제시하였다.

1) 수업실습Ⅱ의 내용

표 2 수업실습Ⅱ의 주요 내용

영역	주요 지도 내용	지도 방법
교과수업	• 동기유발 및 주의 집중 • 발문과 상호작용 • 수업관찰과 분석 • 학습자료 제작, 판서, 시청각 기기 사용법 • 교과 학습지도 계획 • 교재 연구 • 수업모형의 이해 • 학습지도안작성 • 실험실습의 준비 • 학습지도 방안의 구안 및 실천	• 지도강화 • 교생담당교사 수업참관 • 비디오분석 • 수업협의회 참가 • 수업 참관록 작성 • 교생 대표 수업참관 • 교생 수업 실연 • 실습 일지 작성 • 학습지도안작성대회 • 지상수업대회 • 자료전시회
창의적 체험 활동 및 방과후 학교	• 창의적 체험 활동 조직 및 계획 • 창의적 체험 활동 지도 방법 구안 및 실천 • 창의적 체험 결과의 반성 및 평가 결과 활용 • 방과후 학교	• 지도강화 • 교생담당교사 수업참관 • 방과후 학교 참관

생활지도 활동	• 생활지도활동 계획 과정 이해 • 등·하교 지도 • 특수아지도 • 학습부진아지도 • 사회성지도 • 건강 지도 • 여가시간 지도	• 지도강화 • 사례 발표
학급경영	• 학급의 교육계획 과정 이해 • 교실 환경 관리 • 학급 학생 관리 • 학급사무관리 • 학급 행사지도 • 학급 내 교우관계 파악 • 학급경영계획의 목표, 계획	• 지도강화 • 학생 관찰 • 교실 참관

2) 실무실습의 내용

실무실습 내용은 교직 실무처리 능력 배양, 공문서 기록 관리 및 처리 능력 배양, 학교, 학급 업무 및 사무처리, 관리 실무실습 습득, 초임교사의 임무·역할 지각을 위한 1일 담임 프로그램 실습을 포함하며 다음 표에 자세하게 제시하였다.

표 3 실무실습의 주요 내용

영역	주요 지도 내용	지도 방법
학급경영	• 학급경영 계획 수립: 학생실태조사, 연간 학급경영계획 • 교육과정 연간운영계획, 주간학습계획, 학급편성 • 학급 환경 구성, 학급홈페이지 관리 • 학급의 자치 활동 지도 • 학급 경영의 평가, 학습결과물 처리와 활용 • 교실관리: 일반자료, 교재교구 관리, 재배물 관리, 학급위생 관리, 책걸상 관리 • 동료장학, 연구활동 • 학부모 상담 및 가정통신 업무	지도강화 현장참여
행사 추진	• 의식행사활동 • 학예행사활동 • 보건체육활동 • 수련활동 • 안전구호활동 • 교류활동	지도강화 현장참여
문서 관리	• 학적관리 • 장부관리: 생활기록부, 출석부, 건강기록부 • 업무포탈(http://neis.dge.go.kr/)(에듀파인 등)	지도강화 현장참여
사무 관리	• 공문서 작성 및 관리 • 일반사무	지도강화
인사 및 복무	• 인사 • 복무	지도강화

3) 공개 수업 후 협의회

공개 수업을 참관한 교수들은 교생들의 대표 수업 후에 협의회를 갖는다. 그 내용은 다음과 같다.

• 부설학교 및 부설대용학교별로 배정된 수업시연 교과목에 따라 학과 교수가 공개 수업을 참관하고 지도하는 기회를 갖는다.
• 수업시연 교생의 수업 주요 관점과 반성의 기회
• 교생들의 해당 수업에 대한 질문 및 지도 조언
• 교생들의 실습 전반에 걸친 질문 및 지도 조언
• 담당 교사의 지도관점
• 교수 평가 및 교생들의 시범 수업에 대한 질문 관련 지도 조언
• 실습 기간 동안 수학 교수 학습 전반에 대한 궁금점 협의
• 수업의 장점 및 유의점 안내
• 애로사항 청취 및 해결 방안 검토

6. 1-1-3 매칭 맞춤형 교육실습

대구교육대학교에서는 수업실습Ⅰ과 수업실습Ⅱ와 실무실습을 보다 충실하게 운영하기 위하여 대구광역교육청과 연계하여 1-1-3 매칭 맞춤형 교육실습 제도를 운영하고 있다. 이는 교수-교사-학생 상호협력작용을 통한 수업협력체를 이루어 함께 배우고 성장하는 맞춤형 협력지성을 강화하고 예비 수학교사의 전문성 함양에 기여하고자 함을 목적으로 1-1-3 매칭 맞춤형 교육실습은 대학교 교수 1명, 대구광역시 교육청 소속 교사 1명, 실습생 3명을 매칭하여 실습생에게 맞춤식 교육실습으로 운영되고 있다. 3학년 2학기 수업실습Ⅰ과 4학년 1학기 수업실습Ⅱ와 실무실습에서 실질적 운영으로 이루어진다.

인력구성 및 역할을 알아보면 다음과 같다.

▍교수

• 교수 인원: 매칭을 희망하는 전임교원 10명(30명에서 여건상 줄어 듬)
• 지도교수의 역할
  – 대구광역시 교육청에서 선발·추천된 교사와 협력하여 교육실습 계획 수립·운영
  – 매칭된 학생에 대한 맞춤형 실습지도·관리
  – 매칭 팀별 회의 주관
  – 단위학급 교생 실습 운영 총괄 등
  – 선정된 지도교수에게는 학생지도 결과보고서 제출 시 학생영역지도 점수 부여 (최대 6점)

▌교사

• 교사 인원: 대구광역시 교육청 소속 선발·추천된 우수교사 10명
• 지도교사의 역할
  – 대구교육대학교 소속의 매칭된 교수와 협력하여 교육실습 지도 계획을 수립하여 내실 있게 맞춤형 실습 운영 지도
  – 매칭 팀별 회의 참여
  – 맞춤형 교육실습생 지도 메뉴얼 개발 등

▌학생

전체 교육실습 배정 시 부설학교, 대용부설학교, 1-1-3 매칭교사가 재직하는 학교 중에 선착순으로 선택하게 된다.

▌운영절차

1-1-3으로 매칭된 그룹은 각 그룹별로 사전협의(교생들의 수업발표 교과목 선정과 일정, 구체적 지도관점, 교수와 교사의 역할분담, 협력 교사 등의 역할 등)를 1회 가지며, 교수는 해당 교사와 수시로 접촉하여 상호 간의 신뢰하며 질 높은 교육 실습이 이루어지도록 최선을 다한다. 교수는 대체로 교생들의 수업 발표 전에 교사와 논의된 교수학습 지도안을 검토하여 수정, 보완하고, 지도교사의 책임하에 준비가 이루어져, 교수가 학교를 방문하여 참관한 가운데, 해당학급에서 교생들이 각자 맡은 교과목을 실제 수업을 실시하고, 수업이 끝난 후 교수-교사-교생 3명이 심도깊은 반성 및 성찰, 궁금한 점, 개선 방안 등에 대해 논의한다. 보통 2명이 하루, 다른 1명이 하루 발표를 가진다. 교생 실습이 종료 후 그룹별로 실습 전반에 대한 협의를 최종적으로 갖는다. 부설초등학교나 일반 부설 대용학교에 배정된 학생들은 각 반별 3-4명이 배정되고, 학년별, 전체 학년을 대표한 교생이 기 배정된 교과목을 중심으로 해당 교과목 교수들의 집단 참관 후 협의회를 갖는 반면, 1-1-3은 교수 1명의 책임하에 3명의 교생 모두의 수업에 대한 지도조언이 따르는 것이 특징이며, 비교적 1-1-3 매칭 프로그램에 대한 실질적인 만족도가 높은 것으로 평가된다. 또한 교수와의 지속적인 교류로 임용시험 후에도 유대관계가 이루어지고 있는 실정이다.

단위학교 공개 수업 발표에서 지정된 한 교과목에 대해서 대학교수들과 교생들의 수업 전반에 대한 협의가 이루어지지만, 1-1-3 매칭에서는 참가 교생 모두가 대학교수와 교사의 심도 깊은 협의 및 자유로운 대화가 이루지기 때문에 만족도가 높은 것은 당연한 이치이다. 이것이 대학과 교육청과의 실질적인 교사 양성의 교류의 장이 되고

있다고 여겨진다. 보다 확대 적용되어야겠지만 여러 여건으로 인해 축소되는 현실이 매우 안타깝다.

▎운영 효과

- 교육실습 지도교사와 비지도교사 상호 간에 교수·학습 방법 개선을 위한 정보공유에 더욱더 노력하고, 부단한 자기연수로 교실수업 개선을 위한 연구 풍토를 조성한다.
- 지도교사와 교육실습생 수업 참관 후 협의회를 통해 수업분석 및 보완점을 협의하고 수업 협의록을 작성, 환류 지도하는 과정에서 교육실습생의 교수법 이해 및 수업기술 향상에 도움이 된다.
- 교육실습 전 과정에 걸친 추수 지도는 교육실습생에게 교사로서의 자기 평가 기회를 제공함으로써 이후 교육대학의 학업에서 교육 전문성 확보를 위한 실질적인 과업을 수행하여 학교 현장 적응력을 높일 수 있다.
- 교육실습생 교육실습 활동 동영상 제작 및 활용, 소감, 설문지 작성을 통하여 교육실습의 전 과정을 되돌아볼 수 있는 반성과 평가의 기회를 제공함으로써 교육실습 프로그램 운영에 대한 내용을 보완, 수정할 수 있다.

Ⅲ. 결론 및 시사점

실습 내용 못지않게 실습 기간 또한 중요한 사실이다. 충분한 경험과 기회의 제공으로 입문기 및 태동기에 있는 초등학생들의 정서적 함양 및 인지적 기초를 올바르게 형성할 책무를 지닌 교사를 길러내기 위한 교육실습이 되어야 한다는 사실이다. 전 교과목을 가르치게 되는 초등 교사들에게는 보다 많은 시간의 실습이 주어져야 한다. 나아가 예비 수학교사들의 질 높은 자질 함양을 기르도록 각 교과목 당 실습기회가 충실하게 이루어져야 할 것이다. 더우기 주지교과목에 대한 균형 있는 실습기회가 주어져야 한다고 여겨진다. 그리고 교육대학과 실습을 실질적으로 담당하는 초등교사들과의 보다 유대강화가 요구되고, 교육실습 프로그램에 대한 협조 및 역할분담이 체계적으로 이루어져야 할 것으로 여겨진다.

교육의 질은 교사의 질을 능가할 수 없다는 사실에 기초할 때 예비 수학교사들의 교생 실습은 보다 장기적인 안목으로 접근하고, 학급 당 교생 수를 줄이고 보다 대학과 초등 현장과의 긴밀한 협조 및 운영이 이루어져야 할 것이다. 나아가 정기적인 교육대학과 교생 담당 교사들 간의 연찬회, 워크샵 등도 이루어지고 상호교류, 소통 및 이론과 실제에 대한 이해를 보다 공고히 할 필요가 있다고 여겨진다.

참·고·문·헌

대구교육대학교 요람 2020·2021(p141, 교육실습 내용).

김상룡(2003). 수학교사교육의 개혁에 관한 연구. **대구교육대학교 초등교육연구논총 18**(3), 39-60.

김상룡(2017). 좋은 수학 수업 그 토대 및 관찰. **과학·수학교육연구, 40**, 19-33.

대구교육대학교 부설 초등학교 2021년도 교생실습자료.

대구 용지초등학교 2019년도 1-1-3 교생실습자료.

대구 수성초등학교 2021년도 1-1-3 교생실습자료.

[자료 1] 교육실습생 지도 내실화

1) 교생 근무

<table>
<tr><th colspan="2">지도사항</th><th>내용</th><th>비고</th></tr>
<tr><td>시간</td><td>• 출근 시간
• 퇴근 시간
• 연장 근무</td><td>• 08시 30분까지 출석부에 날인(사인)
• 16시 30분
• 지도교사의 승인 ⇒ 당직 근무자에게 연락</td><td>• 교생 출석부
• 교생 근무상황부</td></tr>
<tr><td>복장</td><td>• 평상 근무
• 체육 수업
• 명찰 패용</td><td>• 공무원 복장에 준하는 검소하고 품위 있는 복장
• 체육복 및 운동화 차림
• 교내에서는 항상 패용</td><td>• 명찰</td></tr>
<tr><td>결근</td><td>• 사전 결재
• 사후 결재</td><td>• 전일, 교사와 동일한 절차와 방법으로 결재를 득함
• 익일 오전</td><td>• 교생 근무상황부</td></tr>
<tr><td>지참
조퇴</td><td colspan="3">• 지참은 당일 12:00 전으로, 조퇴는 사전에 결재를 받는다.
(절차와 방법은 결근과 동일)</td></tr>
<tr><td>중식</td><td colspan="3">• 학교 급식으로 교실 또는 급식실, 도서실에서 학생 또는 교직원과 함께 식사 및 식사 지도(시정에 의함)
• 급식비: 학반별 수합, 학년 대표 교생이 행정실에 납부</td></tr>
<tr><td>근무</td><td colspan="2">• 항상 지정된 장소에서 근무하여야 하며 근무 시간 중 교문 밖 출입을 금함
• 학생 지도는 교내에 한하며 학생 개별지도 및 조사는 지도교사와 협의
• 흡연은 학교 건물 내에서 인정하지 않음
• 교사 상호간 경어 사용
• 보관: 학급 사물함 이용, 귀중품 항시 휴대
• 가급적 승용차 출·퇴근은 자제하고 대중교통 수단 이용
• 모든 문서는 볼펜 기재 원칙, 참관 소감은 진실 되고 알차게 작성
• 지도 교사 수업이나 교생 수업 참관 때 잡담 금지
• 기간 담당 학생 지정: 학생 관찰 진지하게 기록
• 급수 시설
- 교무실
- 급식실
• 복사기
- 교무실
- 도서관
- 교과전담실</td><td></td></tr>
</table>

2) 교육 실습 일지 지도

양식 내용	• 실습 지침서 참조, 참관 및 지도내용을 자신의 사고로 분석 정리
기록 방법	• 개인: 매일 새로운 쪽에서 시작, 1~2쪽 정도 수기기록, 매일 지도 교사의 확인 • 학급: 교육실습일지(당번 교생이 기록), 교사, 교생 매일 확인 –자기 연찬을 위한 교육실습 자율노트 작성 –실습생활을 되돌아보며 수행 활동 점검 기록표 작성 –학생관찰 및 실습형지도강화의 산출물 첨지 –교육실습 소감 및 설문지를 통한 교육적 성찰
학급 지도	• 당일 퇴근 시 지도교사에게 제출, 지도교사-조언(문장 기술, 사인)
전교 지도	• 실습 일정표에 의거 2회 이상 점검 지도

3) 학생 상담 및 관찰 내용

날짜	학생 상담 및 관찰 내용

4) 수업 참관 내용

날짜	20 년 월 일(요일)		
교시		수업자	
교과		단원 (차시)	
목표			
참관 내용			

5) 수업 성찰 일지 양식

실습 성찰 일지

※ 학급 협의록은 1. 전달사항, 2. 협의내용, 3. 소감(있었던 일 중 기억에 남는 일, 느낀 점 등)의 순서로 간략하게 기술한다.

6) 교수 학습안 양식

한 눈에 보는 ○○과 교수·학습안

1. 수업의 개요

<table>
<tr><td>일시</td><td colspan="4">2021년 월 일 요일 교시</td><td>대상</td><td colspan="2">학년 반(남○, 여○, 총 ○○명)</td></tr>
<tr><td>단원</td><td colspan="4"></td><td>지도교사</td><td colspan="2"></td></tr>
<tr><td>학습주제
(차시)</td><td colspan="4"></td><td>교과서</td><td colspan="2"></td></tr>
<tr><td>교과역량</td><td colspan="4"></td><td>수업모형</td><td colspan="2"></td></tr>
<tr><td>성취기준</td><td colspan="7"></td></tr>
<tr><td>학습목표</td><td colspan="7">♣
♣
♣</td></tr>
<tr><td rowspan="6">과정중심
평가계획</td><td rowspan="2">평가 문항</td><td colspan="3">평가 기준</td><td rowspan="2">평가
방법</td><td rowspan="2">평가
시기</td></tr>
<tr><td>상</td><td>중</td><td>하</td></tr>
<tr><td></td><td></td><td></td><td></td><td></td><td></td></tr>
<tr><td></td><td></td><td></td><td></td><td></td><td></td></tr>
<tr><td></td><td></td><td></td><td></td><td></td><td></td></tr>
<tr><td>피드백</td><td colspan="5"></td></tr>
</table>

2. 본시 교수·학습안

학습 단계	학습요항 (학습형태)	학생 참여 배움 중심 교수·학습 활동	시간 (분)	ㅁ자료 ?평가 ♡인문 ※유의점
		◎ ◎ • – ♣		♡인문정신 반영 수업 실천에 관한 내용

3. 판서 계획

4. 학생 참여 배움 중심 수업 참관 관점

좌석 배치도	수업참관 관점
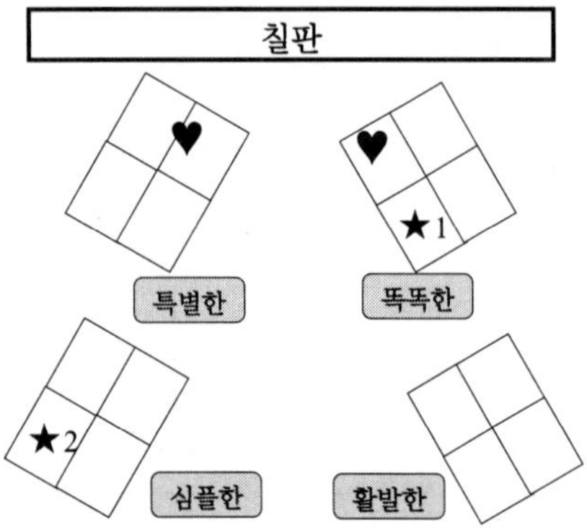	• •

♥1	주의력 및 정보처리능력이 부족
♥2	교과부진학생으로 문제이해 및 해결능력이 부족
★1	창의력이 우수하며 문제해결력이 뛰어남
★2	예술적 표현이 좋으며 문제해결을 위한 아이디어가 풍부함

역할 나눔표

업무 / 내용 / 날짜	1일 주담임교사	1일 보조담임교사	
		학습지도	생활지도
내용	• 협의회 사회 • 업무연락 • 사무보조	• 아침활동 • 수업 준비 • 학습자료 준비 • 협의록 작성	• 실내외생활지도 • 등·하교 지도 • 급식 및 청소지도 • 사진 촬영
5.31.(월)			
6.1.(화)			
6.2.(수)			
6.3.(목)			

7) 1-1-3 수업참관록 및 실습일지 사례

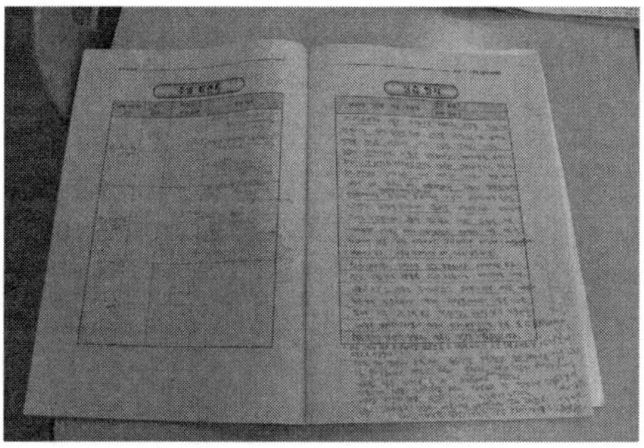

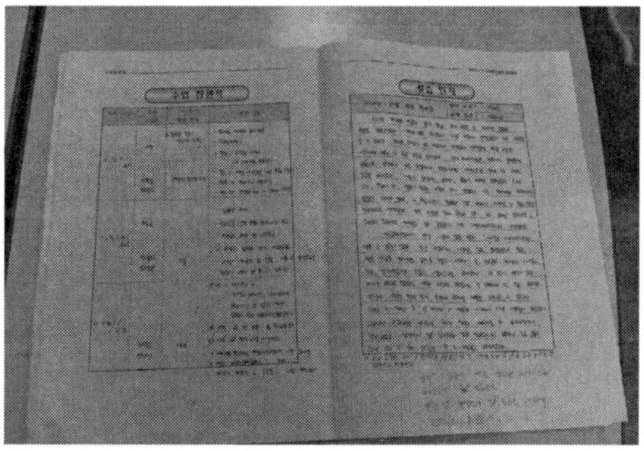

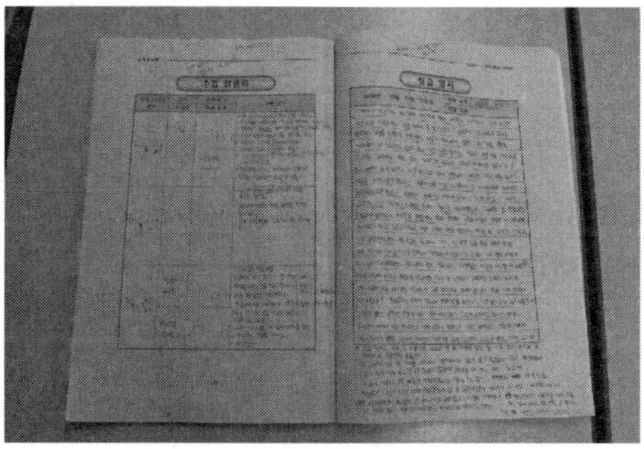

1-1-3 매칭 맞춤형 교육실습 운영 보고서

<table>
<tr><td rowspan="2">교육실습명
(체크 ✓)</td><td>참관실습(Ⅱ)
(2학년)</td><td></td><td rowspan="2">수업실습(Ⅱ)·
실무실습
(4학년)</td><td rowspan="2"></td></tr>
<tr><td>수업실습(Ⅰ)
(3학년)</td><td>✓</td></tr>
<tr><td>일시</td><td colspan="2">2018. 11. 13.
09:30 ~ 13:00</td><td>장소</td><td>○○초 2학년 6반
○○초 도서관</td></tr>
<tr><td>참석자
성명(소속)</td><td colspan="4">김○○(수학교육과 교수), 권○○(○○초 교사)
이동원(○○교육과), 이○○·권○○(○○교육과 학생)</td></tr>
<tr><td>운영
내용</td><td colspan="4">−이○○(수학 과목)교생 수업: 붙임자료 참조
표와 그래프 단원 중 ‘자료를 조사하여 표와 그래프로 나타내기’

* 좋아하는 계절, 카드 게임 활동
−이소연(○○과목) 교생 수업: 붙임자료 참조

* ‘자세하게 소개하기 및 누구일까’를 알아맞히는 게임으로 전개

* 공개 수업 참관 및 지도 협의
−원만하게 학생들과 호흡하며 비교적 수업이 잘 이루어짐
−학생의 이해 및 시간 관리에 좀 더 유의할 것
−포스트-잇 사용에 대한 유의
−비교적 준비가 잘 되어 있고 세안 작성이 잘 이루어짐
−꼭 필요한 내용만 판서할 것, 적게 말하고 학생들이 생각하도록 여유를 가질 것
−수학 내용의 이해 및 아이디어 구체화 필요성
−인물소개(조별로 다른 사람이지만 한 사람을 다양하게 소개하는 것을 고려해 볼 것)

* 교생 공통사항
−교육 실습록을 통한 교생 실재 활동에 대한 상담 및 자문
−애로사항 청취 및 격려
−학교 문화에 대한 이해
−학생들에 대한 이해 근간 마련
−학생들에게 학습이 이루어지는 환경 및 활용 방안 강구</td></tr>
<tr><td colspan="5">위와 같이 1-1-3 매칭 맞춤형 교육실습 운영 보고서를 제출합니다.

붙임: 맞춤형 교육실습 운영 관련 자료(있을 경우 첨부) 1부.

2020년 11월 23일

제출자: (소속) 수학교육과 (성명) 김 ○ ○ (인)</td></tr>
</table>

수학과 교수·학습안

수업 철학 … 경청하기

'인간은 입이 하나, 귀가 두 개'(탈무드), '경청은 금이고 웅변은 은이다.' 마음을 열고 귀를 기울여 들어야 상대방의 이야기를 제대로 들을 수 있고 아울러 자기 생각을 잘 표현할 수 있다. 상대방을 바로보며 이야기 듣기, 상대방의 말에 적절하게 반응하기, 메모하기를 통하여 경청의 방법을 익혀보도록 한다.

언제 어디서	누가		무엇을			어떻게
	학생	교사	단원(차시)	주제(쪽)	교과역량	수업모형
2021.5.21.(금) 2교시 (09:30~10:10) 5-3 교실	5~3 25명 (남14, 여11)	이○○	5. 분수의 덧셈과 뺄셈 (2/10)	분수의 덧셈 계산하기 (수학 86-87쪽)	추론, 창의 융합, 의사소통역량	원리탐구학습
성취기준 기반 학습-평가 목표	▶ 성취 기준: 〔6수01-08〕 분모가 다른 분수의 덧셈과 뺄셈의 계산 원리를 이해하고 그 계산을 할 수 있다. (지식) 분모가 다른 진분수의 덧셈에서 통분의 필요성을 안다. (기능) 받아올림이 없는 분모가 다른 진분수의 덧셈 원리를 이해하고 계산할 수 있다. (태도) 문제해결 활동에 적극적이고 민주적인 태도로 참여한다.					
학생주도 수업 설계의 주안점	• 여러 가지 문제해결 방법 중에서 자신이 하고 싶은 방법으로 해결하고 그 방법을 친구들에게 표현해보도록 한다. 친구들과 토의를 통하여 계산 원리를 익힌다. • 하브루타 토의를 통하여 원리를 찾는다.					

1. 본시 교수·학습 활동

학습 단계 (분)	학습요항 [학습형태]	학생 주도 배움 활동	※유의점 □자료 ⊘평가 ♡교과역량 ★협력
문제 파악 (5)	생활 속 수학 만나기 **[전체]**	**◉ 우리 생활 속 문제 알기(생각 열기)** • (1을 보며) 공부할 문제를 생각해보도록 한다. 슬기는 우유를 $\frac{1}{2}$컵 가지고 있고, 지혜는 우유 $\frac{1}{4}$컵을 가지고 있습니다. 두 친구가 가진 우유를 합하면 한 컵이 넘을까요? • 두 친구가 가진 우유의 양이 모두 얼마인지 어떻게 알아볼까요? – 우유 $\frac{1}{2}$컵과 우유 $\frac{1}{4}$컵을 더해야 합니다.	1그림자료 ※ 학습 과제 해결에 대한 흥미를 갖도록 한다.

	배움 설계하기 **[전체]**	◉ **배움 문제 확인보기** • 이번 시간에 무엇을 배우면 좋을지 말해 봅시다. ♣ 분모가 다른 진분수의 덧셈을 해 봅시다.	※ 학생 스스로 학습문제를 찾을 수 있도록 유도한다. 2학습장
예상 (5)	진분수의 덧셈 예상하기 **[전체 → 개인]**	◉ **(진분수)+(진분수) 예상하기** • $\frac{1}{2}+\frac{1}{4}$의 양이 얼마가 될지 어림해 봅시다. −1보다 작은 수일 것이다. −반 컵과 반 컵이 안 되는 수를 더하니 한 컵이 안 될 것이다. • 예상이 맞는지 어떤 방법으로 알아볼까요? −수직선, 분수 막대, 색종이, 평면 점판 등을 이용한다.	※ 알고 있는 개념을 바탕으로 예상해 본다. 3평면점판, 색종이 분수 막대 창의 융합 ⏱관찰평가①
검증 (10)	**[개인 → 모둠 → 전체]**	◉ **예상한 방법으로 $\frac{1}{2}+\frac{1}{4}$ 알아보기** • 각자 자기가 선택한 방법으로 알아봅시다. −분수 막대로 알아보기 −평면 점판으로 알아보기 • 짝과 친구들에게 자신의 방법을 설명하고 묻고 답해 봅시다.	※ 자유로운 분위기에서 조작 활동을 통해 각자 선택한 방법을 설명하도록 한다. ★하브루타 토의
일반화 (10)	**진분수의 덧셈 방법 토의하기 [개인 → 전체]**	◉ **(진분수)+(진분수) 계산하는 방법 토의하기** • $\frac{1}{2}+\frac{1}{4}$을 계산해 보고 자신이 해결한 방법을 이야기해 봅시다. −분모를 같게 하여 계산하기 • 그림을 이용하여 $\frac{1}{4}+\frac{2}{3}$를 계산해 보고 발표해 봅시다.	⏱관찰평가 ② 의사소통역량
	덧셈 방법 형식화하기 **[개인 → 전체]**	◉ **(진분수)+(진분수)의 계산 방법 형식화하기** • $\frac{1}{6}+\frac{3}{8}$을 서로 다른 방법으로 계산해 보고 이야기해 봅시다. −두 분모의 곱을 공통분모로 통분하여 계산하기 −두 분모의 최소공배수를 공통분모로 통분하여 계산하기 −두 가지 계산 방법을 비교하여 좋은 점 이야기하기 • 문제(교과서 5번)를 보고, 식을 세워서 계산해 봅시다. −$\frac{3}{4}+\frac{1}{6}=$	⏱관찰평가 ③ 추론 ※ 분모를 통분하는 두 가지 방법을 알고 어떤 방법이 쉽거나 간단한지 비교해서 이야기해 보도록 한다.
적용 (7)	**생활문제 만들기**	◉ 생활문제 만들기로 진분수의 덧셈 익히기 • 생활과 관련된 (진분수)+(진분수) 문제를 모둠별로 만들어 다른 모둠과 돌려서 문제를 해결하여 봅시다. −문제 만들기와 해결하기 과정에서 협력하기	4모둠판, 마카펜
학습 정리 (3)	학습소감 나누기 (전체)	◉ **학습 소감 나누기 및 차시 예고** • 이번 시간에 배운 내용을 함께 이야기해 봅시다. 다음 시간에도 분수의 덧셈 공부를 이어서 하도록 하겠습니다.	

2. 과정중심 평가

성취 기준	평가 영역	평가 목표	평가 기준			평가 방법
			상	중	하	
〔6수01-08〕 분모가 다른 분수의 덧셈과 뺄셈의 계산 원리를 이해하고 그 계산을 할 수 있다.	지식	분모가 다른 진분수의 덧셈에서 통분의 필요성을 안다.	분모가 다른 진분수의 덧셈에서 통분의 필요성을 잘 알고 설명할 수 있다.	분모가 다른 진분수의 덧셈에서 통분의 필요성을 알고 설명한다.	분모가 다른 진분수의 덧셈에서 통분의 필요성을 알고 있으나 설명이 부족하다.	관찰
	기능	받아올림이 없는 분모가 다른 진분수의 덧셈 원리를 이해하고 계산할 수 있다.	받아올림이 없는 분모가 다른 진분수의 덧셈 원리를 알고 능숙하게 계산할 수 있다.	받아올림이 없는 분모가 다른 진분수의 덧셈 원리를 알고 계산할 수 있다.	받아올림이 없는 분모가 다른 진분수의 덧셈 계산이 미흡하다.	관찰 지필
	태도	문제해결 활동에 적극적이고 민주적인 태도로 참여한다.	다양한 방법으로 문제를 해결하고 친구들과 협력하는 태도가 적극적이다.	다양한 방법으로 문제를 해결하고 친구들과 협력하는 태도를 보인다.	문제해결 활동이 소극적이고 친구들과 협력하는 태도가 미흡하다.	관찰
피드백	다양한 조작 자료를 활용하여 받아올림이 없는 분모가 다른 진분수의 덧셈 원리를 충분히 경험할 수 있도록 함으로써 계산 원리를 발견할 수 있도록 재지도 한다.					

제8장

미국 초등 예비 수학교사 실습교육 사례: 면담과제를 활용한 관행기반 교사교육

여승현(대구교육대학교)

Ⅰ. 서론

최근 미국을 중심으로 교사교육에서는 관행기반(practice-based)의 접근방법에 대한 점차 주목받고 있다. 이는 예비 수학교사들이 학습자에게 특정 과목을 가르치는 일을 관행(practice)단위로 분절하여 각 기능을 연습하게 도와준다는 생각을 기반으로 하고 있다(Grossman et al., 2009). 교사들의 효과적인 수학수업에서 핵심이 되는 학생의 수학적 사고에 반응하기(Spangler & Hallman-Thrasher, 2014), 사고를 확장시키는 발문하기(Webel & Conner, 2017), 수학적 담화 진행하기(Baldinger et al., 2016)와 같은 관행들을 바탕으로 체계적인 과정을 통해서 교사들의 교수관행을 발달시킬 수 있다.

대학에서 이뤄지는 수학교육 방법론 수업에서 이러한 관행기반의 접근방법을 활용하기 위해서 강의자나 동료 예비 수학교사들이 초등학생 역할을 하여 모의로 담화를 진행하거나(Grossman, Ronfeldt, & Cohen, 2012), 공학도구의 도움을 받아서 가상의 환경에서 학생을 만나서 담화를 연습하는 과정을 통해서 필수관행들을 연습하는 활동을 한다(Amidon, Chazan, Grosser-Clarkson, & Fleming, 2017). 예비 수학교사들이 학생들과의 경험이 부족한 상황에서 이러한 간접적인 경험은 안정적인 상황에서 해당 관행들을 연습할 수도 있지만, 실제 초등학생이 아닌 대체적인 상황을 활용한다는 점에서 제한된 경험을 제공한다는 한계가 있다. 그래서 실습교육을 활용하여 실제 학교에서 실제로 학생들과 상호작용을 통해서 이러한 관행을 발달시키려고 하는 노력들이 지속되어 왔다(Webel & Yeo, 2021; Zeichner, 2010). 이처럼 교육실습과 수학교육 방법론사이의 관계를 긴밀하게 유지하여 연구를 기반으로 한 관행이 실제 현장에서 적용되는 과정을 통해서 예비 수학교사들은 자신들의 수업에 대한 기술을 직접적으로 개발할 수 있음은 물론이고 이를 통해서 궁극적으로는 좋은 수학수업에 대한 비전을 형성해 가는게 중요한 역할을 하게 된다(Association of Mathematics Teacher Educators[AMTE], 2017).

따라서 본 연구는 실습교육에 참여하는 예비 수학교사들이 개별 학생과의 상호작용을 통해서 학생을 위한 맞춤형 수학 문제를 만들고 이를 면담을 통해서 적용하는 과정에서 학생이 가진 수학적 사고를 이끌어내고 반응하는 방법을 발달시키는 방안에 대해서 사례를 공유하고자 한다. 해외의 초등 교사교육 프로그램에서 여러 단계에 걸친 면담과제를 수행하는 과정과 사례를 소개하여 국내의 실습교육과 방법론 사이의 연계방안과 실습교육을 발전시킬 수 있는 방안에 대해서 모색하고자 한다.

1. 관행기반 교사교육

많은 교사교육자들이 관행기반 접근법을 취하고 반응적 교수와 같은 교수관행을 발달시키고자 한다. 수업에 대한 지식과 비전을 먼저 개발하고 그 뒤에 실제 실행을 경험하는 것이 아니라 먼저 특정 기능을 개발하는 것에 집중한 뒤 관행을 실행하고 반성하는 과정에서 수업에 대한 지식과 비전이 개발될 것이라는 믿음을 가지고 있다(Kazemi, 2018). 연습을 통한 학습과정은 AMTE에서 제시한 지침에서도 다음과 같이 강조하고 있다. “관행기반 교사교육은 전통적인 교사교육과는 다른 점이 있다. 교사가 학습이론을 먼저 배우고 이러한 이론을 관행에 적용하는 방법을 따로 배우는 것이 아니라 관행을 분석하는 과정을 통해서 이론이 발현되는 경험을 교사가 하게 된다”(p.35-36).

관행기반 접근을 보다 효율적으로 적용하기 위해서 [그림 1]과 같이 학습순환(learning cycle)을 통해 교사교육자가 다양한 수준의 예비 수학교사를 맞춤식으로 돕는 것이 강조되기도 한다(McDonald, Kazemi, & Kavanagh, 2013; Lampert et al., 2013). 학습순환은 크게 네 가지 단계로 구분되는데 도입(introduce), 준비(prepare), 실행(enact), 분석(analyze)으로 구분된다. 먼저 도입단계는 교사교육자가 교수 관행의 중한 부분을 예비 수학교사가 관찰하고 분석할 수 있도록 도와주기 위해서 다양한 표상을 활용할 수 있다. 예를 들어, 수학 수업에서 다양한 교수이동을 보여준다고 하면 교수이동이란 어떤 뜻을 가지는지에 대해서 설명한 뒤에 이러한 교수이동이 실제 수업에서 그리고 담화과정에서 어떻게 활용되는지에 대한 구체적이고 다양한 사례들을 예비 수학교사들에게 제시할 수 있다(Jacobs & Empson, 2016; Webel & Yeo, 2021). 즉, 학생이 문제를 해결한 뒤에 교수이동으로 어떤 발산적인 질문을 하는지 또는 다른 추가적인 문제를 제시하는지와 같은 사례들을 예비 수학교사들과 함께 탐색하고 분석할 수 있다.

두 번째는 준비단계로 교사교육자는 예비 수학교사들에게 교수의 중요한 요소들을 실제 교수장면과 유사한 경험(approximation)으로 제공할 수 있다(Grossman et al., 2009). 예를 들어, 한 예비 수학교사가 교사의 역할을 하고 다른 동료는 학생을 역할을 하여 일대일로 수학문제를 해결하고 그 해결과정에 대해서 어떤 수학적 사고를 하는지에 대해서 교사와 학생처럼 면담을 실행할 수 있다. 물론 여기에서 학생의 역할을 다른 예비 수학교사가 하였기 때문에 실제 학생과의 면담이라고는 하기 어렵지만 문제를 도입하고 해결과정을 관찰하여 그 과정에서 수학적으로 중요한 부분에 대해서 발문을 하고 이어지는 질문을 해나가는 과정에서 교사 역할을 한 예비 수학교사는 실제와 매우 유사한 학습경험을 가질 수 있다.

세 번째는 실행단계로 교사교육자는 목표로 하는 특정 관행을 현장에서 적용할 수 있는 기회를 제공할 수 있다. 앞선 단계에서의 유사경험을 바탕으로 교사교육자는 예비 수학교사들에게 피드백을 제공하고 이러한 피드백을 바탕으로 예비 수학교사는 실제 실행을 위한 계획을 세우게 된다. 면담 프로토콜이나 수업계획안과 같은 계획을 세워졌다면, 그 다음으로 실제 실행단계는 일대일로 실제 학생을 면담하거나 편지를 주고받는 활동을 통해서 수행될 수 있고, 교육실습과 연계하여 모둠이나 전체학급을 대상으로 수업을 해보는 활동 등을 통해서 앞서서 도입과 유사경험을 통해서 배우게 된 교수관행을 실제 현장에서 활용할 수 있다. 예비 수학교사는 이러한 실행의 과정을 문서나 비디오를 이용하여 기록으로 남겨서 이후 분석과 반성을 위한 주요한 자료로 활용하도록 한다.

마지막 분석단계는 교사교육자는 첫 번째 단계와 마찬가지로 다양한 표상을 이용해서 예비 수학교사가 자신의(또는 다른 예비 수학교사) 교수관행을 관찰하고 분석하도록 하는 기회를 제공한다. 실제 실행한 영상을 예비 수학교사에게 다시 검토해 보고 자신의(또는 다른 예비 수학교사) 관행에 대해서 개별적으로 분석하고 반성하며 궁극적으로는 어떻게 해당 관행을 개선할 수 있을지에 대한 논의를 이어나갈 수 있다. 첫

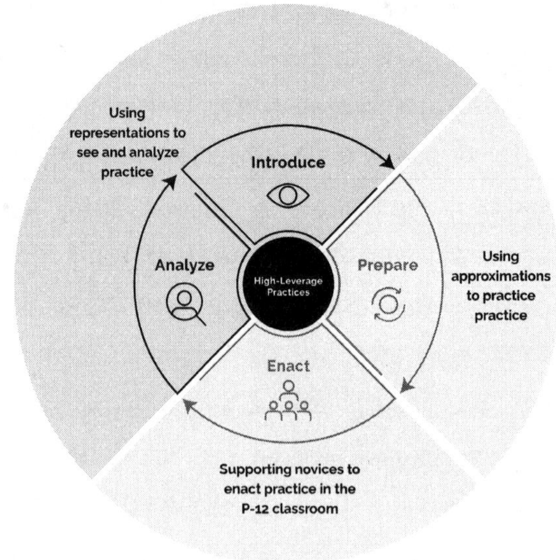

그림 1 관행기반 접근을 위한 학습순환

번째 도입단계에서는 현직교사들의 대표적인 사례를 통해서 해당 관행을 예비 수학교사들에게 안내해주는 역할을 하였다면, 이와 달리 마지막 분석단계는 앞선 단계에서 학습해온 관행을 예비 수학교사들이 직접 적용한 사례를 분석하고 반성하는데 그 초점이 있다. 그리고 이 마지막 단계에서 분석결과 해당 관행에 대해서 부족하거나 심화할 것이 있다면 교사교육자는 그 관행을 다시 첫 번째 단계에서 강조하여 이후 이어지는 세부단계들을 반복하여 거칠 수도 있다.

이처럼 학습순환의 네 단계는 선형적으로도 운영될 수 있지만 순환적으로 특정 관행을 중심으로 확장해나가며 예비 수학교사들의 전문성을 비판적 고찰을 통해서 발전시켜나갈 수 있다. 본 연구에서는 실습교육과 연계하여 실행단계를 중심으로 어떻게 수학교육 방법론 수업에서 예비 수학교사들의 특정관행들을 발전시키는데 도움을 줄 수 있는지에 대한 사례를 제공하고자 한다.

2. 문제제기

문제제기는 우수한 수학교수를 위해 교사가 갖추어야 할 필수적인 기능 중 하나이다. 교사는 문제를 학생들의 수학적 사고나 발전을 촉진하도록 효과적인 방법으로서 문제를 계획하거나 수정할 수 있어야 한다. 문제제기는 특정 상황을 바탕으로 새로운 문제를 만들거나 기존 문제를 바탕으로 변형하는 것을 의미한다(Cai & Hwang, 2020;

Silver, 1994). 교사교육에서 문제제기는 예비 수학교사들의 수학교과에 대한 교수학적 역량을 길러주는 방법으로 간주되어 왔다. 문제제기 자체와 관련된 예비 수학교사의 역량은 문제의 해결가능성, 창의성, 복잡성 등에 대한 요소들이 선행연구들 통해서 밝혀졌고 해당 요소들 사이의 관계에 대한 탐색이 이루어져 왔다(Rosli, Goldsby, & Capraro, 2013; Xie & Masingila, 2017). 일부 연구는 문제 제기를 통해서 예비 수학교사의 교과지식에 대한 오개념이나 문제점을 밝혀내는 진단적 기능을 강조하기도 하였다. 또한 다른 연구들은 문제제기와 문제해결 사이의 연결성이나 개념적 이해, 협력 등과 확장하여 상호관계를 탐색하기도 하였다. 그러나 이러한 연구들은 문제제기를 수학교육 방법론 수업 중 하나의 교육적 활동의 결과물을 연구하는 경우가 대부분이었다. 즉, 실제 학생에게 직접 활용가능한 문제를 만드는 학습경험은 위해서는 다른 수준의 지원과 상황이 예비 수학교사들에게 제시되어야 할 것이다. 특정 학생의 수학적 수준과 관심에 적합한 문제를 만들기 위해서는 먼저 학생에게 적합한 수학적 내용은 무엇인지 또한 어떠한 관심사를 가지는지에 대해서 이해를 한 뒤 이를 바탕으로 문제를 만드는 것이 필수적이다.

따라서 본 연구에서는 교육실습에서 특정 기준을 바탕으로 선정한 학생을 위해서 문제를 만들어 나가는 과정을 경험시켜주기 위한 과제는 어떤 것인지에 대해서 사례를 바탕으로 소개하고자 한다.

3. 학생의 수학적 사고 탐색

교사들이 수업상황에서 무엇을 어떻게 실행할지에 대한 교수학적 결정을 하는 것은 학생의 반응에 따라서 시시각각으로 변하게 된다(Jacobs & Empson, 2016). 이는 미리 계획된 결정을 그대로 실행하는 것이 아니라 반응적으로 의사결정을 해야하므로 교사에게는 해당 순간에 알맞은 결정을 하기 위해서 자신의 지식과 전문성을 활용하게 된다. 이러한 반응적 교수는 학생들이 자신이 이해하는 것으로부터 수학적 사고를 발전해 나갈 수 있다는 장점이 있다. 그러나 이처럼 순간적으로 스스로 결정하는 과정은 실제 실행과정에서 쉽지만은 않을 수도 있다. 교사 자신의 생각을 강요하지 않고 학생의 사고를 적극적으로 존중해주는 상태에서 사고를 지원하고 확장시키는 일을 짧은 시간에 의사결정과 함께 수행해야 하기 때문이다. 인지적으로 안내된 교수(Cognitively Guided Instruction)에서는 문장제에 대해 학생들이 해결할만한 전략을 소개하며 이를 위해서 교사들이 어떻게 지금까지의 해결전략에 대한 세부사항을 탐색하는지, 또는 다른 전략을 생각해 볼 수 있도록 격려하는지에 대해서 실제 사례를 바탕으로 설명하고 있다(Carpenter, Fennema, Frank, Levi, & Empson, 2014). 또한 개별 문제해결 면담에서 교사들의 패턴을 분석한 결과 자신의 생각을 강조하고 학생 사고를 방해하기도 하는 유형도 있지만, 학생들의 수학적 사고를 탐색하는데 초점을 맞춘 교사들의 유형도 있었다(Jacobs et al., 2011).

교사교육에서도 이러한 교수관행을 발전시켜주기 위해서 다양한 연구들이 진행되어왔다. 예를 들어, 학생과 편지를 주고 받는 과정에서 수학적 문제를 주고 어떻게 해결하는지에 대해서 탐색할 수 있으며(Crespo, 2003), 학생과 직접 대면하기 전에 문제와 관련한 가상적인 시나리오를 쓰는 활동을 제시할 수도 있고(Spangler & Hallman-Thrasher, 2014), 가상의 상황을 공학도구의 도움을 통해서 제시하고 간접적으로 상호작용하는 기회를 제공할 수 있다(Webel & Conner, 2017). 기존 선행연구들에 기반하여 본 연구에서도 실습교육에서 만난 초등학생들을 위해서 문제해결을 기반으로 한 면담과제를 제시하였을 때 어떻게 예비 수학교사가 학생들을 수학적 사고를 탐색하는 기능을 발전시켜 나갈 수 있는지 사례를 통해 알아보고자 한다.

Ⅱ. 미국의 실습교육 사례

1. 앨러배마대학교 초등교사 교육프로그램

본 연구에서는 미국의 초등 예비 수학교사 실습교육의 사례를 바탕으로 초등예비 수학교사의 수학적 전문성과 지식을 현장과 연계하여 기를 수 있는지에 대하여 그 가능성을 탐색하였다. 미국의 사례로는 앨러배마대학교의 교육대에 속해있는 초등교사 교육프로그램을 선정하였다. 초등교사 교육프로그램을 이수하는 예비 수학교사들은 유아교육과 초등교육을 지도할 수 있는 자격증을 획득할 수 있다. 이를 위해 유아교육기관과 초등학교에서 전통적이고 실험적인 교수방법론 뿐만 아니라 실제적인 적용경험을 제공하여 예비 수학교사들이 미래 자신의 교실을 준비할 수 있는 기회를 갖는다. 공통적인 교양수업 외에도 초등교사 교육프로그램에 지원을 하기 위해서는 학점이 2.75이상이 되어야 한다. 추가적으로 3개의 수학수업을 필수로 들어야 하고 이는 수학교육방법론 수업을 등록하기 전에 해당 수학수업들이 이수가 되어야 한다.

초등교사 교육프로그램은 4학기로 구성되어 있고 첫 학기에 교육에 대한 기초 강좌를 듣고 난 뒤에 면접을 통해서 2, 3학기에는 교수방법론 및 교실 운영에 대한 전반을 학습하고 마지막 4학기에는 인턴십에 참여하여 해당 학기동안 지역 초등학교에서 근무하며 교육실습을 수행하게 된다.

2. 실습교육의 개관

초등 예비 수학교사들의 실습학교 배정은 교육실습지원팀(the Office of Clinical Experiences)에서 대부분 조정하여 멘토 교사와 학교에 배치하도록 되어있다. 물론 앨러배마대학교의 교수나 학과장이 지정한 다른 기관 소속의 사람들이 예비 수학교사를 도와주는 것도 가능하다. 단, 반경 80km 이외의 실습에 대해서는 교육실습지원팀장과 학생서비스 부학장, 학과장이 지역에 실습학교가 부족할 경우에만 선정이 가능하다.

초등 예비 수학교사는 초등프로그램을 통해서 자격 요건에 적합한 다양한 환경에 있는 학교들에 배정이 된다. 교육실습은 여러 다양한 우수함을 가진 학생들과 상호작용하는 기회를 제공할 뿐만 아니라 다양한 민족, 인종, 성별을 고려한 학생들과의 경험을 제공한다. 다양한 환경에서 실습을 경험할 수 있도록 학교성적, 학교규모, 환경, 사회경제적 수준 등과 같은 변인들을 고려하여 학교배정이 될 수 있도록 고려한다. 실습 배정 학교를 선정할 때, 개별 예비 수학교사들의 지난 교육실습 배정학교에 대한 검토하게 되고 이전에 배정된 학교와는 다른 환경의 학교에 배정이 되는 것을 원칙으로 한다. 매학기 교육실습은 예비 수학교사의 개인적 그리고 전문적 성장을 할 수 있도록 도와준다. 1학기부터 4학기까지 학기별로 실습교육의 중점사항을 살펴보면 다음과 같다.

(1) 실습교육-1학기

초등교사 교육프로그램을 처음으로 등록하여 이수하는 학생들을 대상으로 1학기에는 11주 동안 주당 1회 4시간씩 만 3세부터 유치원이전의 유아들이 다니는 어린이에서 교육실습을 수행하고 결과를 보고서로 작성해야한다. 이 실습동안 다음과 같은 강좌에서의 과제를 수행가능하다.

CEE 491: 유아교육 교육과정 및 수업
CEE 320: 유아 및 초등교육 조사
CRD 369: 유아 및 초등학생들을 위한 읽기 교육 기초

MUE 385: 유아 및 초등에서의 음악 교육

해당 교육실습을 마친 뒤 2시간에 걸쳐서 교육실습지원팀에 의해서 선정된 교사들과 함께 실습을 통해서 경험한 내용에 대해서 반성하고 예비 수학교사들을 개별적으로 지원하는 기회를 제공한다.

(2) 실습교육–2학기

2학기로 진급을 하기 위해서 1학기에 예비 수학교사는 학점평균이 2.75(4점만점 기준)를 넘어야 하며 Educational Testing Service(ETS)에서 주관하는 Praxis Core Academic Skills Test for Educator(읽기, 쓰기, 수학)를 통과해야한다. 추가로 학과의 교수들과의 구술면접을 통과해야한다. 구술면접은 예비 수학교사의 교직이수에 대한 동기, 교수와 학습에 대한 신념, 교육에 대한 공정성에 대한 가치관을 알아보는 중요한 역할을 한다. 이렇게 진급과정을 거친 2학기 예비 수학교사들은 매주 월요일과 화요일에 걸쳐서 실습학교에서 수업에 참관한다. 그리고 수, 목, 금요일은 대학에서 열리는 강의에 참석하게 된다. 2학기 실습에서는 다음과 같은 강좌들의 과제를 수행할 수 있다.

CEE 365: 유아 및 초등을 위한 문학
CEE 401: 효과적인 교실 운영
CEE 380: 유아 및 초등학생에 대한 수학 교수
CEE 370: 초등학교에서 읽기 교수
CEE 492: 유아교육에서 아이들과 가족 참여
CEE 495: 교육실습

2학기의 마지막 2주는 집중 실습기간으로 대학교에서의 수업에 참여하지 않고 매일 실습학교에 수업을 참관하게 된다. 이러한 집중 실습기간은 예비 수학교사들에게 대학교에서 요구되는 과제를 수행하거나 학생들에게 직접 수업을 할 수 있는 기회를 제공하는데 의의가 있다. 특히, 앨러배마대학교는 이 기간에 예비 수학교사들을 대상으로 자율적으로 자격증연수를 실시하기도 한다. Alabama Math, Science, and Technology Initiative(AMSTI)에서 현장실습 대신 이틀간 연수에 참여한 예비 수학교사를 대상으로 자격증 프로그램을 운영하고 있다. 해당 프로그램은 수와 연산의 내용을 중심으로 앨러배마 주의 초임교사가 되면 필수적으로 들어야 하는 연수과정을 예비 수학교사 시기에 미리 이수할 수 있다. 2학기에 예비 수학교사들은 수학교육방법론을 필수로 들어야 하는데, 실습교육과의 연계방안에 대한 사례를 다음 절에서 소개하고자 한다.

(3) 실습교육-3학기

3학기의 학생들은 2학기에 비해서 하루가 더 늘어난 3일 동안 교육실습에 참여한다. 즉, 2학기의 일정과는 반대로 월, 화요일에는 대학에서 강의를 듣고 수, 목, 금요일에는 현장학교에 실습을 나간다. 3학기의 교육실습에서는 다음과 같은 강좌들의 과제를 수행할 수 있다.

CEE 478: 유아 및 초등에서 언어술 교수
CEE 304: 유아 및 초등 과학교수
CEE 366: 유아 및 초등 사회 교수
BER 450: 시험과 교육측정
CEE 401: 다원성과 교실 운영

3학기의 학기 초에는 유아교육에 대한 경험을 길러주기 위해서 3주 집중 실습기간을 가진다. 이때 예비 수학교사들은 유아들을 위해 스테이션식 수업을 계획하고 그중에서 하나의 스테이션은 교사에 의해서 수행되도록 계획한다. 스테이션은 언어, 수학, 과학, 사회정서, 역할극, 창의표현등과 같이 구성될 수 있다. 2학기와 유사하게 3학기에는 AMSTI에서 초등과학에 대한 연수를 진행하고 자격증을 배부한다. 3학기에 초등과학교육방법론 수업과 현장실습을 연계하여 예비 수학교사들에게는 좋은 학습기회가 제공된다.

(4) 교육실습-4학기: 인턴십

4학기의 인턴십을 참여하기 위해서는 먼저 이전 학기까지의 평균학점이 2.75이상(4점만점)이 되어야하고 ETS에서 제공하는 시험에 합격해야한다. 이들 시험은 Praxis Ⅱ Multiple Subjects, Praxis II Elementary Education Early childhood, 그리고 Praxis Ⅱ Elementary Education Teaching Reading으로 구성된다. 이중 Multiple Subjects는 국어, 수학, 사회, 과학에 대한 초등학교에서 배울 내용들에 대한 교과 지식을 평가한다.
위와 같이 필수조건을 만족시킨 예비 수학교사들은 인턴십에 참여할 수 있게 된다.

이러한 인턴십은 앨러배마대학교의 경우 최소 12주 또 보통 16주정도 운영된다. 이때는 예비 수학교사들은 대학교에서 강의를 듣지 않고 실습학교에만 출근하게 된다. 이는 인턴십의 장점을 극대화하기 위한 것으로 예비 수학교사들은 현장의 일선 학교에 나가서 실제로 초등학생들을 혼자서 또는 멘토 교사와 공동으로 가르치는 기회를 갖게 된다. 인턴십 초기에는 하루 중 일부 수업을 예비 수학교사가 해당 교실의 학생들을 가르치는 것으로 시작해서 이후에 이것이 확장되어 하루를 온전히 가르치게 된다. 초등학교의 특성상 예비 수학교사는 국어와 수학, 그리고 사회, 과학과 같은 주요 교과들을 중심으로 지도하는 기회들이 제공된다. 이때 멘토 교사의 중요한 역할은 수업을 준비할 때 지원을 해주고, 또한 수업 실행 뒤에 수업에 대한 반성의 기회를 예비 수학교사들에게 제공해준다. 이처럼 인턴은 교실의 멘토 교사와 같이 공동수업을 할 뿐만 아니라, 일반 교사들과 같이 세미나와 교직원회의와 같은 학교의 정규일정에도 같이 참여해야한다.

3. 수학교육 방법론과의 연계

(1) 유아 및 초등수학교육 방법론 수업

이 장에서는 앨러배마대학교에서 이뤄지는 교육실습을 바탕으로 어떻게 초등수학교육 방법론 수업에서 현장에서의 이뤄지는 실습과 연계하여 예비 수학교사들의 지식과 기능을 향상시킬 수 있는지에 대한 사례를 소개하고자 한다. 먼저 수학교육 방법론 수업은 매 가을과 봄 학기에 개설되어 로 12주(또는 13주) 동안 진행한다. 방법론 수업에는 학기별로 차이는 있지만 주로 2개에서 4개의 반이 개설되고 한 반의 예비 수학교사들은 약 18명 정도이다. 학기의 전반부는 수학교수학습에 대한 문제해결, 추론, 공정성 등과 같은 요소들에 대해 NCTM에서 제시하는 원리와 규준을 바탕으로 좋은 수학수업에 대한 비전을 제시하는데 초점이 있다. 그리고 후반부는 수와 연산, 기하, 측정 등과 같은 학습내용 별로 구체적인 교수방법에 대해서 경험하고 학습한다.

수학교육 방법론의 주요 과제는 수학자서전, 문제해결과제, 마이크로티칭, 면담과제로 크게 4개의 과제로 구성되어 있다. 먼저, 첫째 수학자서전은 학생들이 수학과 수학학습에 대한 정의적 측면을 돌이켜보는 과제로 어떤 사건이나 사람들이 자신의 수학과 수학 학습에 대한 태도에 영향을 주었는지 알아본다. 둘째, 문제해결과제는 내용영역과 연결하여 수학내용적 지식과 수학교수학적 지식을 묻는 과제들로 구성되어 있다. 총 2회로 구성되어, 1회차에는 자연수 개념과 연산, 2회차에는 분수 개념과 연산,

그리고 도형과 측정에 대한 과제들로 이루어졌다. 셋째, 마이크로티칭은 대학 교실에서 수업을 시연하는 것으로서 동료 예비 수학교사들이 학생을 역할을 하게 된다. 크게 수업 계획과 실행의 두 부분으로 나눠져서 강사와 함께 수업계획을 설계해 나가고 특히 문제해결 중심의 수업을 바탕으로 진행되도록 구성한다. 마지막으로 면담과제는 3단계로 구성되어 학생에 대해 알아가기, 문장제 문제 만들기, 그리고 면담 및 반성으로 이루어진다. 본 연구에서는 면담과제의 각 단계에 대해서 상세하게 살펴보고 한 예비 수학교사의 사례를 바탕으로 실습교육과 방법론의 연계방안에 대한 구체적인 장면을 보여주고자 한다.

(2) 초등학생과의 면담과제

4가지 과제 중에서 마지막 면담과제는 교육실습에서 멘토 교사와의 상담으로 통해서 한 명의 학생을 택하고 그 학생과의 상호작용을 기반으로 단계적으로 이루어지게 된다. 특히 교실에서 초등학생을 선택할 때는 예비 수학교사 자신과 성별, 인종, 모국어 등이 서로 다르고 수학학습 수준이 보통인 학생을 한 명을 실습에서 선택한다. 면담과제는 학생에 대한 기초조사, 문장제 만들기, 문장제를 활용한 학생 면담으로 크게 세 단계로 구성되어 있다. 면담과제 각 단계에 대해서 세부적으로 알아보고자 한다.

가. 1단계: 학생에 대한 기초조사

면담과제를 위해서 첫 번째 단계는 '학생에 대한 기초조사'로 면담과제를 위해 선택된 학생에 대한 다양한 정보를 얻기 위해서 실시한다. 학생의 흥미나 학교 밖에서 참여하는 활동, 또 학생이 자신 있어 하거나 잘하는 활동들에 대해서 알아보기 위해 기초면담을 진행한다. 이를 위해, 학생들이 친구들과 또는 가족들과 함께 지역사회에서 참여하는 활동들이 어떤 것들이 있는지에 대해 알아볼 수 있다. 또한 초등학생이 가진 수학적 생각, 태도, 믿음 등에 대해서 보다 구체적으로 자료를 수집할 수 있고 면담을 통해 학생의 가치관에 대해서 잘 이해할 수 있는 기회가 된다.

1) 질문지 작성

기초조사를 위해서 학생의 흥미와 수학에 대한 생각에 대한 질문을 〈표 1〉과 같이 준비하도록 한다. 영역별로 질문들을 선정하고 필요에 의해서 수정되어 활용될 수 있도록 안내한다.

표 1 기초조사를 위한 질문지

〈학생의 흥미 및 활동에 대한 질문〉
• 내가 모를만한 자신의 5가지를 말해보세요.
• 방과 후에는 주로 무엇을 합니까?
• 집에서는 어떤 활동을 하는 것을 좋아합니까?
• 학교에서 가장 좋아하는 것은 무엇입니까?
• 가장 좋아하는 과목은 무엇입니까?

〈학생의 수학에 관한 사고 및 태도에 대한 질문〉
• 수학에서 가장 자신 있는 부분은 무엇입니까?
• 수학에서 자신 없는 부분은 무엇입니까?
• 수학에서 가장 좋아하는 것은 무엇입니까?
• 수학에서 가장 싫어하는 것은 무엇입니까?
• 수학을 배우는 것은 중요합니까? 중요하다면, 왜 중요하다고 생각합니까?
• 수학이란 무엇인지 어떻게 설명할 수 있습니까? (예를 들어, 동생에서 설명한다고 생각해보세요)
• 학교 밖에서도 수학을 활용합니까? 활용한다면, 어떻게 활용합니까?
• 교실이나 집에서 수학에 어려운 것이 있으면 누구에게 도움을 요청합니까? 어떻게 도움을 줍니까?
• 자신이 알고 있는 사람들 중에서 수학을 가장 잘하는 사람은 누구입니까? 그림으로 나타내보고 누구인지에 대해서 설명해보세요.

2) 면담 후 보고서 작성

면담을 통해 알게 된 것과 보고 들은 것을 바탕으로 보고서를 작성한다. 학생에 대해서 소개하기 위해서 학생의 나이, 학년, 학교, 성별, 인종, 민족, 가정환경, 모국어 등을 소개하고 이때 학생의 이름은 가명을 사용하도록 한다. 또한, 학생의 배경과 예비 수학교사 자신이 어떻게 비슷하거나 다른지에 대해서도 기술하게 하고 이를 바탕으로 학생을 선택한 이유에 대해서 설명하도록 한다. 학생과의 면담 후에 새롭게 알게 된 것에 대해서도 기술하며, 특히 학생의 흥미와 활동, 그리고 수학에 대해서 어떻게 생각하는지, 또 지역사회를 기반으로 한 어떤 경험이 있는지에 대해서 새롭게 알게 된 것을 기술하도록 한다. 마지막으로, 학생의 장점과 역량이 드러나는 부분에 대해서 기술하도록 하고, 추가적으로 수업에서 관찰된 특정 행동이나 발표를 통해서 사례를 포함시킬 수 있다.

나. 2단계: 문장제 만들기

두 번째 단계는 '문장제 만들기'로 '학생에 대한 기초조사'에서 알게 된 학생들에 대한 다양한 정보들과 초등수학교육 방법론수업에서 배운 수와 연산에 대한 내용을 바탕으로 두 개의 문장제를 만드는 과제이다. 문장제를 만든 뒤에 초등학생들이 해결할만한 방법으로 예측하여 두 가지 이상의 방법으로 해결하고 해당 문장제를 학생들이 어려워하여 접근하기 어려운 경우나 반대로 너무 쉽게 해결할 경우를 대비하여 추가적인 문제들을 만든다.

먼저 문장제를 만들기 위해서 기초조사를 바탕으로 수학문제의 소재와 내용영역, 그리고 난이도를 선정할 수 있다. 면담에 참여할 할 학생이 학교 안이나 밖에서 겪을 만한 사건이나 교실에서 일어날 일들을 바탕으로 문장제를 만들도록 한다. 학생들이 친숙한 소재나 경험에서부터 수학적 내용을 결협하는데 문장제는 효과적인 방법이다. 즉, 문장제에 단순히 학생의 이름을 넣는 것에 그치지 않고, 학생들의 관심사나 관심분야 등을 포함시킬 수 있다. 사소한 부분에 의해서 학생의 학습경험이 좌우될 수 있음을 생각하면, 문장제를 개발할 때 학생의 개별적이고 나름대로 가진 문화를 교실에서 수학수업 상황으로 연결시켜 가지고 올 수 있도록 학생의 삶을 반영하는 문제는 만들기 위해서 노력해야한다. 사칙연산(덧셈, 뺄셈, 곱셈, 나눗셈)과 관련한 문장제의 종류는 다음과 같다.

- 덧셈과 뺄셈: 첨가, 병합, 구잔, 구차
- 곱셈: 동수누가, 배열, 배, 비, 넓이, 조합
- 나눗셈: 포함제, 등분제

2단계의 보고서에는 각 문장제에 대한 문제 형태, 연산의 종류, 각 구성항목에 설명을 포함시키도록 한다, 그리고 서로 다른 두 가지 방법으로 문제해결 방안을 기술한다. 이때 해결 방안은 초등학생들이 실제로 문제해결에 활용할 만한 전략을 예측하고 포함하도록 한다. 이러한 해결전략 예측은 단순히 문제해결에 대한 정답을 구하는 능력을 알아보는 것 이외에도 학생들의 사고를 미리 예측함으로써 초등학생들이 겪을 수 있는 예상되는 어려움이나 수학적으로 중요한 부분에 대해서 사전에 경험할 수 있는 장점이 있다. 또한, 해당 문제 유형과 맥락을 선택하였는지에 대한 근거를 제시하도록 한다. 이때 반드시 1단계에서 수행한 기초조사를 바탕으로 왜 그렇게 선택하였는지에 대해서 기술하는 것이 필요하다. 예비 수학교사가 제시하는 근거는 학생의 수학적 사고에 대한 특정 수학에 지식을 반영하게 된다. 즉, 이러한 문장제를 만드는 과정에서 수학과 교육과정에 근거하고 학생의 개인적 특성을 반영한 문제를 만드는 것이 중요하다. 마지막으로 각 문장제에 대해서 학생들이 원래 문제를 이해하기 어려울 때에 제시할 수 있는 보충형 문제와 너무 쉽게 해결하고 답을 구했을 때 도전하게 해줄 수 있는 문제도 추가적으로 개발하고 이에 대한 왜 그렇게 난이도를 변경할 수 있는지에 대한 근거를 기술하도록 한다.

다. 3단계: 문장제를 활용한 학생 면담

'학생에 대한 기초조사'와 '문장제 만들기'를 통해서 학생 면담을 위한 준비를 마친 뒤에, 수학교육 방법론 강사에게 문장제에 대한 피드백을 받아 최종 문제들을 완성한다. 면담과제의 마지막 단계는 '문장제를 활용한 학생 면담'으로 예비 수학교사들이 학생이 어떻게 문장제 문제를 해결하는지를 탐색하고 학생의 사고를 지원하고 확장시키기 위한 교사의 역할에 대해서 직접 경험 및 반성하게 하는 것이 목적이다. 이때 예비 수학교사들이 문제해결에 대한 정확성 보다는 초등학생의 수학적 이해를 평가하는 것이 주된 목적임을 잊어서는 안된다. 특히 학생들의 수학적 개념에 대한 사고에 관해서 수업에서 활용한 교재 등의 문헌과 연결하여 면담을 통해서 학습자의 학습에 관해 알게 된 것을 연결시켜 방법론에서 배운 내용을 확장하는 기회를 제공한다.

1) 면담 프로토콜 작성

면담을 실행하기 전에 프로토콜은 면담을 수행하기 위한 준비로 어떠한 형태로도 만들어질 수가 있다. 프로토콜은 면담 과정 중에서 면담자에게 안내자 역할을 해줄 수 있다. 즉, 면담자가 학생의 사고에 따라 반응하고 면담을 이어가다가 프로토콜에서 벗어나는 것은 충분히 가능한 일이다. 면담 프로토콜은 절대적인 계획이라기보다는 면담을 위한 최소한의 계획이라고 생각하는 것이 중요하다. 〈표 2〉는 면담 프로토콜을 작성할 때 고려할 사항을 나타낸 것이다. 이러한 질문들에 답하는 것은 성공적인 면담을 위한 밑거름 역할을 하게 된다.

표 2 면담 프로토콜을 작성할 때 고려할 사항

- 면담을 시작할 때 어떻게 시작할 것인가?
- 어떤 발문으로 시작할 것인가?
- 어떤 자료를 학생에게 제공할 것인가?
- 학생이 문장제를 해결하는 중, 무엇을 할 것인가?
- 학생이 문제를 해결하는데 어려움을 겪으면 어떤 발문을 할 것인가?
- 학생이 빨리 문제를 해결하였다면, 어떻게 문장제를 확장할 것인가?
- 학생이 해결과정에서 아무 말을 하지 않는다면, 어떻게 발문을 할 것인가?
- 학생이 문제를 해결하는 과정을 보여주지 않으면 어떻게 발문을 할 것인가?
- 학생이 문제를 해결한 뒤에는 무엇을 할 것인가? 또, 어떻게 발문을 할 것인가?

2) 면담실행

실제 면담을 위해서 먼저 학생과 면담을 수행할 조용한 장소를 찾는다. 면담내용은 녹음을 통해서 대화내용을 보관하여 나중에 반성을 위한 주요 자료로 활용한다. 그리고 학생이 필요에 따라 활동할 수 있도록 종이, 연필, 교구 등과 같은 자료를 준비한다. 면담 초기에는 학생에게 두 개의 문제를 해결할 것이라고 명확하게 알려주고 면담을 시작한다. 특히, 정확성이나 정답보다는 어떤 전략을 활용하여 답을 구하는지에 관심이 있음을 알려준다. 자신만의 방법으로 문제를 해결해도 되고 원하는 자료를 활용하여 문제를 해결해도 된다고 알려준다. 이러한 안내과정은 학생들이 보다 편안한 마음가짐으로 자신이 알고 있는 지식과 기능을 가지고 주어진 수학문제를 해결할 수 있는 환경을 제공하고자 하는데 그 목적이 있다. 만약 정답이나 정확한 계산을 강조하는듯한 느낌을 받으면 부담감으로 인해서 학생은 쉽게 문제에 접근을 못할 가능성이 있기 때문이다.

기초적인 면담에 대한 안내를 마친 뒤, 먼저 학생에게 첫 번째 문장제를 큰 소리로 읽어주고 문제 해결을 위해 충분한 시간을 제공한다. 문장제를 해결한 뒤에는 다양한 질문을 하여 학생의 수학적 사고를 평가하고 학생의 현재 수학적 사고를 더 잘 이해할 수 있도록 노력한다. 면담의 목적이 학생이 올바른 답으로 나아갈 수 있도록 이끌어주는 것이 아닌 어떻게 학생이 주어진 수학문장제에 대해서 생각하고 접근하는지를 밝혀내는 것이다. 그래서 문장제에 대해 답이 틀렸을 때도 문제가 되지 않는다. 틀린 해결과정을 보는 경우에도 여전히 예비 수학교사들은 학생들의 수학적 사고에 대해서 배우게 되는 기회를 얻을 수 있다. 만약 학생이 문제를 풀지 못한다면 다시 한 번 학생에게 문제에서 묻고자 하는 것을 이해하는지 명료화하고, 학생이 시도한 전략의 일부분에 대해서만 질문을 하거나, 문장제에서 주어진 수보다 작은 수로 바꾸어 쉬운 난이도의 새로운 문제를 다시 물어보는 방법을 적용해볼 수 있다. 첫 번째 문제를 해결한 뒤에는 학생의 반응을 유심히 살펴보고 보충 또는 도전 문제를 제시한다. 두 번째 문제도 마찬가지의 과정을 거쳐서 면담을 마치게 된다.

3) 보고서 작성

면담을 마무리한 뒤에 학생과의 녹음된 면담내용을 전사하고 학생들이 활동한 결과물을 사진으로 기록을 남겨두고 이를 바탕으로 〈표 3〉의 고려할 사항을 기초로 하여 면담에서 배운 내용을 보고서로 작성하게 한다.

표 3 면담 최종 보고서를 작성할 때 고려할 사항

1. 문제해결 전략
• 학생이 문장제를 어떻게 해결하였는지 요약하여 기술하시오.
• 활용한 문장제를 정확하게 기술하고 각 문장제를 해결하는 학생의 전략를 최대한 자세하게 기술하시오.
• 문제를 해결하기 위해서 또는 문제를 해결하기 위해서 어떻게 하였는지, 또 무슨 말을 했는지, 단계별로 기술하시오.
• 가능하다면, 위의 항목들에 대해서 전사자료나 학생 활동에서 근거가 있다면 이를 보고서에 포함시키시오.

2. 수학적 이해
• 학생의 수학적 이해에 대해서 알게 된 것을 요약하여 기술하시오.
• 어떤 부분을 통해서 학생이 해당 수학 내용에 대해서 개념적으로 또는 절차적으로 생각한다고 주장할 수 있습니까?
• 어떤 부분을 통해서 학생이 오개념을 가지거나 부분적으로만 이해하고 있다고 주장할 수 있습니까?
• 문제해결 과정에서 또는 문제해결 전략을 설명하는 과정에서 발문을 통해서 학생의 어떤 수학적 지식이 드러났습니까?
• 한 가지 이상의 방법으로 주어진 문장제를 해결하였습니까?
• 수학적으로 얼마나 다양한 전략을 시도하였습니까?
• 학생의 해결전략과 설명으로부터 예시를 들어 위의 분석에 대해 근거를 제시하시오.
• 가능하다면, 위의 항목들에 대해서 전사자료나 학생 활동에서 근거가 있다면 이를 보고서에 포함시키시오.

3. 발문기술
• 문제해결 중 어떤 종류의 발문을 활용하였습니까?
• 학생의 수학적 이해에 대해서 알기 위해 발문이 도움되었습니까?
• 미처 물어보지는 못했지만, 학생의 수학적 사고를 잘 이해하기 위한 추가적인 발문이 있습니까? 왜 그런지도 설명하시오.

4. 문제만들기
• 면담에 이어서 추가로 제공할 수 있는 문장제를 만들어보시오.
• 2단계에서 왜 주어진 문장제를 만들었는지에 대해서 기술한 부분을 다시 보는 것이 도움이 된다.
• 면담을 통해서 수집된 자료를 바탕으로 왜 이 문제를 만들게 되었는지에 대한 결정에 대해서 근거를 제공하시오.
• 학생으로부터 배운 것을 바탕으로 문제를 만들 수 있지만, 여기에서 만들어지는 문제는 실제 학생에게 적용하지는 않는다.

(3) Lexi의 사례

면담과제를 실제 예비 수학교사가 어떻게 활용하였는지 사례를 통해서 어떻게 과제를 수행하는지에 대한 구체적인 과정과 예비 수학교사가 어떤 점을 느끼는지에 대해서 보다 심층적으로 알아보고자 한다. 이를 위해서 3학년 학생인 Lexi가 선택되었고

Lexi는 당시 초등교육 프로그램에는 2학기일 때 수학교육방법론을 듣고, 매주 월요일과 화요일에는 2학년 교실에 교육실습을 나가고 있었다.

가. 1단계: 학생에 대한 기초조사

Lexi는 멘토선생님과의 상담을 통해서 학생 D를 면담과제를 위한 학생으로 선택하였다. 학생 D는 부끄러움을 많이 타서 평소에는 친구들이나 선생님에게 묻기보다는 조용히 있는 것을 선호하는 학생이었다. 그러나 실제 기초조사를 위한 면담을 할 때 Lexi는 학생 D가 개인면담에서는 자신의 생각을 공유하는 것에 보다 편안함을 느끼는 것을 알게 되었다. 뿐만 아니라 집에서 시간이 나면 아이패드로 게임을 하고 집에서 수학숙제가 있으면 할머니나 어머니에게 도움을 받는다고 하였다. 학생 D는 수학이란 과목을 즐기고 좋아하지는 않지만 미래의 직업을 위해서는 수학이 중요하다고 생각하고 있었다. Lexi는 효용성과 흥미 사이의 부적 관계에 대해서, 학생 D가 생각하는 수학에 대한 중요성이 너무 강조되어서 오히려 이러한 부분이 수학에 대한 불안감을 야기할 수도 있다고 생각하였다.

나. 2단계: 문장제 만들기

Lexi가 만든 문장제는 "Jason과 Marcus는 지역 축구팀인 Green Gophers의 부원입니다. 이번 주에 Jason은 경기에서 20번의 패스를 했습니다. Marcus는 11번의 패스를 했습니다. Jason은 Marcus보다 몇 번의 패스를 더 했습니까?"의 비교문제와 "선생님은 Green Gophers의 매니저입니다. 이번 주에 3명의 새로운 부원이 축구부에 가입을 했습니다. 홈경기와 원정경기용 축구 유니폼을 각각 새로 온 부원들을 위해 구입하려고 한다면, 선생님은 모두 몇 벌의 축구 유니폼을 구입해야합니까?"의 곱셈문제였다. 먼저 비교문제는 평소 학생을 관찰한 결과 학생 D는 덧셈에 비해서 뺄셈에 어려워하는 것을 알고 있었다. 또한 비교문제는 다양한 접근 방법을 이용하여 문제를 해결할 수 있어서 선택하였다. 또한 축구를 이용한 문제상황을 선택한 것은 학생 D가 주말동안 주로 축구경기에 참여하는 정보를 활용하였다. 다음으로 곱셈의 문제는 아직 곱셈의 개념을 학습하지는 않았지만 평소 서로 다른 단위들을 더하는 것에 충분히 잠재능력을 보여줬기 때문에 학생 D가 다른 전략을 이용해서 문제를 해결할 수 있을 것이라는 믿음을 가지고 개발하였다.

예상되는 학생 D의 전략으로는 먼저 [그림 2]의 왼쪽의 두 전략은 첫 번째 패스 문제에 대한 것이다. 첫 번째 전략은 세기전략(counting)으로 손가락을 이용하여 12부터 20까지 몇 차이 나는지를 알아보고 9인 것을 알게 되었다. 두 번째 전략은 직접모델

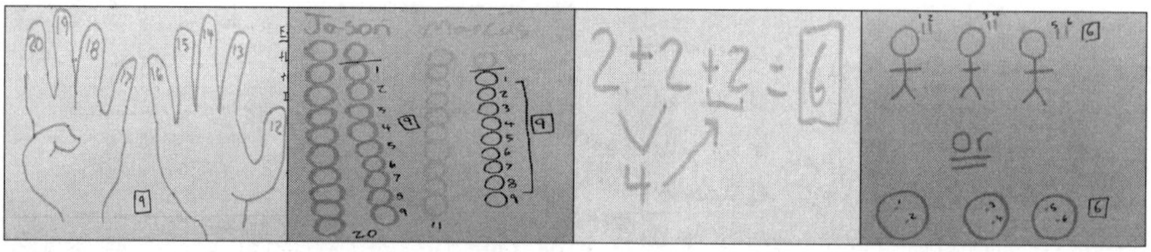

그림 2 Lexi가 예상한 두 문장제에 대한 예상전략들

링(direct modeling)으로 Jason이 성공한 패스횟수와 Marcus가 성공한 패스횟수를 각각 동그라미로 나타내고 차이가 얼마인지를 알아보는 전략으로 마찬가지로 9를 답으로 구할 것이라고 예상하였다. 오른쪽 두 전략은 두 번 째 곱셈에 대한 예상전략으로 [그림 2]의 세 번째 전략은 숫자를 이용하여 동수누가로 덧셈을 반복적으로 활용하였고 마지막 전략은 그림을 이용하여 각 학생별로 필요한 축구 유니폼을 선이나 점으로 나타내어서 전체 수를 6으로 구할 수 있었다.

다. 3단계: 문장제를 활용한 학생 면담

학교 도서관에서 진행한 면담에서 학생 D는 첫 번째 축구패스 문제를 해결하기 위해 스냅큐브를 활용하였다. 먼저 20개의 낱개로 된 스냅큐브를 연결하여 하나의 긴 막대를 만들고 11개를 연결하여 다른 막대를 만들었다. 그리고 난 뒤에 두 개의 막대를 서로 옆에 두고 11개로 된 막대의 끝에서부터 수를 1부터 세어서 9라는 답을 말하였다. 그리고 식으로 20-11이라고 적었다. Lexi는 이 해결전략에 대해서 왜 20개를 연결하였는지 다른 막대는 11개를 연결하였는지와 같은 다양한 질문을 하였다. 또한 보고서에서 어떤 질문을 더 했어야 할지에 대한 반성에서 왜 식을 그렇게(20-11) 적었는지나 왜 스냅큐브를 이용해서 문제를 해결하였는지에 대한 추가적인 질문을 하지 못한 부분에 대해서 기회가 된다면 추가적으로 질문하고자 하였다.

두 번째 축구 유니폼 문제를 해결 할 때도 학생 D는 마찬가지로 스냅큐브를 이용하여 먼저 3개를 가지고 온 뒤에 2개를 추가적으로 가지고 와서 총 5개라고 하였다. 이때 Lexi가 문제를 다시 읽어주고 학생 D가 헷갈려하는 부분에 대해서 명확하게 해주었다. 그러자 학생 D는 스냅큐브를 하나 더 가지고 와서 총 6개를 만들고 2+2+2라고 식을 적었다. 그리고 스냅큐브를 3 묶음의 2개씩으로 나누는 과정을 보여주었다. 이러한 과정에서 Lexi는 ‘예/아니오’로 답하는 질문보다는 특정 답을 할 수 있는 발문을 포함시키는 것이 중요하다는 것을 깨달았다.

마지막으로 만약 면담을 이어나간다면 어떤 문장제를 만들어서 줄 것인가에 대한 질문에 Lexi는 “Kimberly와 Julia가 Green Gophers를 위해 컵케이크를 팔아서 모금행사를 하려고 한다. 컵케이크 하나에 10센트라고 한다면 12개의 컵케이크를 팔아서 얼마를 벌 수 있나요?”는 문제였다. 면담과제에서 학생 D가 스냅큐브를 활용하고 교실에서 미국의 여러 동전에 대한 수업을 받은 것을 떠올리며 Lexi는 결과가 세 자리 수에 해당하여 어려운 난이도라고 생각했지만 여전히 학생 D는 동수누가를 이용하여 해당 문제를 해결할 수 있을 것이라고 생각하였다.

Ⅲ. 논의 및 결론

본 연구는 미국의 한 교육대학교의 초등교육프로그램에서 교육실습이 어떻게 진행되는지와 특히 수학교육 방법론에서 구체적인 과제를 통해서 연계하여 예비 수학교사들의 수학교과목의 내용지식 및 관행을 어떻게 길러줄 수 있는지에 대해서 구체적인 사례를 소개하였다. 4학기로 구성된 초등교육 프로그램에서 학기별로 실습교육에 참여하는 시간은 점진적으로 늘어서 마지막 4학기에는 인턴십을 통해서 한 학기동안 실습에만 참여하여 현장에 대한 실전경험을 쌓을 수 있었다. 특히 수학교육 방법론 수업은 2학기에 실시되며 이때 예비 수학교사들은 월요일과 화요일 이틀을 현장 학교에서 수업참관을 실시한다. 교육실습 기간 동안 방법론 수업과의 보다 효과적인 연결을 위해서 면담과제를 활용하여 학생의 수학적 실력과 맥락적 환경을 고려한 새로운 문제제기의 기능과 학생의 문제해결과정을 보면서 수학적 사고를 탐색하는 방법에 대해서 실행을 통해서 연습하고 이를 바탕으로 반성하는 과정을 통해서 자신의 관행을 발전시킬 수 있는 기회로 활용할 수 있었다. 그리고 Lexi의 사례는 실제 예비 수학교사가 어떻게 과제의 각 단계에서 학생의 배경정보를 구하고 문제를 만들며 또한 담화과정에서 상호작용을 통해서 어떻게 질문을 활용하는지에 대한 구체적인 장면들을 보여주었다. 본 연구에서의 소개된 사례를 바탕으로 국내의 예비 수학교사의 실습교육과 수학교육 방법론의 연계에 대해서 다음과 같은 시사점을 도출할 수 있었다.

첫째, 학교 현장에서 교육실습과 대학에서 방법론 두 세계(two-world) 문제를 해결을 해결하기 위한 이러한 문제를 해결하기 위한 중간지점에 대한 추후 연구가 필요하다(Anagnostopoulos, Smith, & Basmadjian, 2007; Zeichner, Payne, & Brayko, 2015). 한국의 초등교육실습은 실습대용학교로 선정된 일부 학교가 실습에 대한 대부분의 책임을 가지고 학교에서 계획된 활동에 참여하거나 학교단위로 개별적으로 운영되는 경우가 많다. 멘토 교사의 교실을 중심으로 하루에 대부분의 시간을 지내면서 해당교사와의 상호관계를 기반으로 하여 참관 및 실습이 진행된다고 할 수 있다. 즉, 대학에서 같은 학기에 열리는 방법론이나 내용수업이 유기적인 조화를 이루어 진행하기에는 어려움이 있다. 이에 실습학교와 교육대학은 서로 열린 자세로 현장과 대학의 간극을 줄이기 위한 노력으로 둘 사이의 장점을 결합한 활동들을 운영할 필요가 있다. 예를 들어, Webel과 Yeo(2021)은 이러한 간극을 줄이기 위해서 대학교가 아닌 현장 초등학교에서 방법론 수업을 진행하였다. 뿐만 아니라 수학교육 방법론을 지도한 강사는 현장 학교의 교사들에게 연수를 하거나 관리자와 함께 현장의 문제를 파악하는 방법을 통해서 방법론의 수업이 단순히 이론만을 반영한 내용이 아닌 실제 현장에서 쓰일 수 있는 관행들을 배울 수 있도록 지속적으로 구성해 나가도록 노력하였다. 또한 실제 초등학생들을 대상으로 어떻게 과제를 도입하는지나 논의를 진행해 나가는지에 대한 구체적인 모습을 비디오가 아닌 실제 사례를 강사가 보여주기도 하였다. 이처럼 현장과 대학이 서로 협력할 수 있는 관계의 개선은 실제로 예비 수학교사들이 배우는 학습내용에도 영향을 주어 궁극적으로는 예비 수학교사들이 앞으로 일하게 된 현장에서의 실제적인 필요한 요구를 알아가는데도 도움이 된다.

둘째, 현재 현장에서 실시되고 있는 초등교육실습의 양과 질에 대한 재고를 통해서 교육실습을 강화할 필요가 있다. 교육대학별로 다르게 운영이 되기는 하지만, 4년 중에 일반적으로 2학년에 관찰실습, 3학년에는 수업실습, 그리고 마지막 4학년에는 실무실습에 참여하여 총 약 9-10주 동안 여러 학교들에서 다양한 경험을 하게 된다. 즉, 처음에는 관찰자로서 수업을 참관하지만 이후에는 실제 수업을 위해 지도안을 짜고 수업을 실제 진행하며 학교 현장에서 실무적인 일들에 대해서 배우는 기회를 얻게 된다. 그러나 이는 실습학기제가 시행되는 미국의 사례에 비해서는 매우 적은 양의 실습에 참여하고 있음을 알 수 있다. 최근 교육부에서 발표한 교원양성체제개편안에 따르면 4-6주 일정의 수업실습을 2028년부터는 한 학기로 연장하여 실습학기제를 도입한다는 방안이 추진되고 있다. 물론 이 중 3-4일을 현장에서 실습을 하게 되고 나머지 1-2일은 대학에서 실습을 연계한 강의를 이수하는 방식으로 이루어지게 된다. 이는 앨러배마대학교의 4학기의 인턴십처럼 한 학기동안 일선학교에서 교사와 협력을 통해 한 학기를 운영해 나가는 형태라기보다는 2학기나 3학기처럼 교육실습과 대학의 강의가 연계된 형태와 가깝다고 볼 때, 위에서 소개된 사례는 한국에서 앞으로 시범 적용될 실습학기제를 위해 참고할 수 있는 좋은 자료가 된다고 생각된다.

본 연구의 제한점으로는 미국의 실습교육에 대한 한 대학교의 제한된 사례라는 점이다. 그렇지만 위의 사례를 통해 예비 수학교사들이 특정 관행들을 실제로 경험하고 반성하는 활동을 통해서 예비 수학교사들의 전문성을 신장시키는데 도움이 될 수 있음을 알 수 있었다. 이에 따라 한국에서 유사한 활동이나 실습교육에 특정 과제를 통해서 예비 수학교사들이 단순히 학교 현장에서 이론과 연구기반의 관행을 인지적으로 배우는데 그치는 것이 아니라 실제 적용과 반성을 통해서 실천적인 지식을 기르고 교육이론에 대한 이해로 확장시켜 나갈 수 있어야 한다. 또한 추후 연구를 통해서 한국의 예비 수학교사들에게는 어떠한 활동들이 더욱 효과적인지에 대해서는 밝혀나가야 필요가 있다.

본 연구를 통해서 소개된 미국의 교육실습과 방법론이 연계된 사례가 교사교육의 관행기반의 접근방법을 구체화하고 학교들과의 파트너십을 증진하는데 도움이 되고자 한다. 또한, 예비 수학교사들은 학교 현장의 이야기만 듣거나 대학에서의 방법론 또는 내용수업에서의 지식만을 길러서는 안되고 둘 사이를 전이할 수 있는 능력을 지녀야하고 이를 충분히 연습할 필요가 있다. 특정 과제를 수행하는 것이 현재의 모든 방법론과 실습교육의 제한점을 극복할 수 있는 만능열쇠가 될 수는 없지만 이러한 노력이 일선 학교 현장과 대학사이의 신뢰관계를 회복하고 예비 수학교사가 배워나갈 내용들에 대해서도 서로 협력하여 계획해나갈 수 있는 출발점이 되는 역할을 하길 기대한다.

참 · 고 · 문 · 헌

Amidon, J., Chazan, D., Grosser-Clarkson, D., & Fleming, E. (2017). Commentary: Meet me in Azul's room: Designing a virtual field placement for learning to teach mathematics. *Mathematics Teacher Educator, 6*(1), 52-66.

Association of Mathematics Teacher Educators. (2017). *Standards for preparing teachers of mathematics*. Retrieved from https://www.amte.net/standards.

Anagnostopoulos ,D., Smith, E. R., & Basmadjian, K. G. (2007). Bridging the university-school divide-Horizontal expertise and the "two-worlds pitfall". *Journal of Teacher Education, 58*(2), 138-152.

Baldinger, E. E., Selling, S. K., & Virmani, R. (2016). Supporting novice teachers in leading discussions that reach a mathematical point: Defining and clarifying mathematical ideas. *Mathematics Teacher Educator, 5*(1), 8-28.

Cai, J., & Hwang, S. (2020). Learning to teach through mathematical problem posing: Theoretical considerations, methodology, and directions for future research. *International Journal of Educational Research, 102*, 101-391.

Carpenter, T., Fennema, E., Franke, M. L. L., Levi, L., & Empson, S. (2014). *Children's mathematics: Cognitively guided instruction*. Heinemann.

Crespo, S. (2003). Learning to pose mathematical problems: Exploring changes in preservice teachers' practices. *Educational Studies in Mathematics, 52*(3), 243-270.

Grossman, P., Compton, C., Igra, D., Ronfeldt, M., Shahan, E., & Williamson, P. W. (2009). Teaching practice: A cross-professional perspective. *Teachers College Record, 111*(9), 2055-2100.

Grossman, P., Ronfeldt, M., & Cohen, J. J. (2012). The power of setting: The role of field experience in learning to teach. In K. R. Harris, S. Graham, T. Urdan, A.G. Bus, S. Major, & H. L. Swanson (Eds.), *APA educational psychology handbook: Vol. 3. Application to learning and teaching* (pp.311-334). American Psychological Association.

Jacobs, V., Ambrose, R., Philipp, R., & Martin, H. (2011, April). Exploring one-on-one teacher-student conversations during mathematical problem solving. *Paper presented at the American Educational Research Association Annual Meeting* (pp.1-46). New Orleans, LA.

Jacobs, V. R., & Empson, S. B. (2016). Responding to children's mathematical thinking in the moment: an emerging framework of teaching moves. *ZDM-The International Journal on Mathematics Education, 48*(1-2), 185-197.

Kazemi, E. (2018). Teaching a mathematics methods course: Understanding learning from a situative perspective. In S. E. Kastberg, A. M. Tyminski, A. E. Lischka, &W. B. Sanchez (Eds.), *Building support for scholarly practices in mathematics methods* (Vol. 3, pp.49-65). Information Age.

Lampert, M., Franke, M. L., Kazemi, E., Ghousseini, H., Turrou, A. C., Beasley, H., & Crowe, K. (2013). Keeping it complex: Using rehearsals to support novice teacher learning of ambitious teaching. *Journal of Teacher Education, 64*(3), 226-243.

McDonald, M., Kazemi, E., & Kavanagh, S. S. (2013). Core practices and pedagogies of teacher education: A call for a common language and collective activity. *Journal of Teacher Education, 64*(5), 378-386.

Rosli, R., Goldsby, D.,& Capraro, M. M. (2013). Assessing students' mathematical problem-solving and problem-posing skills. *Asian Social Science, 9*(16), 54-60.

Silver, E. A. (1994). On mathematical problem posing. *For the Learning of Mathematics, 14*(1), 19-28.

Spangler, D. A., & Hallman-Thrasher, A. (2014). Using task dialogues to enhance preservice teachers' abilities to orchestrate discourse. *Mathematics Teacher Educator, 3*(1), 58-75.

Webel, C., & Conner, K. (2017). Using simulated teaching experiences to perturb preservice teachers' questioning practices. *Mathematics Teacher Educator, 6*(1), 9-24.

Webel, C., & Yeo, S. (2021). Developing skills for exploring children's thinking from extensive one-on-one work with students. *Mathematics Teacher Educator, 10*(1), 84-102.

Xie, J., & Masingila, J. O. (2017). Examining interactions between problem posing and problem solving with prospective primary teachers: A case of using fractions. *Educational Studies in Mathematics, 96*(1), 101-118.

Zeichner, K. M., Payne, K. A., & Brayko, K. (2015). Democratizing teacher education. *Journal of Teacher Education, 66*(2), 122-135.

Zeichner, K. M. (2010). Rethinking the connections between campus courses and field experiences in college-and university-based teacher education. *Journal of Teacher Education, 61*(1-2), 89-99.

제9장

미국 중등 예비 수학교사 실습교육 사례: 3단계 실습 모델

조호윤(Capital University, 미국 오하이오주)

Ⅰ. 서론

예비 수학교사 실습은 예비 수학교사 프로그램의 가장 중요한 측면이자 예비 수학교사교육 프로그램의 가장 중요한 구성 요소 중 하나이다(AACTE, 2018; Britton et al., 2003). Alexander & Galbraith(1997, p.18)는 "예비 수학교사교육의 필수 요소는 학교에서의 경험을 통해 얻은 교육이다"고 말한다. 또 Tisher(1990, p.76)는 "예비 수학교사는 cooperating teacher(전문 교사)를 관찰하고 피드백을 받고 수업을 실행하는 실제 경험이 교사로서 성장하는 데 가장 중요한 요소라고 믿는다"고 보고한다. 의학이나 스포츠와 같은 많은 분야에서 실습은 해당 분야의 전문성을 배우기 위한 준비의 필수 요소인 것처럼 교사교육에서도 그렇다. 수학교사교육자는 예비 수학교사가 수강하는 content courses와 education courses에 예비 수학교사 실습이 적용되도록 해야 한다(Grossman et al., 2009; Horn & Campbell, 2009; Jossey-Bass et al., 2009; Loewenberg & Forzani, 2009; McDonald et al., 2013). 그리고 수학교사교육자는 중등 예비 수학교사 프로그램 중에 한번이나 두번의 예비 수학교사 실습이 아니라 단계적으로 실습에 참여할 수 있는 교과목들을 예비 수학교사교육 프로그램에 포함해야 한다. 이번 장에서는 오하이오주에 위치한 사립대학인 Capital University의 4~9학년 중등수학교육 프로그램을 소개하고 예비 수학교사 실습이 프로그램 전체에 어떻게 적용되고 있는지 살펴본다.

Ⅱ. Capital University 중등 예비 수학교사 프로그램

1. Capital Universiry 예비 수학교사 프로그램

Capital University는 Columbus 지역의 중심에 위치한 사립대학이다. 중부 오하이오주에 위치하여, 교육학과 학생들에게 20개 이상의 크고 작은 학군, 시골과 도시에 위치한 학교에서 다양한 예비 수학교사 실습을 제공하고 있다. School of Education은 NCATE(National Council for Accreditation of Teacher Education)로 알려진 Council for the Accreditation of Educator Preparation (CAEP)(교육자 준비 인증 위원회)에서 인가를 받았고, 모든 School of Education teaching license 프로그램은 오하이오주 고등교육부의 승인을 받았다.

Capital University Teaching License 프로그램은 이론, 실습, 성찰의 모델(research-based teaching and learning theory, practice, and reflection)을 기반으로 하고 있으며, 프로그램의 특징으로는 3단계에 걸친 예비 수학교사 실습, 교사로서의 전문성 개발 수업(a professional development sequence), 그리고 research와 practice를 적용한 다양

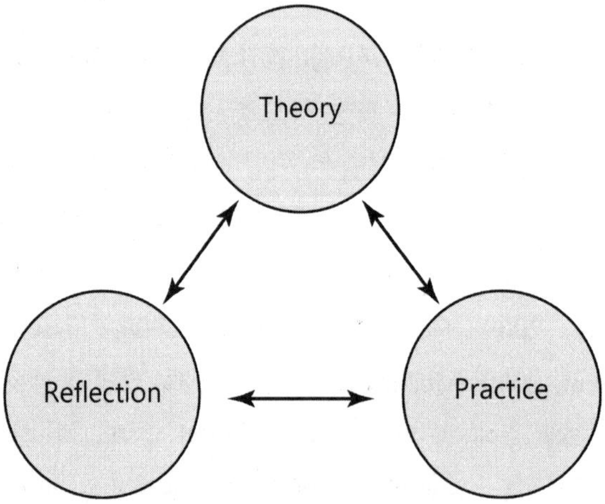

그림 1 Capital University Teaching License Program Model

한 교육학 수업이 있다. 예비 수학교사들은 교육현장에서 많은 경험을 한 전임 및 겸임 교수로부터 일대일 상담을 받고 정기적이고 체계적인 평가 및 지원을 통해 교사로 성장해 가고 있다.

중등 예비 수학교사교육 프로그램은 4~9학년을 가르칠 수 있는 오하이오 주 교사 자격증(teaching license)을 받을 수 있도록 준비시켜 주는 프로그램이다. 예비 수학교사는 네 개의 교과목 중(영어, 수학, 과학, 사회) 두개의 교과목을 정하고, content courses, education courses, 그리고 전문성 개발 수업(professional development courses)을 수강하게 된다. 중등수학교육 프로그램에서는 4~9학년 수학을 가르치는 다양한 research-based 교수법 뿐만 아니라(Theory), 3단계 예비 수학교사 실습 과정을 통해 효과적인 교수법을 연습 및 경험하고(Practicing), 성찰할 수 있는(Reflecting) 수많은 기회를 제공한다. 다음은 중등수학교육 프로그램의 curriculum(교과 과정)이다. 예비 수학교사는 총 22학점의 수학 과목, 39학점의 교육학 과목, 11학점의 전문성 개발 수업을 4년 동한 수강하게 된다.

표 1 중등수학교육 프로그램 curriculum(교과 과정)

Mathematic Courses, Education Courses, and Professional Development Courses	
First Year	EDUC 101 (1cr): Development as a Professional Educator Ⅰ** EDUC 151 (3cr): Foundations of the Education Profession EDUC 232 (4cr): Educational Psychology MATH 120 (3cr): College Algebra MATH 121 (3cr): Trigonometry
Second Year	EDUC 201 (4cr): Development as a Professional Educator Ⅱ* ** EDUC 222 (2cr): Philosophie & Organization of Middle School EDUC 231 (4cr): Introduction to Exceptionalities and Interventions EDUC 241 (2cr): Phonics for Student Learning EDUC 242 (4cr): Adolescent Literature and Literacies MATH 215 (3cr): Elementary Statistics MATH 230 (4cr): Calculus I MATH 240 (3cr): College Geometry MATH 251 (3cr): Discrete Mathematics
Third Year	EDUC 301 (2rc): Diverse School Environments** EDUC 373 (4cr): Assessment & Intervention EDUC 374 (4cr): Content Area Literacy EDUC 353 (2cr): Pedagogy MCE: Mathematics* EDUC 357 (2cr): Pedagogy High School: Mathematics* MATH 340 (3cr): History of Mathematics
Fourth Year	EDUC 401 (4cr): Applied Curriculum** EDCU 420 (8cr): Student Teaching*

* 예비 수학교사 실습이 포함된 과목 (Course has a field experience component)
** 전문성 개발 수업(Professional Development Sequence)

2. 미국 중등 예비 수학교사 실습 사례: 3단계 예비 수학교사 실습

Capital University 중등수학교육 프로그램의 특징 중에 하나인 3단계 예비 수학교사 실습은 전공과목에서 배운 내용을 대학 교실 밖에서 적용해 보는 교실 현장 학습이다. 예비 수학교사는 초등(4~5학년) 및 중등(6~8학년) 학교 교실에서 cooperating teacher(협력 교사)와 학생들과의 상호작용 관찰, 교사 인터뷰, 학생 개인 지도와 그룹 지도, 솔로 수업 및 co-teaching 수업, 개별 교육 프로그램을 받는 학생(Students with Individualized Education Program) 지도, classroom management(교실 관리)등을 경험하고 그 경험을 바탕으로 무엇을 배웠고, 어떻게 하면 더 나은 교사로 성장할 수 있는지를 성찰(reflect)하는 시간을 가진다. 다음 표는 중등수학교육 프로그램에서 제공하는 3단계 예비 수학교사 실습이다.

표 2 3단계 예비 수학교사 실습

Course Name	Type of Clinical Experience	Number of Hours Completed	Diverse Setting: – Urban (Race/Ethnicity/ Economically Disadvantaged/ ELL) – Suburban
EDUC 201	Observation and Reflection	72 hours 3 hours a day; 4 days a week; for 6 weeks	Suburban setting
EDUC 353/357	Assisting, Teaching, and Reflection	120 hours M-F (minimum 3 hours per day) for 8 weeks	Urban setting
EDUC 401/420	Culminating field experience	All day, 5 days a week for 15 weeks	Suburban or Urban setting

위의 표에서 보듯이 예비 수학교사는 독립된 예비 수학교사 실습 과목을 수강하는 것이 아니라, 교육학 과목을 통해 실습을 하게 된다. 따라서 예비 수학교사는 EDUC 201, 353/357, 401/420 교육학 수업에서 배운 이론을 실습을 통해 연습하고, 실습 경험을 성찰(reflect)하는 시간을 가지게 된다.

(1) 1단계 예비 수학교사 실습(EDUC 201)

EDUC 201은 예비 수학교사 실습이 포함된 첫 번째 과목으로, 예비 수학교사가 수업에서 배운 이론을 실제 4~9학년 교실 수업과 연결하고, 실습을 통해 관찰한 수업 과정을 분석하고, 미래의 자신의 수업에 어떻게 반영할 것인가를 배우는 과정이다.예비 수학교사는 실습을 나가기 8주 전에 각 학과목(영어, 수학, 과학, 사회) 교과 과정(curriculum), 교수법(instruction), 평가(assessment), 교실 관리(classroom environment), 그리고 수업 계획(Lesson and Unit planning process)에 대해 배우게 된다. 그런 다음 예비 수학교사 실습은 6주 동안 이루어지며 예비 수학교사는 교외 지역(Suburban setting) 학교에 배치되고 주 5일 중 4일 최소 3시간 동안 4~9학년 교실에 실습하게 된다. 실습이 없는 날에는 EDUC 201 수업을 위해 캠퍼스로 돌아와 실습 경험에 대해 성찰(reflecting)을 하는 시간을 가진다. 또 매주 예비 수학교사에게 cooperating teacher (협력 교사)와 논의할 주제들이 주어진다. 이런 주제들은 학기 초에 접했던 reading들과 토론 주제들과 연관이 있어, 그 주에 4~9학년 교실 관찰을 도와 주는 가이드라인으로도 사용되어진다.

1단계 예비 수학교사 실습은 주로 관찰(observation) 과정이지만, 최근에는 많은 cooperating teacher(협력 교사)들이 예비 수학교사에게 4~9학년 학생들과 함께 소그룹을 진행하도록 권장하거나 교실에서 co-teaching을 할 수 있도록 요청한다. 이런 실습 경험을 통해 예비 수학교사는 4~9학년 학생들과의 관계 형성과 교실 관리(classroom management)에 대해 더 많이 배울 수 있다. cooperating teacher(협력 교사)가 예비 수학교사의 실습 평가를 하고, EDUC 201과목을 C 학점 이상 받지 못하거나 실습을 성공적으로 마치지 못한 예비 수학교사는 2단계 예비 수학교사 실습이 포함된 EDUC 353/357과목을 수강할 수 없을 뿐 아니라 EDUC 201과목을 재수강 해야 한다.

(2) 2단계 예비 수학교사 실습(EDUC 353/357)

2단계 예비 수학교사 실습은 종종 "브리지 경험"이라고 하며 예비 수학교사가 단순히 관찰자에서 교생 수업(student teaching)을 할 준비가 된 예비 수학교사로 성장시키는 실습과정이다. 1단계 실습과는 달리 2단계 실습은 수학 교육학 수업(Mathematics Pedagogy Course)에서 이루어지고, 4~9학년 교실에서 수학을 가르치는 경험이 주어지며, university supervisor와 cooperating teacher(협력 교사)에 의해 실습 평가를 받는다. University supervisor는 수학 교육학 교수가 해야 하며 적어도 3번의 예비 수학교사 교실 방문과 관찰을 해고 평가서를 준비한다. Cooperating teacher(협력 교사)는 적어도 3년이상의 수학 수업 경험이 있어야 한다.

예비 수학교사는 처음 7주 동안 캠퍼스에서 4~9학년 수학 교육과정(curriculum), 연구기반 교수법(instruction), 평가 방법(assessment), 수업 계획(lesson and unit plaining)

에 대해 배우고 난 후, 다음 8주 동안 도시 지역(Urban) 학군의 4~9학년 교실에서 주 5일 매일 최소 3시간의 실습을 하게 된다. Capital University의 예비 수학교사 실습 프로그램의 특징 중에 하나가, 1단계 실습은 교외(Suburban)학군에서, 2단계 실습은 도시(Urban) 학군에서 현장 경험을 제공하므로, 예비 수학교사들은 이렇게 두개의 다른 학군에서의 경험을 통해 다양한 학교 문화들과 다양한 학생(diversity)들을 경험할 수 있는 기회를 가지게 된다.

8주간의 실습 동안 예비 수학교사는 적어도 하나의 수업 시간을 인계 받아, 실습이 끝나기 전에 스스로 단원 평가(assessment)가 포함된 소규모 단원(lesson plans)을 계획하고 가르쳐야 하는 action research project(What Difference Does Instruction Matter? (WDDIM))를 해야 한다. WDDIM 프로젝트는 예비 수학교사가 자신이 가르친 수업을 학생들의 사전 및 사후 평가(pre- and post-assessment) 데이터를 바탕으로 분석하고 수업이 학생들에게 어떤 영향을 주었는가를 평가해 보는 프로젝트이다. 예비 수학교사는 사전 평가를 통해 학생들의 사전 지식(prior knowledge) 데이터를 수집한 후 분석하고 이를 기반으로 어떤 교수법이 학생들에게 가장 효과적인 교수법인지, 어떤 학습 활동 및 수업 자료를 선택해야 하는지 생각하고 소규모 단원(lesson plans)을 준비한다. 준비된 수업을 하기 전 예비 수학교사는 cooperating teacher(협력 교사)와 lesson plans에 대해 조언을 듣고 수정한 후 수업을 하게 된다. 계획한 수업을 가르친 후 예비 수학교사는 사후 평가(post-assessment data) 데이터를 수집한다. 그리고 사후 평가(post-assessment data) 데이터를 분석하고 이를 기반으로 설정된 학습 목표들을 학생들이 달성했는지 평가하고 자신의 수업을 성찰(reflecting)한다. 다음 표는 WDDIM 프로젝트를 어떻게 진행하는 가를 보여 준다.

표 3 WDDIM 프로젝트 진행과정

1. 단위 계획, 평가 계획(사전 및 사후 평가, 형성 평가, 종합 평가), 그리고 단위 계획 수업 순서의 일부여야 하는 최소 4개의 수업 계획을 포함하는 수업 순서를 디자인한다.
2. 학생들을 위한 사전 평가를 설계하고 관리한다.
3. 사전 평가 데이터를 집계하고 분석한다.
4. 사전 평가 데이터를 기반으로 교육 계획을 개발 및/또는 조정한다.
5. 수업을 한다.
6. 학생들에 대한 사후 평가를 설계하고 관리한다.
7. 사후 평가의 데이터를 집계하고 분석한다.
8. 사전 및 사후 평가 데이터를 모두 표시하는 데이터 디스플레이를 구성한다.
9. 평가 과정에서 확인된 학생 학습 결함을 충족시키기 위해 수업을 조정하고 수정하는 데 데이터가 어떻게 사용되었는지에 초점을 맞춰 과정에 대한 성찰적 논평을 작성한다.

예비 수학교사는 실습이 끝날 무렵 WDDIM 프로젝트를 제출하고, 제출된 프로젝트는 다음 표에 나온 rubric으로 평가를 받게 된다.

표 4 WDDIM 평가 Rubic

	Emerging (1 or 2)	Proficient (3 or 4)	Advanced (5)
1. Method for collecting baseline data	The method for collecting baseline data is not given or is not clear or both. It is not related to the assessment and comparisons are difficult to understand	The method for collecting baseline data is given and is clear. It relates to the assessment but the comparison between the two is not readily understood.	The method for collecting baseline data is given and is clear. It relates to the assessment and comparison between the two is easily understood.
2. Description of instruction-Complete lesson plan with state content standards/Common Core	The description of the instruction is not detailed or is not easily understood. The content standards are not given or they are not related to the instruction.	The description of the instruction is detailed. The content standards are given and they are somewhat related to the instruction.	The description of the instruction is detailed and easily understood. The content standards are given and they clearly relate to the instruction
3. Method for collecting post-instruction assessment data	The assessment is not clear and not easily understood. It does not related to either the content standards or the pre-assessment.	The assessment is clear and understandable. The assessment relates to either the content standards or the pre-assessment but not both.	The assessment is clear and easily understood. It clearly relates to the content standards and to the pre-assessment.
4. Qualitative description	The description of how student learning is not detailed.	The description of how student learning is changed is detailed.	The description of how student learning changed is very detailed.
5. Quantitative description	The visual representations of how student learning changed were unclear and difficult to understand.	The visual representations of how student learning changed were clear and understandable.	The visual representations of how student learning changed were clear and easily understood
6. Discussion of strengths/what worked	The reflection is not detailed and does not include a discussion of why parts worked.	The reflection is detailed and includes a discussion of why parts worked.	The reflection includes substantial detail about which parts worked and why.

7. Discussion of weaknesses/what did not work	The reflection is not detailed and does not include a discussion of why parts went poorly	The reflection is detailed and includes a discussion of why parts went poorly	The reflection includes substantial detail about which parts did not work and why.
8. Research-based reflection for improvement	The reflection does not include a description of improvements for next time nor why these actions will improve the learning outcomes	The reflection includes a description of improvements for next time and why these actions will improve the learning outcomes	The reflection includes a detailed description of improvements for next time and why these actions will improve the learning outcomes
		Total	/40

2단계 예비 수학교사 실습이 끝날 때면, 예비 수학교사는 자신이 교생 실습(student teaching)을 시작할 준비가 되었는지, 교생 실습에서는 어떤 부분을 더 배워야 할지를 생각하고 목표를 정하게 된다. 실습을 성공적으로 통과하지 못하거나 EDUC 353/357를 C 학점 이상 받지 못하면 예비 수학교사는 수학교육학 수업을 재수강 해야 하고, 교생 실습(student teaching)을 할 수 없게 된다.

(3) 3단계 예비 수학교사 실습(EDUC 401/420)

3단계 예비 수학교사 실습, 교생 실습(Student teaching)은 중등 예비 수학교사교육 프로그램의 마지막 실습이며, 15주 동안 주 5일, 학교가 시작해서 끝날 때 까지 4~9학년 수학 교실에서 진행된다. 예비 수학교사는 Suburban(교외), Rural(농촌) 또는 Urban(도시) 학교에 배치 받게 된다. 하지만 이미 1단계나 2단계에서 예비 수학교사 실습을 한 학교나 예비 수학교사가 졸업한 모교에서는 student teaching을 할 수 없다. EDUC 401/420 과목은 학기가 시작하는 첫 주(월요일~금요일)는 매일 캠퍼스에서 4시간씩 수업을 한다. 수업에서 예비 수학교사들은 수업 계획, 교실 관리 및 수업 평가에 대해 더 깊이 탐구하고 오하이오 주 교육부에서 정해 놓은 교사 자격증(teaching license) 요구 사항(certification requirements)에 대해 배운다. 또한 예비 수학교사들은 수학 과목 edTPA프로젝트를 위한 비디오 제출 방법, 학교 및 학생 데이터를 보고 하는 방법에 대한 교육을 받는다. edTPA는 수업 계획(planning)부터 실질적인 수업(teaching), 그리고 학생 능력 평가(assessment)까지 예비 수학교사의 능력을 평가하는 시험이다. edTPA의 평가 내용은 다음 세개의 Task로 구성되어 있다.

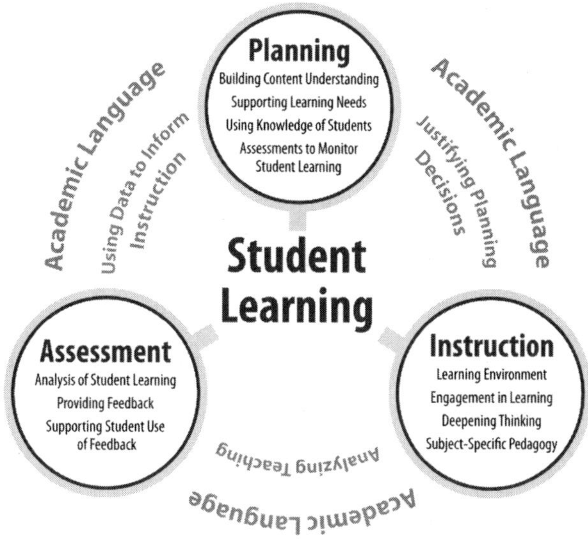

그림 2 edTPA Three Tasks

1. 교육 및 평가 계획
2. 학생들의 학습 지도 및 참여
3. 학생 학습 평가

• Task 1(교육 및 평가 계획)은 수업과 평가를 위한 수업 계획 단계(Planning)를 평가한다. 예비 수학교사는 한 학급을 선택하여 그 반의 특성 및 학생들의 배경, 지식, 문화, 그리고 교육 환경에 대한 보고서를 작성한 뒤 수업 계획(lesson planning), 수업에 사용될 교구와 활동, 그리고 평가 방식에 대한 요약 등을 작성해야 한다.

• Task 2(학생들의 학습 지도 및 참여)는 Task 1에서 계획한 일련의 수업(보통 3~5개의 연관된 lesson)을 직접 가르치는 능력을 평가한다. 예비 수학교사는 수업하는 모습을 동영상으로 촬영하여 whole class teaching과 small group teaching장면 총 15분을 선별하여 제출하고 어떤 교수법을 사용했는지, 어떻게 학생들의 engagement를 이끌어 냈는지, 학생들의 이해를 돕기 위해 어떤 방식으로 질문을 하고 scaffolding했는지를 분석하여 보고서를 작성한다.

• Task 3(학생 학습 평가)는 Task 1에서 계획한 학생 수업 평가(Assessment)를 Task 2 수업 후 예비 수학교사가 어떻게 학생들을 평가했는가를 보는 Task이다. 예비 수학교사는 학생들의 work samples이나 관찰 노트 등을 활용하여 그들의 지식 습득 정도

를 분석하고, Task 1에서 세운 평가 방식(예: tests, questions, projects, writing 등)을 활용하여 어떤 피드백을 어떤 방법으로 학생들에게 주었는지를 분석하는 보고서를 작성한다.

캠퍼스에서 첫 주의 수업이 끝나면, 예비 수학교사는 student teaching을 배정 받은 4~9학년 수학 교실에서 university supervisor와 cooperating teacher(협력 교사)와 첫번째 미팅(Initial Meeting)을 한다. 이 회의를 통해 student teaching handbook에 나와 있는 Capital University의 expectations, 예비 수학교사 performance evaluations, cooperating teacher(협력 교사)와 university supervisor의 역할, 수학 과목 edTPA 프로젝트, university supervisor의 방문, 교육 목표 등을 검토하고, 예비 수학교사의 목표와 cooperating teacher(협력 교사)의 예비 수학교사를 향한 목표를 나누게 된다. 점진적인 책임 인계 모델을 사용하여 예비 수학교사가 cooperating teacher(협력 교사)의 수업을 천천히 인계 받는다. 예비 수학교사가 수업을 인계 받는 시점은 다양하지만 일반적으로 예비 수학교사는 2주 동안 관찰, 소그룹/개인 지도, 학생들을 알아가는 등의 활동을 한 후 최소 한 학급을 인계 받는다. 일반적으로 Capital University는 student teaching을 제공하는 학교에 예비 수학교사가 최소 4주 이상의 기간 동안 cooperating teacher(협력 교사)의 학급을 솔로로 가르치는 경험을 가질 수 있도록 요청한다. 최소 4주 이상의 솔로 수업을 요청하지만, 실제로 거의 모든 예비 수학교사는 훨씬 더 긴 시간 동안 솔로로 가르치는 경험을 가지게 된다.

15주 student teaching기간 동안에 university supervisor는 예비 수학교사의 수업 계획서와 수업을 최소 6번 관찰하고 예비 수학교사와 cooperating teacher(협력 교사)에게 서면 피드백을 제공한다. University supervisor는 또한 initial meeting 이외에 2번의 공식적인 미팅(Midway and Final meeting)을 하고, 각 미팅에서 예비 수학교사의 teaching performance에 대해 논의를 한다. 특별히 midway meeting에서 예비 수학교사와 cooperating teacher(협력 교사)가 가지고 있는 어려움을 논의하고 이를 개선하기 위한 계획을 세우며, 계획들이 어떻게 실행되고 있는지를 모니터링 한다. 또한 university supervisor는 지속적으로 cooperating teacher(협력 교사)와 직접 만남 또는 이메일/전화를 통해 예비 수학교사의 실습진행 상황을 모니터링한다.

Ⅲ. 결론

서론에서 언급했듯이 예비 수학교사 실습은 교사교육 준비 프로그램의 필수적인 부분이다. 실습을 통해 예비 수학교사들은 경험 많은 초등 및 중등 학교의 cooperating teacher(협력 교사)들에게 직접 교육을 받고, 대학교실에서 경험할 수 없는 실제 수학 과목 교실 수업을 경험하며, 대학교실에서 배운 수학 교수법을 실제 수업에서 실행해 본다. 또한 예비 수학교사들에게 수학 과목 교사가 되기 위한 개인적, 직업적 성장의 기회를 제공한다. 실제 초등 및 중등 수학 과목 교실에서의 관찰과 직접적인 teaching 경험은 예비 수학교사에게 대학 교실 수업에서 제공할 수 없는 실제 수학 과목 교실의 경험을 보완하고 효과적인 교수법에 필요한 교육학적 기술, 지식 및 성향의 개발을 돕는 정보와 도구를 제공한다. 중등 예비 수학교사 프로그램은 단 몇번의 실습 경험을 예비 수학교사에게 제공하는 것이 아니라, Capital University의 예비 수학교사 실습프로그램 처럼 예비 수학교사에게 실습 경험을 순차적으로 제공해, 예비 수학교사가 충분한 4~9학년 교실 경험을 가질 수 있도록 기존의 실습 방법을 다시 한번 생각해 보는 기회가 있기를 기대해 본다.

참·고·문·헌

Britton, E., Pain, L., Pimm, D., & Raizen, S. (2003). *Comprehensive teacher induction: Systems for early career learning*. Kluwer Academic Publishers.

American Association of Colleges for Teacher Education (2018). *A pivot toward clinical practice, its lexicon, and the renewal of educator preparation*. A Report of the AACTE Clinical Practice Commission. https://aacte.org/programs-and-services/clinical-practicecommission/Ball.

Jossey-Bass. Grossman, P., Hammerness, K. & McDonald, M. (2009). Redefining teaching, re-imagining teacher education. *Teachers and Teaching: Theory and Practice, 15*(2), 273-289.

Horn, I. S., & Campbell, S. S. (2015). Developing pedagogical judgment in novice teachers: mediated field experience as a pedagogy in teacher education. *Pedagogies, 10*, 149–176.

Loewenberg B. D., & Forzani, F. M. (2009). The work of teaching and the challenge for teacher education. *Journal of Teacher Education, 60*, 497-511.

McDonald, M., Kazemi, E. & Kavanagh, S.S., (2013). Core practices and pedagogies of teacher education: A call for a common language and collective activity. *Journal of Teacher Education, 64*(5), 378–386.

National Council of Teachers of Mathematics. (2014). *Principles to actions: ensuring mathematical success for all.* NCTM.

제10장

예비 수학교사교육의 방향과 과제

권나영(인하대학교), 신보미(전남대학교)

Ⅰ. 서론

교사는 수업을 통해 학생의 수학적 성장을 돕는다. 교사 지식은 수학을 가르치는 맥락 속에서 의미가 부여되는 실행 지식으로, 수학을 가르치는데 필요한 교사 지식은 실제 수업 상황에 비추어 해석되고 개발되어야 한다(Petrou & Goulding, 2011; 나귀수, 2021). 수학교사 지식에 관한 연구는 수학교사교육 연구의 한 부분이다. 어떤 지식을 지닌 교사가 혹은 얼마나 많은 지식을 지닌 교사가 훌륭한 수학교사인가에 대한 생각은 시대에 따라 환경에 따라 다를 수 있다. 또한 여기서 의미하는 지식에 내용 지식, 교수 기술, 태도 등이 얼마나 포함되는지에 대해서도 교육자에 따라 시대에 따라 다른 의견이 많다. 기본적으로 수학교사가 학생의 수학적 성장을 돕는 역할을 해야 한다는 것에는 동의하지만, 이를 위해 필요한 교사의 지식은 무엇일지, 그 지식에 어떤 내용들이 포함될 것인지에 대해서는 매번 논쟁이 필요하다.

교사교육 과정에는 이러한 논쟁거리들을 포함하여 많은 이론 교육과 실습교육이 진행된다. 교사의 질이 교육의 질을 좌우한다는 얘기는 교사교육 과정에 많이 언급된다. 교사보다 뛰어난 제자들이 있는 것을 보면 꼭 교사의 질이 모든 것을 좌우한다고 할 수는 없으나, 학교와 수업에서 교사의 영향력을 고려한다면 교육의 질과 밀접한 관련이 있다고 말할 수 있다. 그래서 이런 학생에게 영향력 있는 교사를 길러내는 예비 수학교사교육 단계에는 해마다 여러 가지 요구사항들이 추가되고 있다. 앞으로 교사가 될 예비 수학교사 단계이기 때문에 이전 시대에는 관심이 없었으나 다음 시대에 필요한 지식, 기술, 태도와 관련된 여러 가지 예상되는 내용들이 교사교육 단계에서 요구되는 것이다. 2022년 현재 예비 수학교사교육 과정에는 미래 교사가 되기 위해 졸업을 위한 학점 이수 조건 외에도 교원 자격증 취득을 위해 적성 및 인성검사, 응급처치 및 심폐소생술 실습, 성인지 교육 등 추가 교육들을 요구한다.

선행연구들(김병찬, 2019; 남수경, 2018; 박수정 외, 2015)로부터 확인한 내용으로는 1990년대 이후 2010년대까지도 교사교육 관련 문제점들은 비슷하게 유지되고 있다고 한다. 교사교육 교육과정의 특성 부족, 교사교육 현장과의 연계성 부족, 이론과 지식 중심, 질보다는 양에 치중한 정책, 질 관리체제의 미비, 교직관을 포함한 정의적 측면에 대한 고려가 부족함, 교육 시설과 여건의 미흡 등이 지속적으로 선행연구들에서 제기된 문제점이다. 이러한 정책이나 제도와 관련된 이슈들은 교사교육을 담당하는 교수자 개개인이 해결할 수 있는 문제가 아니라 교사교육을 담당하는 각 교사교육 주체들, 해당 기관, 그리고 교사교육 제도 등 다방면에 변화가 필요한 부분이다. 우리는 이러한 교사교육 관련 이슈들을 염두에 두면서 수학교사교육 분야에서 연구자로서 그리고 예비 수학교사를 교육하는 실행자로서 우리의 위치에서 나아갈 방향과 해결할 과제들을 생각해 보고자 한다.

이 책에서는 예비 수학교사교육에서 전문성 신장을 위해 이루어지는 여러 연구 및 교육 프로그램들을 살펴보고 앞으로 미래의 수학교사를 길러내기 위해 더욱 연구하고 실행해야 할 것들이 무엇인지 생각해 보고자 하였다. 수학교육 분야에서도 수업 전문성의 측면에서 교육 현장과의 연계성 부족 문제는 인지되어 왔다. 그래서 2012년 수학교육 선진화 방안이후, 수학교사의 전문성을 수업 실행 역량 개발을 통해 함양하려는 적극적인 노력이 다방면에서 시도되고 있다. 특히 2021년 12월에 발표된 초·중등 교원양성체제 발전방안(교육부, 2021)은 교원양성교육과정의 교육실습 내실화를 위해, 2026학년도 입학생부터 실습학기제를 전면 도입하겠다는 계획을 명시하였다. 이는 교원양성교육과정에서 현장 역량 배양을 위한 실무형 교육을 강화하려는 배경에서 추진되고 있으므로, 교육실습 변화를 위한 예비 수학교사의 수업 역량 개발을 위한 체계적인 연구 방안 모색이 시급한 실정이다. 이에 본 연보는 예비 수학교사교육의 방향과 과제를 탐색함에 있어 최근의 상황들을 고려하여 수업 실행과 관련된 실제적인 지식과 역량 개발에 보다 주목하였다.

이하에서는 이 책의 각 장에서 설명된 수학교사교육 과정에서 예비 수학교사의 수업 역량 함양을 위해 활용된 연구나 다양한 교수 방법 실행 사례를 요약한다. 그리고 나서 교원양성교육과정에서 중요한 학교 현장실습과 관련하여 교육실습의 변화 방향으로 제시되는 실습학기제와 예비 수학교사교육에서 해결할 과제들을 논하고자 한다.

Ⅱ. 수업 실행 능력 개발을 위한 예비 수학교사교육

1. 마이크로티칭

마이크로티칭은 교사가 수업 상황을 압축된 형태로 실행하고 이를 반성적으로 검토하는 과정을 통해 교사의 수업 전문성을 신장시키는데 목표를 둔다(이봉주, 2008). 마이크로티칭을 활용한 수업 전문성 개발 과정 대부분은 압축된 수업 상황을 녹화한 다음, 수업을 실행한 교사는 물론, 동료교사, 전문가 등이 녹화된 영상을 시청하고 피드백을 제공하는 방식으로 진행되는 것이 보통이다. 선행 연구에 따르면 이와 같은 마이크로티칭 과정은 교사의 수업 실행 능력을 개발하는데 효과적이다. Maher, Landis, & Palius(2010)는 문제 해결 수업의 상호작용 활동을 촬영한 마이크로티칭 자료를 중학교 교사들이 관찰하고 평가하는 활동을 통해 학생들의 오개념에 대한 교사들의 이해가 깊어졌으며, Ozmantar, Akkoç, & Bingolbali(2008)도 예비 수학교사들이 동료의 마이크로티칭을 녹화한 동영상을 시청하고 분석함으로써 수업 실행 역량을 향상시킬 수 있었다고 보고하였다.

마이크로티칭은 학생 수, 수업 내용, 수업 시간 등을 압축하여 실행할 수 있으므로 실제 수업 상황의 복잡성을 줄여 수업 실행 역량 개발을 위한 시간과 공간상의 제약을 극복할 수 있다. 또한 마이크로티칭을 녹화한 자료는 수업 실행과 관찰, 피드백 제공 등을 집중적으로 진행할 수 있기 때문에 교수 행위를 직접적으로 개선하는 것이 가능하다. 특히 수업에 대한 피드백의 제공이 동료나 전문가와 같은 타인의 평가를 통해 이루어질 뿐만 아니라 수업자 자신의 자기반성이라는 두 가지 차원에서 진행된다는 점에서 수업 역량 개발에 기여할 수 있다. 이에 마이크로티칭을 실행하고 녹화한 자료를 시청한 다음 평가하는 일련의 과정은 예비 수학교사교육에 다양한 방식으로 활용되고 있다.

이봉주(본고, 2장)는 협력 마이크로티칭을 '수학 교재연구 및 지도법' 강좌에 적용하여 예비 수학교사의 수업 실행 능력 함양뿐만 아니라 창의성 및 인성 교육 역량 개발에 마이크로티칭이 갖는 가능성을 탐색하였다. 수학교육에서 협력 학습이 수학 학업성취도와 같은 인지적 영역과 더불어, 학습태도 및 동기, 타인에 대한 배려와 사회성 개발 등과 같은 정의적 영역에서도 그 효과성이 검증되고 있으며, 교사의 전문성 제고 전략으로 교사 공동체 운영에도 적극적으로 활용되고 있는바(김주영, 장재홍, 박인우, 2018), 이와 같은 시도는 예비 수학교사교육의 다양한 방법론 모색에 의미 있는 시사점을 준다.

2. 포트폴리오

포트폴리오는 일정 기간 동안 학생의 학습 과정에서 드러나는 변화와 성과를 보여주는 자료, 이를테면 지필평가 결과, 프로젝트 과제, 수업에서 작성한 활동지, 관찰보고서, 조작활동의 결과물 등을 조직한 모음집으로 학생에 대한 종합적인 상을 파악하는 데 기여한다(고상숙 외, 2012). 교사 전문성 개발에서 포트폴리오는 일정 기간에 걸쳐 교사가 생산한 교수 활동 자료를 선별적으로 수합한 것으로, 교사가 자신의 수업 전반을 성찰하는 데 활용될 수 있다. 교사는 포트폴리오를 만드는 과정에서 자신의 수업 활동을 반성적으로 검토할 수 있을 뿐만 아니라 수업과 관련된 자신의 지향과 신념을 의식적으로 확인할 수 있으므로, 포트폴리오는 교사의 수업 성찰 실행에 직접적인 역할을 한다.

이선영, 한선영(2020)에 따르면 교사가 자신이 실행한 수업을 성찰하는 것에서 실질적인 수업 개선 활동이 시작된다. 수업 성찰을 통해 교사는 자신의 수업을 객관화하여 문제를 자각할 수 있으며 수업 실행의 경험을 새로운 관점에서 해석하는 기회를 가질 수 있기 때문이다. 교사는 복잡하고 가변적인 수업 상황에서 나름의 판단에 따라 주관적으로 행동할 수 있으므로(김효수, 2016), 자신의 수업을 의식적으로 성찰하지 않으면 자신의 행동이나 반응이 수업 상황 전반에 어떻게 작용하는지 인지하기 어렵다. 이에 여러 연구는 교사에게 자신의 수업을 성찰하는 국면과 기법을 의도적으로 제공하여 해당 교사의 수업 실행 역량을 개발하는데 주목하기도 하였다. 이를테면 Charalambous(2009)는 예비 수학교사들에게 분수 나눗셈에 대한 수업을 실연한 다음 이를 반성하게 함으로써 수업 실행과 관련된 교수학적 지식이 성장하였음을 보고하였다.

특히 강현영(본고, 3장)은 예비 수학교사의 수업 실행 능력 개발을 위해 예비 수학교사가 자신의 교수 활동 전반을 체계적으로 점검하는 기회를 제공하는 전략으로 교수-학습 포트폴리오를 활용하는 방안에 대해 실제 사례를 기반으로 제안하였다. 저자는 우선 수학교육 전문가와 현장 교사의 자문을 바탕으로 교수-학습 포트폴리오의 구성요소를 '나의 수업 철학', '수업 노트', '수업 일지', '지도안 체크리스트', '수업 평가표'로 설정하였다. '나의 수업 철학'을 통해 예비 수학교사들이 수업에 대한 자신의 신념을 구체화하도록 하였으며, '수업 노트'와 '수업 일지'에는 수업 계획 및 실행 전반을 기록하고 수업 후의 소감을 작성하도록 하였다. '지도안 체크리스트'와 '수업 평가표'는 예비 수학교사 자신이 작성한 지도안과 실행한 수업을 스스로 평가 및 성찰하는데 각각 활용하도록 하였다. 또한 저자는 예비 수학교사들이 조직한 교수-학습 포트폴리오를 스스로 평가하는 성찰 루브릭을 제공함으로써 포트폴리오에 비추어 보다 체계적인 수업 성찰이 이루어지도록 하였다. 이상과 같은 교수-학습 포트폴리오의 활용이 예비 수학교사들의 수업 성찰 및 수업 실행 역량 개발에 미치는 영향을 다룬 본격적인 연구가 수행되기를 기대한다.

3. 주목하기(noticing) 역량 개발을 위한 수업 관찰

교사가 수업을 잘 하기 위해서는 타인과 자기 자신의 수업을 잘 볼 줄 알아야 하며, 수업을 잘 보는 것만으로도 교사의 수업 실행 역량이 개발될 수 있다(Maher, 2008). 이에 여러 연구는 수학 수업 주목하기라는 개념을 도입하고 이를 통해 교사들의 수업 관찰과 분석에서 드러나는 특징을 기술함으로써 교사 수업 전문성 개발에 의미 있는 시사를 주었다. van Es & Sherin(2002, 2008)은 수학적 주목하기의 의미를 설명하기 위해 그 주요 측면을 세 가지로 제시하였으며, 수업 비평과 수학적 주목하기의 관계를 기술하였다. Sherin, Russ, & Colestock(2011)은 교사의 주목하기 역량이 드러나는 국면을, 시청한 수업 동영상에 대한 분석문이나, 실행한 수업에 대한 면담 등으로 구체화하여 그 특징을 파악하거나 개발하고자 하는 후속 연구에 구체적으로 기여하였다.

한편 선행 연구에 따르면 교사의 주목하기 역량은 교육 경력에 따라 자연스럽게 성장하는 것이 아니므로(Sherin & Star, 2011), 이에 대한 의식적인 개발 노력이 필요하다. 특히 수업 실행 경험이 거의 없는 예비 수학교사들의 주목하기 역량은 상당히 제한적이라고 보고된 바, 이를 개발하기 위한 다양한 노력이 시도되고 있다. 이수진, 박종희(2018)는 특정 과제에 대해 교사와 학생이 나누는 가상의 대화를 기술한 대화록을 이용하여 예비 수학교사의 주목하기 역량의 변화 양상을 살펴보았으며, 이윤미, 이수진(2018)은 주목하기 역량 개발을 위해 수업 평가지와 수업 성찰문을 활용하였다. 이선(2017)은 예비 수학교사들이 자신의 수업을 성찰하는 과정에서 주목하기 역량을 개발할 수 있도록 수업 성찰에 대한 세부 가이드라인을 제공하였으며, 황혜정, 유지원(2021)은 예비 수학교사들이 가상의 학생을 대상으로 실연한 마이크로티칭 녹화 자료를 시청하고 비평문을 작성하도록 하여 예비 수학교사들의 주목하기 역량을 개발하고자 하였다.

김연(본고, 4장)은 예비 수학교사의 수업에 대한 주목하기 역량을 보다 체계적으로 개발하기 위하여 예비 수학교사들이 수업을 관찰하여 분석하는 도구로 Mathematical Quality of Instruction(이하, MQI)을 활용하게 하였다. MQI는 교사 및 학생 활동과 과제 내용에 비추어 수학 수업의 질을 분석하도록 설계된 틀로서, 구체적인 교수 전략과는 독립적으로 수업 상황에서 공유되는 수학의 질을 살필 수 있도록 한다는 점에서 의의를 갖는다. 저자는 MQI를 활용한 수업 관찰 및 실습을 진행한 그룹과 그렇지 않은 그룹의 수학 수업에 대한 주목하기 양상을 분석함으로써 후자의 그룹이 교실 관리나 환경에 주목하는 반면, 전자의 그룹은 수학 내용과 의사소통에 보다 주목한다는 결론을 얻어 수학교사의 주목하기 역량 개발 방안 모색에 의미있는 함의를 도출하였다.

4. 레슨 스터디(lesson study)에 기반을 둔 협력적 수업연구

레슨 스터디는 일본에서 시작된 수업연구 전략으로 100년여의 역사를 가지고 있으며, 미국과 유럽 등을 망라하여 전 세계 국가에서 교사들의 수업 전문성 신장 방안으로 활용되고 있다. 레슨 스터디는, 참여하는 교사들이 협력적으로 수업 교재를 분석하고 설계하여 이를 많은 교사들 앞에서 공개적으로 실행한 다음 참관 교사들에게 피드백을 받는 형식으로 진행되는 것이 보통이다. 국내에서는 레슨 스터디와 같은 형태로 진행되는 수업연구 모임을 '전문적 학습 공동체' 또는 '협력적 탐구 공동체' 등과 같이 지칭함으로써 레슨 스터디 과정에서 일어나는 교사들간의 협력적 상호작용을 보다 강조하는 경향이 있다(김원, 임웅, 2020). 국내에서도 수학교사의 수업 전문성 신장을 위한 방안으로 협력적 수업연구에 주목한 연구들이 활발히 수행되었다. 김남균(2017)은 전문적 학습 공동체의 구성과 발전 과정을 설명하였으며, 권나영(2010)은 전문적 학습 공동체 운영에서 드러나는 어려움을 보고하였다. 나귀수(2010)는 초등학교 수학 수업 개선에 전문적 학습 공동체에 참여하는 것이 양상을 살펴보았으며, 김정원, 방정숙, 김상화(2017)는 초등학교 교사 5명이 참여하는 전문적 학습 공동체의 수업 계획, 실행, 반성 과정을 상세히 분석함으로써 교사의 수학 수업 전문성 신장과 관련하여 전문적 학습 공동체가 갖는 긍정적 측면과 한계를 기술하였다.

한편 김희정(2020)은 레슨 스터디가 전 세계의 많은 나라에서 다양한 유형으로 운영되고 있으며, 우리나라의 협력적 수업연구 역시 참여하는 구성원의 배경, 수업 상황의 특징 등에 따라 여러 형태가 있을 수 있음에 주목하여 교사 공동체를 통한 협력적 수업연구의 설계 원리를 제안하였다. 연구자는 협력적 수업연구를 진행하는 각각의 맥락과 상황을 명시적으로 추출하여 제시함으로써, 특정 맥락과 상황에 기반한 교사 공동체 운영의 핵심 설계 원리를 구체화하였다는 점에서 협력적 수업연구 실행에 직접적인 기여를 하였다.

김희정(본고, 5장)은 협력적 수업연구가 현직 교사들의 수업 전문성 신장을 위해 개발된 방안임을 감안할 때, 예비 수학교사교육에 이를 활용하기 위해서는 그 맥락과 상황이 적절히 변형될 필요가 있음을 지적하였다. 이에 저자는 김희정(2020)의 협력적 수업연구 설계 원리를 예비 수학교사 강좌에 접목하여 운영한 사례를 제시함으로써 예비 수학교사의 수업 전문성 신장에 학습 공동체 활동이 갖는 시사점을 기술하였다. 저자는 협력적 수업연구를 접목한 교사교육 강좌를 목표 및 문제설정, 교재 분석 및 탐구, 수업 계획 및 지도안 작성, 연구 수업 실행, 협력적 수업 나눔 및 성찰, 자신의 수업 동영상 재분석 및 지도안 수정을 통한 수업의 재구성이라는 순환 단계로 운영하여 예비 수학교사들이 수학을 가르침으로써 배움을 얻을 수 있도록 하였다. 이는 수업을 통해 교사들이 배우는 바(learning through teaching mathematics)에 주목하여 실제 수업이나 녹화된 수업을 교사들로 하여금 관찰 및 분석하도록 하거나, 자신이 실행한 수업을 반성하게 함으로써 교사들의 수업 전문성 신장을 모색하는 최근의 연구(Learning to Learn from Mathematics Teaching Project, Santagata & Yeh, 2016; Classroom Video Analysis Instrument, Kersting, Sutton, Kalinec-Craig, Stoehr, Heshmati, Lozano, & Stigler, 2016) 동향을 직접적으로 반영한 교사교육 방안으로 볼 수 있다.

5. 수업 탐구대회

전국 교육대학교 총장협의회와 한국교원단체 총연합회는 2011년부터 '전국 교대 예비 수학교사 좋은 수업 탐구대회'(이하 수업 탐구대회)를 개최하고 있다. 이 탐구대회는 전국 초등 예비 수학교사들의 수업 전문성 개발을 목적으로 예비 수학교사들이 직접 수업을 실행하고 성찰하는 장을 제공하여, 예비 수학교사의 수업 실행 역량뿐만 아니라 수업을 보는 안목을 함양하는 데도 효과적으로 기여하고 있다(전국 교육대학교 총장협의회, 한국교원단체총연합회, 2012).

김진호(본고, 6장)는 현재까지 개최된 수업 탐구대회 관련 자료 전반을 검토하고 수업 탐구대회 심사위원들의 심사평을 반성적으로 분석하여, 향후 수업 탐구대회 운영 및 교육대학교의 교재연구 및 지도법 강좌 운영에의 시사점을 제안하였다. 안타깝게도 최근 대회에서 수학 수업 관련 자료가 없어 사례로 보이지는 못했으나 다른 과목의 관련 자료들을 통해 저자는 수업 탐구대회에 참여하게 될 예비 수학교사들을 지도하는 교수의 역할과 자격에 대해 논하였으며, 교재연구 및 지도법 강좌가 기존의 관습보다는 다양한 수업 전략과 대안을 모색하는 공동 논의의 장이 될 필요가 있음을 역설하였다.

Ⅲ. 예비 수학교사교육의 과제와 실습학기제

1. 교사교육 관련 이슈

교사교육과 관련한 이슈는 크게 교사 전문성에 관한 내용과 교사 수급에 관한 내용으로 두 가지로 구분해 볼 수 있다. 1장에서 언급된 것처럼, 외국의 경우에는 충분하지 못한 교과 내용 및 교수학적 지식이 교사교육과 관련하여 큰 이슈이다. 교사 전문성에 대한 연구들은 우리나라에 비해 외국에서 훨씬 오래 전부터 다각도로 이루어져 왔고, 그만큼 예비 수학교사교육에 있어서도 신념, 지식, 태도와 관련된 많은 연구들이 있었다. 미국의 교사교육에서는 교수학적 지식 부족을 해결하기 위한 측면에서, 이 책의 8장에서 설명한 것처럼 관행기반 접근법에 관심을 두었다. 학교 현장에서 학생들과의 직접적인 경험이 여러 가지 이유로 힘든 예비 수학교사들에게는 수업과 관련된 관행들을 간접적으로 경험하는 것이 필요하다고 여긴 것이다. 이러한 이유에서 교사교육 과정에서 관행기반 접근법은 지금까지 주목받고 있다.

1장에서 조사한 연구동향에 따르면, 우리나라의 경우 교사교육과 관련된 연구가 1990년대 이후에 많이 이루어지기 시작했다. 하지만 여전히 전문성 개발에 대한 연구들은 많지 않다고 하였다. 특히 예비 수학교사 전문성의 측면에서 예비 수학교사의 정체성 및 가치 인식, 지식과 역량 등에 대한 논의는 더욱 필요하고 그 개념 또한 더 명확해져야 한다는 이슈가 남아 있다. 최근에는 4차 산업혁명이나 에듀테크 등 새로운 기술들이 등장하면서 교육에도 영향을 크게 미치고 있어서 이와 관련하여 교사에게 필요한 지식이나 역할에 대한 재정립이 필요하다는 목소리들도 커지고 있다. 우리나라는 외국에 비해 교과 내용 지식 부분을 과도하게 강조하는 편이어서 수학내용 지식에서의 부족보다는 교수학적 지식 함양을 위한 교수 관행에 관한 다양한 연구들이 진행되고 있다. 교수 관행에 관한 연구는 앞으로도 예비 수학교사교육을 위해 지속적으로 필요한 부분이며, 이 책의 여러 장에서 예비 수학교사들을 대상으로 한 관련 연구 내용들을 확인할 수 있다.

또 다른 이슈로는 교사 수급에 관한 것이 있다. 교사들의 높은 이직률로 인한 교사 부족 수급 불균형 문제는 미국에서 큰 문제인 반면, 우리나라의 경우는 양성 과다로 인한 수급 불균형이 문제이다. 미국 공교육에서는 교사의 낮은 연봉, 쉬운 교사 임용으로 인한 사회적 인정과 존경 부족, 승진 기회 부족과 업무의 창의성 및 자율성이 낮은 점 등이 교직을 회피하는 원인으로 지목된다(김현준, 2017). 그중 수학교사의 경우는 교사교육과정에서 성취해야 할 교과 내용 지식에 대한 어려움 때문에 더욱 선호하지 않는다. 그에 비해 우리나라는 사회적인 선호도, 직업 안정성 등의 이유로 교육대학이나 사범대학 경쟁률이 높은 편이다. 우리나라는 교원양성과정을 통한 교원자격증 소지자가 너무 많아 양성인원을 줄이기 위한 방안이 지속적으로 연구되고 있다. 교사 수급의 측면은 교사교육에서 내용적인 측면과는 상관이 없지만, 교사교육 정책을 개발하고 추진하는 과정에 큰 영향을 미칠 수 있는 이슈이다.

예를 들어, 박남기 외(2019)가 설명한 우리나라 중등교원양성과정을 간단히 살펴보면, 우리나라는 1970년대 초까지 중등교원 수를 늘리기 위해 양성기관을 사범대학, 임시중등교원양성소, 일반대학 교직과정, 실업교육과, 교과교육과, 교육대학원 등 다양한 기관을 참여시켰다. 그 후 1980년대부터 중등교원 공급이 원활해지면서 자격증 소지자 수가 실제 임용 인원보다 많아지면서 기관 폐지, 학과 통합, 입학정원 감축, 양성기관 평가 등 여러 조치를 하면서 양성 자원 감축 시도가 계속되고 있다. 이러한 감축에도 여전히 중등교원 자격증 소지자 수는 과다한 편이고, 교직을 희망하고 임용시험을 준비하는 인원은 획기적으로 줄지 않고 있다. 우리나라의 매년 중등교원 임용 수는 국공립학교 4천여명, 사립학교 1천여 명인데 반해 양성규모는 다음 표에서 보는 바와 같이 임용 수에 비해 매년 초과 양성되고 있다(〈표 1〉 참고).

표 1 교원양성 정원 수

구분	교원양성 정원			교원자격증 부여		
	'10년	'15년	'21년	'10년	'15년	'20년
사범계열	14,348	10,368	9,420	15,140	11,876	11,835
교직과정	15,228	8,709	4,963	10,933	6,039	4,141
교육대학원*	13,651	10,050	7,283	5,838	3,902	3,360
계	43,227	29,127	21,666	31,911	21,817	19,336

* (교육대학원) 양성정원은 중등+유치원, 특수, 비교과 포함 (총정원제)/자격증은 중등자격 현황
출처: 교육부 보도자료, 2021.12.10.

우리나라에서는 양성되는 자격증의 수가 너무 많은 수급 불일치 문제가 교사교육 정책을 변화시키는데 있어서 가장 큰 이슈가 되고 있다. 이 때문에 학교 현장에서 일할 사람들을 뽑기 위해 임용 시험 등으로 자격을 갖춘 사람들을 다시 걸러내는 식으로 여러 단계를 만들어내고 있는 실정이다. 비교하자면, 미국은 교사 부족을 막기 위해 채용을 쉽게 하도록 자격증 취득을 유연화하고 채용 시스템을 유연화하는 추세이지만, 우리나라는 양성기관 평가를 통해 자격증 취득 수를 줄이면서 동시에 교사교육의 질을 강화하는 방향으로 변하고 있는 것이다.

2. 시대 변화와 실습학기제

(1) 배경

구체적으로 우리나라의 교원양성과정을 간단히 살펴보면, 교원양성기관의 유형은 폐쇄형과 개방형으로 나뉜다. 우리나라 초등교사 양성과정은 폐쇄형으로 교사양성을 목적으로 설립하여 운영하는 것이고, 중등교사 양성과정은 개방형으로 교사양성 목적의 사범대학과 일반대학 교직과정, 교육대학원의 교사양성과정 등이 포함된다(김기태, 조평호, 2006). 특히 중등 교사가 되기 위해서 사범대학이나 일반대학에서 교직이수를 하는 경우는 전공과목 총 50학점 이상(기본이수과목 21학점 이상, 교과교육영역 8학점 이상 포함), 교직 과목 22학점 이상(교직이론 및 소양 18학점 이상, 교육실습 4학점 이상 포함)을 이수해야 하고 성적 기준 및 그 외 자격증 취득을 위한 적·인성 검사, 응급처치 및 심폐소생술 실습, 성인지 교육 등의 기타 조건들이 있다. 이러한 여러 조건에도 불구하고 국공립 중등 교사가 되기 위해서는 양성기관 졸업 후 임용 시험에 합격해야 하거나 사립 중등 교사가 되기 위해서도 해당 기관에서 별도의 시험을 거치는 등의 어려움이 있다. 이러한 여러 단계는 우리나라에서 교사가 되기 위한 과정일 뿐 예비 수학교사교육 단계에서 교사의 전문성 준비에 대한 질적 평가 문제는 여전히 지적되고 있다.

4차 산업혁명에 따른 사회 변화는 새로운 교육이 필요함을 요구하고 있다. 이는 교사교육에서도 예외 없이 미래 인재를 양성해야 할 미래 교원이 되기 위해 예비 수학교사교육 단계에서 새로운 지식, 가치, 태도를 경험하고 준비하기를 요구한다. 최근에는 예비 수학교사교육 단계에서 자격증 취득 수의 감소라는 양적 변화와 함께 교사교육의 질적 변화를 추구하기 위해 학교 현장실습에서의 변화를 모색하고 있다. 교원양성과정은 전통적으로 교과 내용을 중심으로 한 이론 중심 교육이었다. 대학에서 이루어지는 이론 중심의 교육은 가르치기 위한 내용을 너무 많이 가르치고 학교 현장에서 필요한 수업 설계나 수업 중 학생을 지도하고 수업 후 학생을 상담하는 등에 필요한 내용은 부족하다는 의견들이 많이 있다. 그리고 저자가 만난 학교 현장교사들은 신임 교사들이 교수법이나 생활지도, 학습자 이해 등 학교 현장에서 실제로 필요한 교사의 실무 역량이 준비되어 있기를 기대하였다. 이런 배경에서 교육부가 제안한 것이 교육 실습 내실화를 위한 실습학기제이다.

선행연구를 통해 살펴본 교육실습의 개념은 매우 다양하게 정의되는데(최현주, 박일수, 설양환, 2020), 공통적으로 강조하는 것은 교육실습이 교사양성의 핵심 과정이라는 것이다. 최근에는 교육실습을 학교현장실습으로 그 의미를 구체화하면서 "학교 교육의 현장에서 교직 경험을 통해 대학에서 배운 이론 및 기능을 교육 현장에 적용함으로써 교직에 대한 이해와 필요한 능력을 습득하고 교사로서의 자질을 갖추게 하는 것"(교육부, 2015)이라고 규정하였다. 선행연구에서 나타난 교육실습의 문제점들을 살펴보면, 학기 중에 실행되는 4주 정도의 기간으로 예비 수학교사들이 학급 경영이나 교과 지도에 대한 경험이 부족하다거나(박종필, 2021), 사범대와 실습학교 간의 연계 및 협력 부재(최현주 외, 2020), 표준화된 교육실습지침서나 교육 프로그램 부족(김현정, 2013) 등이 지적된다. 이러한 문제점들에 대한 해결책으로 새로운 시도인 실습학기제가 등장하게 되었다.

(2) 실습학기제

2021년에 발표된 교육부 보도자료에 의하면, 교육실습생들이 학교 현장의 교육과정 편성 과정을 모두 경험할 수 있도록 실습학기제를 시범운영하고 2026학년도 신입생부터 실습학기제를 전면 도입할 것이라고 제안하였다. 실습학기제는 단위학교의 학기 전체 교육과정 편성 및 지도와 평가에 참여하고 단위학교의 교육공동체의 일원이 되어 기여할 수 있도록 하는 것을 목표로 한다. 실습학기제에서는 실습학교에서 지도교사가 실습생을 지도하는 과정에 교원양성기관과 교육청이 서로 협력해야 한다. 교육부가 제시한 실습학기제를 통한 교육실습 생태계 조성 노력은 다음 [그림 1]과 같다. 교육실습을 내실 있게 진행하기 위해 실습의 전 단계에서 교육청-양성기관-실습학교 간의 협의체가 구성되어 실습의 내용과 운영에 대해 논의하고 매해 문제점을 진단하고 반영하여 실습을 개선해 나가는 노력을 하는 과정을 유연하게 진행하기를 기대하는 것이다.

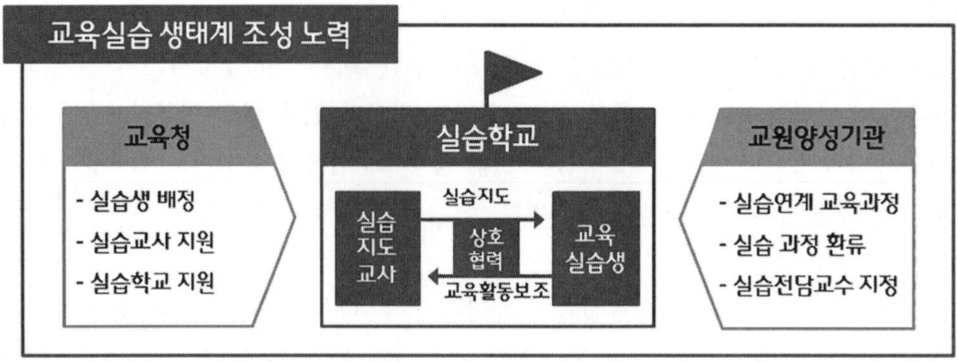

그림 1 교육실습 생태계 조성(출처: 교육부 보도자료, 2021.12.10.)

2022학년도에는 5개 대학이 실습학기제 시범운영에 참여를 신청하였고 다양한 학과에서 실습을 계획하고 있다(〈표 2〉 참고). 이 중 2022학년도 1학기에 실습학기제를 시범운영한 인하대학교의 사례를 여기에 간단히 소개한다.

인하대학교 사범대학은 인천광역시교육청과 협력하여 인하대학교 사범대학 부속중학교에서 총 4명의 예비 수학교사를 실습학기제에 참여하도록 하였다. 2022년도 시범운영에서는 실습학기제 운영에 참여하는 각 기관별 환경 탐색 및 기반 조성을 목표로 2022년 3월 14일부터 7월 20일까지 실습학기제를 실행하였다. 실습 과목은 수학과 국어로 실습생들은 주 2.5일 또는 3일 중학교에서 실습을 진행하고 나머지 날에는 대학

표 2 2022년도 실습학기제 시범운영 참여 내용

구분	대학 (참여인원)	협력 교육청	참여인원 소속학과	비고(운영시기, 실습협력학교 등)
2022년도 실습학기제 시범운영 참여	전남대학교 (16명)	광주	가정교육과 11명 교육학과 5명	2학기 시행 가정교육과: 부설중/고등학교 교육학과: 일곡중학교
	경상국립대학교 (11명)	경남	생물교육과 6명 음악교육과 4명 역사교육과 1명	1학기 시행중 모든 학과: 부설중학교
	인하대학교 (4명)	인천	수학교육과 3명 교육학과 1명*	1학기 시행중 모든 학과: 부속중학교
	홍익대학교 (9명)	서울	국어교육과 3명 영어교육과 3명 역사교육과 3명	2학기 시행 모든 학과: 부속중 예정
	한국교원대 (5명)	충북	체육교육과 5명	2학기 시행(예정) 모든 학과: 부설중(미호중) 예정

* 교육학과 학생은 복수전공으로 국어과로 실습에 임함.

수업을 듣는 식으로 운영되었다. 각 기관별로 사범대학은 실습학기제를 위한 모델 개발 및 실습 내실화를 위한 세미나를 진행하고 교육청은 실습학교 지원 및 교육자료 개발을 돕고 실습협력학교에서는 실습생들을 대상으로 약 5개월간 참관, 실무, 수업 실습을 진행하였다. 구체적으로 사범대학 담당자들은 실습학기제 모델 개발을 위한 연구 모임, 실습 연계 교육과정 개선, 실습학기제생 멘토링, 실습학교 및 교육청과의 간담회, 중간 및 최종 평가회 등을 진행하였다. 실습중학교에서는 실습학기제를 위해 담임교사 및 교과담당교사 배정, 학교 부서별 연수 및 교육청 지원 특별 연수를 실시하고 한 학기 동안 실습생들에게 매 2주당 수업 지도안 1차시 작성, 이원 목적 분류포 및 평가 원안지 작성, 원격수업 콘텐츠 제작, 학급경영계획서 작성 등의 과제를 주어 지도교사들에게 지도받고 매주 실습일지를 확인받도록 하였다. 실습생들은 3월에는 관찰 및 참관 실습에 집중하고 4월부터 7월까지는 매주 3-9차시의 수업 실습을 진행하고 실습생별로 한 번씩의 연구 수업을 실행하였다. 시범운영 기관별 내용을 간략히 요약하면 다음 그림과 같다.

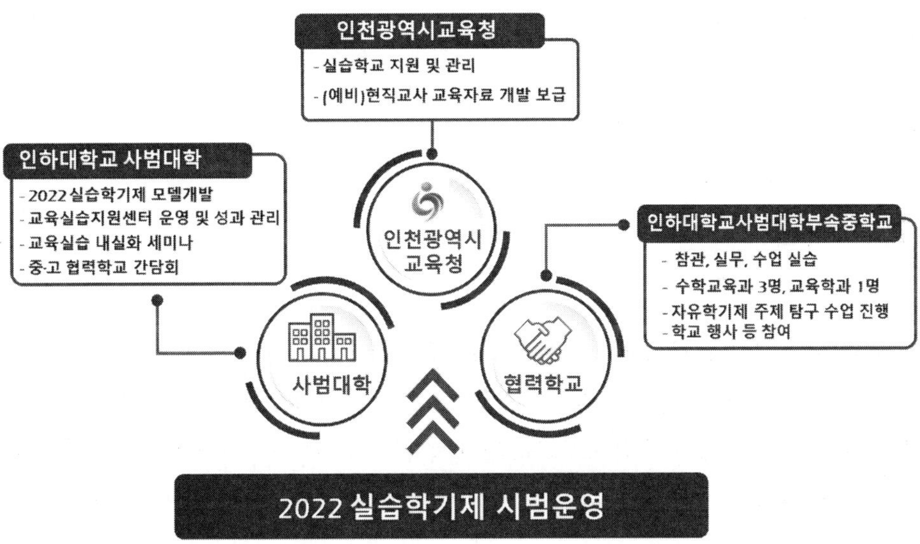

그림 2 2022 실습학기제 각 기관별 시범운영 내용

실습학기제 시범운영은 한 달 간의 실습이 아니라 단위 학교 기준으로 한 학기 동안 실행된다는 측면에서 여러 가지 논의들이 뒤따랐다. 인하대학교의 사례에서 살펴보면, 실습학기제에 참여한 예비 수학교사들은 한 학기 동안의 실습을 통해 수업 능력 향상, 교직 적성 확인, 학교 문화 이해, 학생 이해 등에 있어서 높은 만족감을 표시하였다. 하지만 대학 연계 수업의 과제 부담이나 주 5일이 아닌 3일이라는 불연속적

출근에 대한 아쉬움이 있었다. 실습생을 지도한 중학교 실습지도교사들의 의견에 따르면, 예비 수학교사를 활용한 다양한 수업 시도가 가능해 교과 수업연구에 도움이 되는 긍정적인 면이 있었다. 반면에 실습지도교사의 업무 부담이 과중되는 문제나 실습 운영에 관한 가이드라인 부족 등을 어려움으로 밝혔다. 사범대학에서도 실습 기간 확대로 인한 예비 수학교사의 수업 능력 향상은 긍정적인 면으로 여겼으나, 실습학기와 대학 학기의 불일치, 실습학기제생 지도를 위한 별도 학점 인정이나 실습과 대학 연계 수업을 위한 교육과정 개선의 문제점 등이 논의사항으로 제시되었다.

실습학기제는 2022년도에 처음 시범운영하는 것이라 지역별로 학교별로 상황이 다를 수 있다. 시범운영의 목적이 실습학기제 확대를 위한 방안을 찾고 교육실습에 대한 기초 매뉴얼을 만드는 것에 있기 때문에 앞으로 여러 학교에서 대상 학년에 따라 대상 지역에 따라 대상 학과에 따라 어떠한 어려움과 문제점이 있는지 확인해 보는 것이 시급할 것이다. 그런데, 교육실습에 관한 선행연구들에서 언급된 실습의 문제점들 중 사범대와 실습학교 간의 연계 및 협력 문제나 표준화된 교육실습지침서나 교육프로그램 부족 등은 2022 시범운영 과정에서도 여전히 지적된 문제여서 이러한 부분을 보완하기 위한 연구가 계속 필요해 보인다.

Ⅳ. 제언

이 장은 예비 수학교사교육 관련된 이슈들을 정리하고 책 전반에 소개된 여러 가지 예비 수학교사교육에 관한 연구들을 정리하고 최근 시작된 실습학기제에 대해 간략히 소개하였다. 여기서 예비 수학교사교육과 관련된 모든 이슈들을 다룰 수는 없으나 이 책에서 다룬 여러 가지 연구들을 통해 우리나라 예비 수학교사교육에 관해 몇 가지를 논의해 보고자 한다.

첫째, 예비 수학교사교육 관련 연구의 중요성에 대한 것이다. 교사교육은 크게 예비교사교육과 현직 교사교육으로 나뉜다. 이 책에서는 주로 예비 수학교사교육에 관련된 내용들을 다루고 있는데, 예비 수학교사교육은 앞으로 교사가 될 대상들을 다룬다는 점에서 중요하다. 예비 수학교사들이 교사교육 프로그램을 통해서 또는 교사가 된 이후 교사 연수 등을 통해서 어떻게 변화하고 성장해 나갈 것인가를 생각해 보는 첫 단계가 바로 예비 수학교사교육 단계이다. 그래서 예비 수학교사교육 관련 연구는 교사교육과 관련된 모든 연구의 시작점이 될 수 있다. 수학교사를 성장시키기 위해 교사교육이 존재한다면 그 시작인 예비 수학교사교육 단계에서부터 연구는 시작되어야 한다.

둘째, 예비 수학교사교육을 위하여 연구자와 교육자(실행자) 사이의 교류가 활성화해야 한다. 우리가 예비 수학교사교육을 연구하는 이유는 예비 수학교사들을 학교 현장에서 잘 가르칠 수 있는 수학교사로 성장시키기 위해서이다. 이를 위해서는 우선적으로 교사교육의 대상이 될 예비 수학교사에 대한 연구(정체성, 가치, 지식, 역량 등)와 예비 수학교사교육 방법인 프로그램에 대한 연구(다양한 프로그램 개발, 실행 및 평가, 실습학기제 등)가 진행되어야 한다. 하지만 여러 교사교육 연구들이 진행된다 하더라도 연구자와 교육자 간 교류 없이는 그 내용이 발전하기 힘들다. 이론과 실제를 연결하기 위한 첫 걸음은 연구자의 연구와 현장 교육자의 교육 내용을 서로 교류하고 공유하는 것이다. 예를 들어, 전문적 교사 공동체가 현장 교사들만으로 이루어지는 것보다는 연구자가 포함되는 것이 이론과 실제를 함께 다루기 좋은 환경이 된다. 이러한 교류는 예비 수학교사를 가르치는 연구자를 통해 다시 예비 수학교사교육으로 내용이 환원되어 자연스러운 이론과 실제의 연결이 일어날 수 있는 흐름을 만들 수 있다. 여러 학자들도 교사교육 연구자와 교사들의 상호작용으로부터 교사들이 혜택을 받을 수 있고(White, Jaworski, Agudelo-Valderrama, & Gooya, 2013) 실제에서 연구의 영향력이 커질 것이라고 보았다. 이런 상호교류를 위한 지원이 확대되어야 예비 수학교사교육도 발전하고 학교 현장에서 교사들도 성장할 수 있을 것이다.

셋째, 새롭게 시도하는 실습학기제에 관한 심층적인 연구가 필요하다. 2022년도부터 우리나라에서 시범운영하는 실습학기제는 현재 학교 현장의 학기 기준으로 운영하는 것을 원칙으로 실행되었다. 외국의 사례에서도 실습은 대학의 한 학기 기준으로 실시되는 경우가 대부분이어서 이는 새로운 실습 시도임에 틀림없다. 많은 교육자들이 한 달 간의 실습은 현장경험으로 부족하다는 의견이 많았다. 하지만 한 달 동안 진행되는 현재의 교육실습과 한 학기 간 진행되는 실습학기제가 어떤 차이가 있을지에 대한 연구는 시범운영을 통한 연구 자료가 축적되어야만 추가적인 논의가 가능할 것이다. 단순히 기간적으로 한 달이 부족하다는 것이 아니라 실습에 참여한 예비 수학교사들과 실습을 지도한 현직교사와 지도교수들의 경험 자료에 기초하여 실습의 내용적으로 어떤 부분이 부족하고 그것이 한 학기로 연장되었을 때 충족될 수 있는지 확인하는 것이 필요하다. 한 학기 실습이 예비 수학교사교육에 있어서 얼마만큼의 양질의 교육을 담보할 수 있는지 또는 어떤 추가적인 노력들이 필요한지는 심층 연구를 통해 밝혀야 할 부분이다.

참 · 고 · 문 · 헌

고상숙 외(2012). **수학교육평가론**. 경문사.

교육부(2015). **2015년도 교원자격검정 실무편람**. 교육부.

교육부(2021). **초·중등 교원양성체계 발전방안**. 교육부.

권나영(2010). Difficulties of building a learning community for professional development. **학교수학, 12**(1), 17-26.

김기태, 조평호(2006). **미래지향적 교사론**. 교육과학사.

김남균(2017). 대학과 협력한 초등 수학교사학습공동체의 발달 과정에 관한 연구. **수학교육, 56**(1), 119-130.

김원, 임웅(2020). 수학교사 공동체 관련 국내·외 연구 동향. **수학교육논문집, 34**(4), 439-464.

김정원, 방정숙, 김상화(2017). 전문적 학습공동체의 초등수학 수업에 관한 사례연구. **초등수학교육, 20**(4), 267-286.

김주영, 장재홍, 박인우 (2018). 전문적 학습공동체 참여 여부에 따른 교사협력정도, 수업개선활동, 교사효능감, 교직만족도 비교 분석. **교사교육연구, 57**(1), 1-15.

김현정(2013). **반성적 사고 중심 교육실습 프로그램 모형의 개발과 적용**. 박사학위논문, 서울대학교.

김현준(2017). **미국의 교사채용 시스템-미네소타주 사례를 중심으로.** 메일진 해외교육동향 316호(2017.11.19.).

김효수(2016). 수업코칭을 통한 학교 문화 변화 사례 연구: S중학교를 중심으로. **학교와 수업연구, 1**(1), 47-73.

김희정(2020). 예비 수학교사의 공학도구활용 수업에 관한 전문가 비전 변화 탐색. **학습자중심교과교육연구, 20**(4), 1079-1106.

나귀수(2010). 초등학교 수학 수업 학습공동체 활동에 대한 연구. **수학교육학연구, 20**(3), 373-395.

나귀수(2021). 초등 예비 수학교사들의 수학 수업 주목하기의 특징 비교에 대한 연구. **학교수학, 23**(2), 271-290.

남수경(2018). **융복합 시대의 교원 전문성 신장을 위한 교원 양성기관의 질 관리**

(pp.229-254). 2018 한국교육학회 연차학술대회 융복합 시대의 공교육 혁신, 한국교육학회.

박남기, 김병찬, 김왕준, 임승렬, 정대영, 정윤경, 정제영, 홍후조(2019). **한국 교사교육-성찰과 미래 방향**. 학지사.

박수정, 박상완, 이인회, 이길재, 박용한(2015). **교원양성체제 개편방안 연구**. 교육부 정책연구보고서.

이봉주(2008). 중등 수학 예비 수학교사 수업장학 실태 및 요구 조사 연구. **한국학교수학회논문집, 11**(1), 1-18.

이선(2017). 녹화된 모의수업 동영상과 동료협의를 통한 초등영어 예비 수학교사들의 수업성찰에 대한 분석. **영상영어교육, 18**(1), 233-253.

이선영, 한선영(2020). 국내 수학교육의 수학적 신념 연구에 관한 체계적 분석. **수학교육, 59**(4), 331-355.

이수진, 박종희(2018). 과제 대화록에 나타난 중등 수학 예비 수학교사들의 수학적 주목하기: 함수 그래프 그리기 지도 상황에서. **학교수학, 20**(3), 425-443.

이윤미, 이수진(2018). 수업평가와 수업성찰에서 나타나는 예비 중등 수학교사의 주목하기(noticing). **학교수학, 20**(1), 185-207.

전국 교육대학교 총장협의회, 한국교원단체총연합회(2012). **제 2회 전국 교대 예비 수학교사 '좋은 수업' 탐구대회 종합보고서**. 경인교육대학교 교육연구원.

최현주, 박일수, 설양환(2020). 중등교원양성기관의 학교 현장실습 운영 현황 및 개선 방안 탐색. **학습자중심교과교육연구, 20**(6), 69-90.

Charalambous, Y. C. (2009). Mathematical knowledge for teaching and providing explanations: An exploratory study. In M. Tzekaki, M. Kaldrimidou, & H. Sakonidis (Eds.). *Proc. 33rd conf. of the int. group for the psychology of mathematics education* (Vol. 2, pp.305-312). Thessaloniki, Greece: PME.

Kersting, N. B., Sutton, T., Kalinec-Craig, C., Stoehr, K. J., Heshmati, S., Lozano, G., & Stigler, J. W. (2016). Further exploration of the classroom video analysis instrument as a measure of usable knowledge for teaching mathematics: Taking a knowledge system perspective. *ZDM, 48*(1), 97-109.

Maher, C. A. (2008). Video recordings as pedagogical tools in mathematics teacher education. In D. Tirosh & T. Wood (Eds.). *The international handbook of mathematics teacher education: Tools and processes in mathematics teacher education* (pp.65-83). Sense.

Maher, C. A., Landis, H. J., & Palius, F. M. (2010). Teachers attending to students' reasoning: Using videos as tools. *Journal of Mathematics Education, 3*(2), 1-24.

Ozmantar, F., Akkoç, H., & Bingolbali, E. (2008). Voices in shaping the subjectivity of pedagogical content knowledge. In O. Figueras, J. L. Cortina, S., Alatorre, T. Rojano, & A. Sepúlveda (Eds.). *Proc. of the joint meeting of PME 32nd and PME-NA XXX* (Vol. 4, pp.81-88). Mexico: Cinvestav-UMSNH.

Petrou, M. & Goulding, M. (2011). Conceptualising teachers' mathematical knowledge in teaching. In T. Rowland & K. Ruthven (Eds.). *Mathematical knowledge in teaching* (pp.9-25), Springer.

Santagata, R. & Yeh, C. (2016). The role of perception, interpretation, and decision making in the development of beginnings teachers' competence. *ZDM, 48*(1), 153-165.

Sherin, M. G., Russ, R. S., & Colestock, A. A. (2011). Assessing mathematics teachers' in-the-moment noticing. In M. G. Sherin, V. R. Jacobs, & R. A. Philipp (Eds.). *Mathematics teacher noticing: Seeing through teachers' eyes* (pp.80-94). Routledge.

Sherin, M. G., Star, J. (2011). Reflection on the study of teacher noticing. In M. G. Sherin, V. R. Jacobs, & R. A. Philipp (Eds.). *Mathematics teacher noticing: Seeing through teachers' eyes* (pp.68-78). Routledge.

van Es, E. A., & Sherin, M. G. (2002). Learning to notice: Scaffolding new teachers' interpretations of classroom interactions. *Journal of Technology and Teacher Education, 10*(4), 571-596.

van Es, E. A., & Sherin, M. G. (2008). Mathematics teachers' "learning to notice" in the context of a video club. T*eaching and Teacher Education, 24*(2), 244-276.

White, A. L., Jaworski, B., Agudelo-Valderrama, C., & Gooya, Z. (2013). Teachers learning from teachers. In M. A. Clements, A. Bishop, C. Keitel-Kreidt, J. Kilpatrick, & F. K. S. Leung (Eds.). *Third international handbook of mathematics education* (pp.393-430). Springer Science & Business.

예비 수학 교사교육
교사교육 프로그램과 과제

지은이 권나영 · 신보미
강현영 · 김상룡 · 김연 · 김진호 · 김희정 · 방정숙 · 여승현 · 이봉주 · 조호윤
펴낸이 조경희
펴낸곳 경문사
펴낸날 2022년 12월 23일 1판 1쇄
등 록 1979년 11월 9일 제1979-000023호
주 소 04057, 서울특별시 마포구 와우산로 174
전 화 (02)332-2004 팩스 (02)336-5193
이메일 kyungmoon@kyungmoon.com

값 20,000원

ISBN 979-11-6073-598-7